임동석중국사상100

천가시
千家詩

謝枋得·劉克莊 輯, 王相 註 / 林東錫 譯註

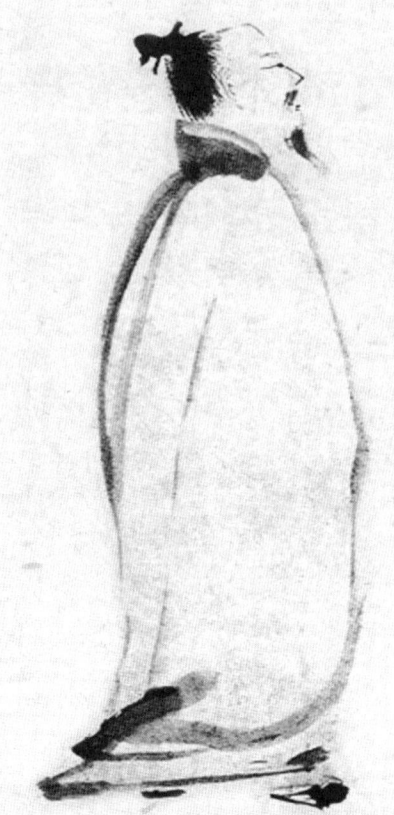

〈李白吟行圖〉(宋) 梁楷 도쿄 국립미술관 소장

象犀珠玉瑰怪之物，有悅於人之耳目，而不適於用。金石草木絲麻五穀六材，有適於用，而用之則弊，取之則竭。悅於人之耳目而適於用，用之而不弊，取之而不竭，賢不肖之所得，各因其才，仁智之所見，各隨其分，而求無不獲者，惟書乎。

丁亥菊秋錄東坡李氏山房藏書記 丘堂呂元九書

　"상아, 물소 뿔, 진주, 옥. 진괴한 이런 물건들은 사람의 이목은 즐겁게 하지만 쓰임에는 적절하지 않다. 그런가 하면 금석이나 초목, 실, 삼베, 오곡, 육재는 쓰임에는 적절하나 이를 사용하면 닳아지고 취하면 고갈된다. 그렇다면 사람의 이목을 즐겁게 하면서 이를 사용하기에도 적절하며, 써도 닳지 아니하고 취하여도 고갈되지 않고, 똑똑한 자나 불초한 자라도 그를 통해 얻는 바가 각기 그 자신의 재능에 따라주고, 어진 사람이나 지혜로운 사람이나 그를 통해 보는 바가 각기 그 자신의 분수에 따라주되 무엇이든지 구하여 얻지 못할 것이 없는 것은 오직 책뿐이로다!"

《소동파전집》(34) 〈이씨산방장서기〉에서 구당(丘堂) 여원구(呂元九) 선생의 글씨

資政殿學士,提舉洞霄宮,卒諡文穆。有石湖集。

按此詩為夏日田園雜與十二首之一。

晝出耘田夜續麻村莊兒女各當家童孫未解供耕織也

傍桑陰學種瓜　元編卷十四地理類,田,元作苗,種瓜,童孫谷木作兒童今改正。

村景即事　今據所溪叢所改正。

物求作范成大而石湖集不敢。

綠編山原白滿川子規聲裏雨如煙鄉村四月閒人少纔

了蠶桑又插田　張栻　拭字敬夫贤溪人,汶子,門隸補官。

立春偶成　惡卹汜陵府判湖北路安照使,辛嘉定中。

《重編千家詩讀本》清 宗廷輔(編注) 光緒 2년(1876) 간본

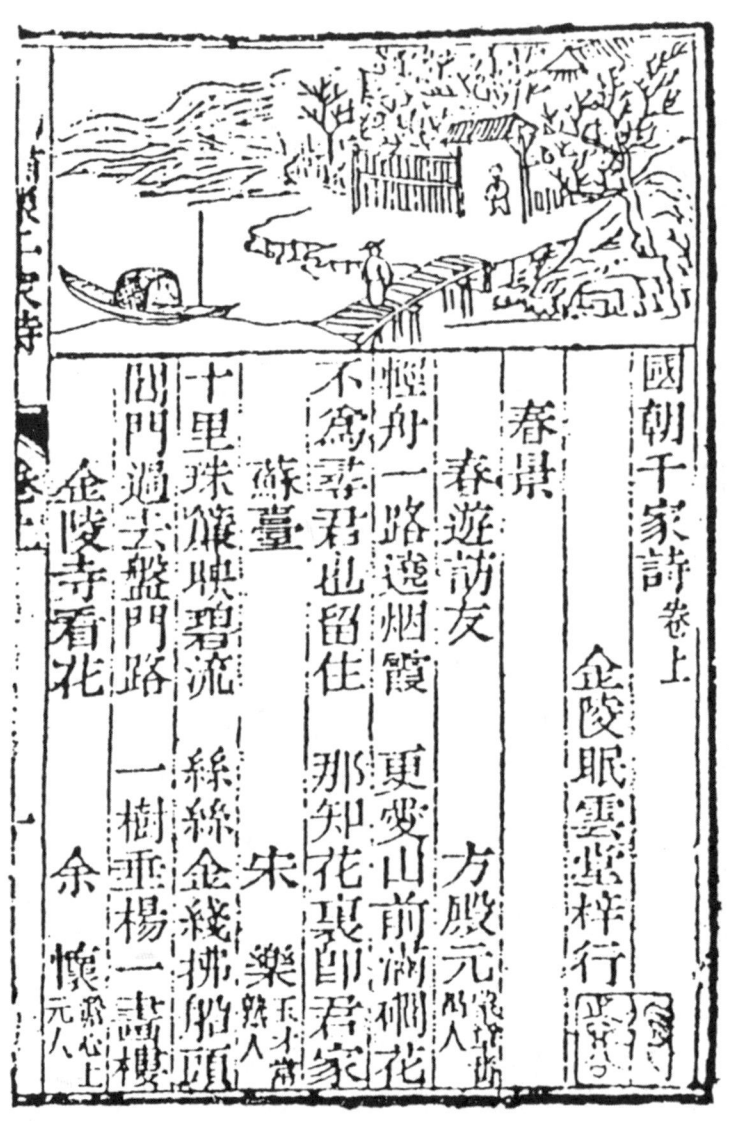

《國朝千家詩》 편자 미상, 淸 乾隆 37년(1772) 金陵 眠雲堂 간본

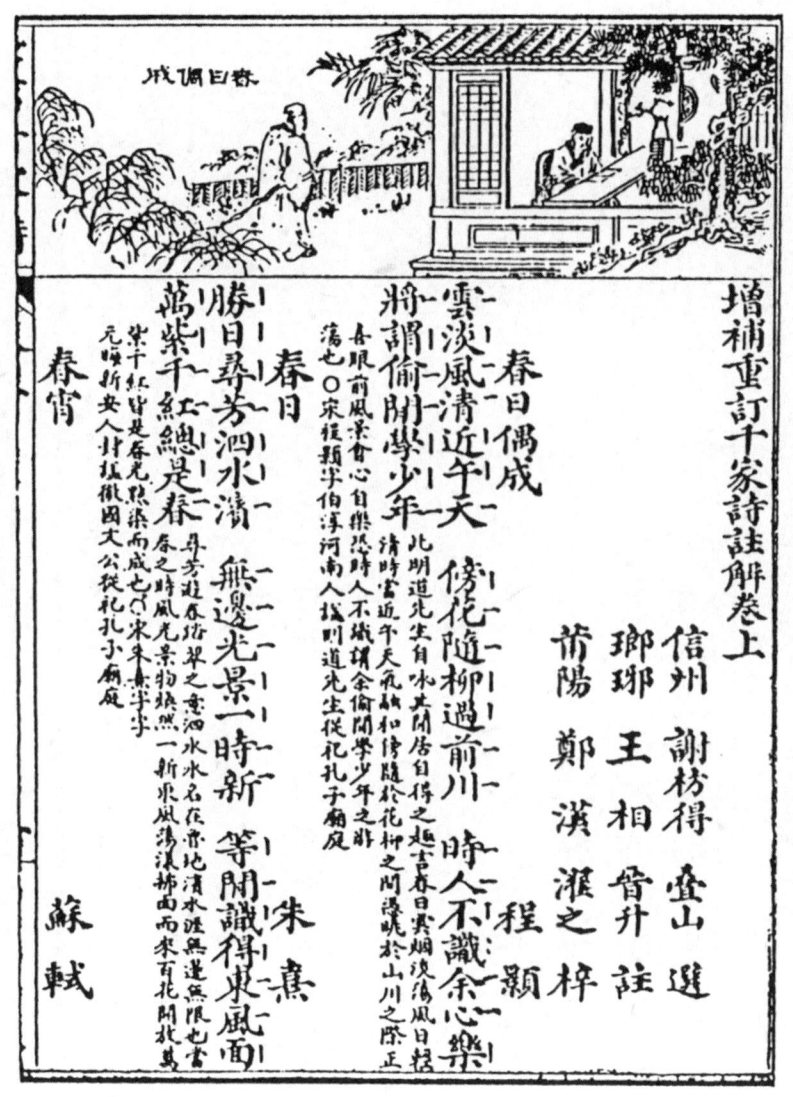

增補重訂千家詩註解卷上

信州　謝枋得　登山　選
瑯琊　王相　晉升　註
蒼陽　鄭漢濋之梓

程顥

春日偶成

雲淡風輕近午天
傍花隨柳過前川
時人不識余心樂
將謂偷閒學少年

朱熹

春日

勝日尋芳泗水濱
無邊光景一時新
等閒識得東風面
萬紫千紅總是春

蘇軾

春宵

《增補重訂千家詩註解》民國 9년(1920) 上海大成書局 간행

天子重英豪　文章教爾曹
萬般皆下品　惟有讀書高

新刻千家詩詩選上卷　集新堂藏板

程顥
春日偶成
雲淡風輕近午天
傍花隨柳過前川
時人不識予心樂
將謂偷閒學少年

朱子
春日
勝日尋芳泗水濱
無邊光景一時新
等閒識得東風面
萬紫千紅總是春

蘇軾
春宵
春宵一刻值千金
花有清香月有陰
歌管樓臺聲細細
鞦韆院落夜沉沉

《千家詩眞本》集新堂. 연도 미상

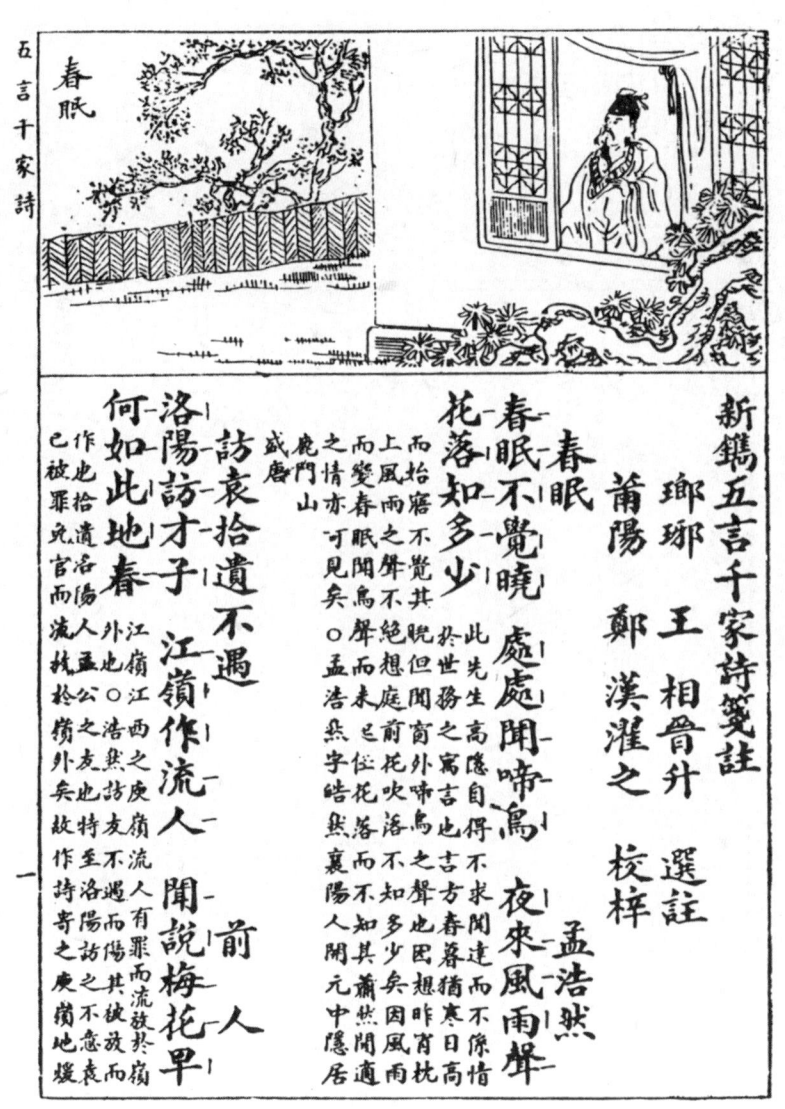

新鐫五言千家詩箋註

瑯琊　王相晉升　選註

莆陽　鄭漢濯之　校梓

春眠　　孟浩然

春眠不覺曉　處處聞啼鳥　夜來風雨聲解

花落知多少

訪袁拾遺不遇　　前人

洛陽訪才子　江嶺作流人　聞說梅花早

何如此地春

《韻對千家詩》新鐫本과 같으나 그림과 편집이 다름. 文化圖書公司(印本) 1992 臺北

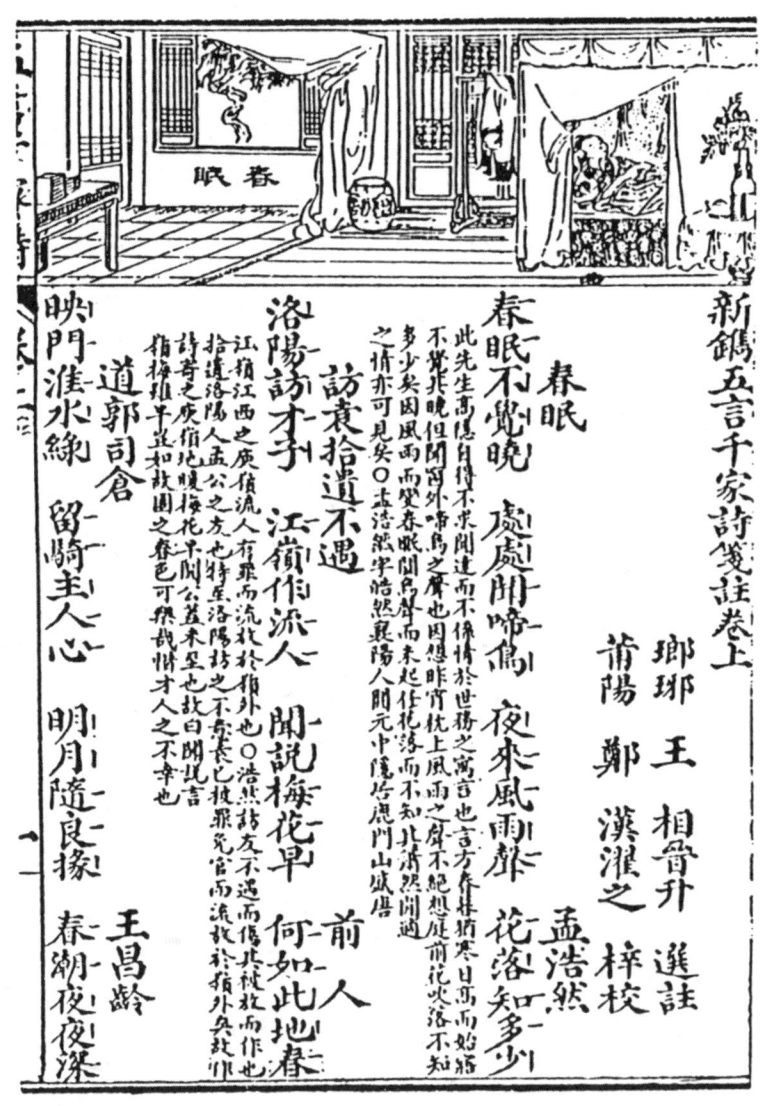

瑯琊　王相晉升　選註

莆陽　鄭漢濊之　梓校

春眠
孟浩然

春眠不覺曉　處處聞啼鳥　夜來風雨聲　花落知多少

此先生高隱自得不求聞達而不係情於世務之寓言也言方春杯枕猶寒未旦而始起不覺其晚但開窗外則聞鳥之嚶嚶也因想昨宵枕上風雨之聲不紀想是前花吹落不知多少矣因風雨而變春眠聞鳥聲而知花落由來起作花落而不知北情然間過之情亦可見矣〇孟浩然字皓然襄陽人開元中隱鹿門山賦隱處

訪袁拾遺不遇
孟浩然

洛陽訪才子　江嶺作流人　聞說梅花早　何如此地春

江謫江西之庚嶺流人有罪而流謫於嶺外也〇浩然訪友不遇而傷北拾故友作也詩言吾拾遺袁君之友也詩言吾往洛陽訪袁公之方也不意袁君已被謫宦而流謫於嶺外故作此詩以嘆之也

前人

道郭司倉
王昌齡

映門淮水綠　留騎主人心　明月隨良掾　春潮夜夜深

新鐫《五言千家詩》箋注 1920년 간본

책머리에

중국 여행을 하면서 태산에 올라서는 "조물주는 온갖 신비하고 빼어난 것은 다 모아놓았구나"(造化鍾神秀 〈望岳〉)하고 두보의 시를 읊어보고, 산서성 분음 행화촌에서는 "봄추위 오장을 파고드는데 술집 어디냐고 묻는 내 말에 목동은 대답 대신 행화촌을 가리킬 뿐"(借問酒家何處有, 牧童遙指杏花村 〈淸明〉)이라는 두목의 구절을 떠올린다. 삼협 백제성에 올라서는 "무지개 구름 속 새벽 백제성을 떠나 강 양쪽 원숭이 끝없이 울어대는데 가벼운 이 배는 만 겹겹 산을 뚫고 천리 강릉을 하루 만에 돌아왔네"(早發白帝彩雲間, 千里江陵一日還. 兩岸猿聲啼不盡, 輕舟已過萬疊山. 〈早發白帝城〉)라고 읊어본다. 그리고 소주蘇州 한산사에서는 그 절창 장계張繼의 〈풍교야박〉은 지금도 그 종소리가 귀에 들리는 듯하다. 그런가 하면 항주 서호 '루외루樓外樓'를 지나며 "산 밖에 다시 청산, 누각 밖에 다시 누각, 서호의 가무는 그 언제 끝날꼬?"(山外靑山樓外樓, 西湖歌舞幾時休)라고 임승林升의 시를 외워보기도 한다.

서역 옥문관, 저 투루판의 포도곡葡萄谷, 위성渭城의 새벽비와 양관陽關, 황학루며 악양루, 관작루며 여산 폭포, 그 어디를 간들 시 구절 하나 연관되지 않은 곳이 있으랴? 게다가 백두산 장백폭포를 걸어 올라가는데 "쏟아지는 물줄기 삼천 척, 은하수가 거꾸로 아홉 겹 하늘에서 떨어지는 줄 알았도다"(飛流直下三千尺, 疑是銀河落九天)라고 이백 그 특유의 과장이 바위에 새겨져 있는 것이 아닌가?

계절이면 계절에 맞고, 지역이면 그 지역 정서에 맞는 이런 아름다운 표현이 정말 시인들의 시상이 아니라면 어찌 세상에 태어나 그 긴 세월

사람의 입을 떠나지 못하고 전해질 수 있겠는가? 그러한 면에서 옛 시인들이 참으로 고맙다. 살맛이 나고 여행 맛이 절로 난다.

중국 문학의 최고 성취 장르인 당시(근체시)야 말로 우리도 받아들여 신라 이후 수 없는 작품을 남겼고, 한학을 하는 이라면 누구나 시 한 수 지어보고 싶어하지 않는 이가 없으리라. 나아가 짓지는 못해도 이미 있는 시를 읽으며 그 아름다운 감회와 표현이 내심 부럽기도 하고 행복감을 주기도 하리라.

나도 어릴 때 《오언당음》이며 《칠언당음》, 《백련초해》, 그리고 《당시선》과 《고문진보》(전집), 심지어 우리나라의 《해동시선》 등을 들여다보며 이해도 못하면서 끙끙거렸던 추억이 있다. 그리고 심지어 고향 죽령천이 내려다 보이는 언덕에 자리잡은 상휘루翔輝樓라는 누각 곁을 지나 통학을 하면서 그 편액에 쓰여 있는 시가 무슨 뜻인지 알고 싶어했던 기억도 새롭다. 아니

《五言唐音》　　　　《七言唐音》

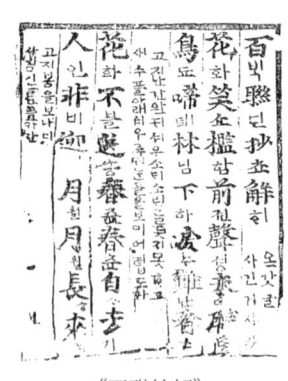

《百聯抄解》

우리나라 어디를 간들 누각이며, 정자에 시 한 구절 걸리지 않은 곳이 있겠는가? 저 파주 율곡의 화석정에서는 율곡이 8살 때 지었다는 〈화석정〉 시가 눈에 보이는 듯 임진강을 그림으로 펼쳐보이고 있다.

그러다가 고등학교 고문 시간에는 《두시언해》의 원시보다 우리 조선 시대 해석(언해) 문장이 더 아름답고 맛깔스러워 지금도 그 언해문을 외우며 복잡한 현대 생활에 안정감을 찾을 때가 있다. 그러다가 인사동에서 다 낡아 흐트러진 《두시언해》(중간본)를 값도 모르면서 사 들고 집에 와서는 흥분 속에 밤을 새워 들여다보기도 하였다. 당시 우전雨田 신호열 선생에게 당시를 배울 때였는데 그 구절마다 해석이 정말 행복감을 안겨다 주었다.

지금은 한시를 짓는 사람을 보기가 그리 쉽지 않다. 더구나 개인 시문집을 내는 사람도 거의 없어진 상태이다. 그럼에도 남겨진 시들은 우리 생활 속에 깊숙이 자리잡아 마음을 달래주고 정서를 안정시키며, 꿈을 키워주고 있다.

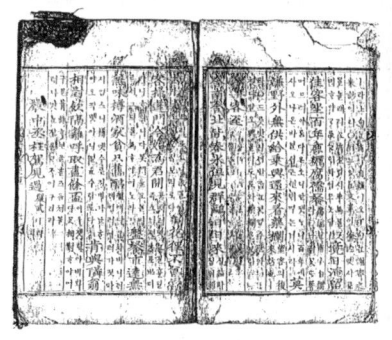

경기도 파주 栗谷里 임진강.
栗谷 이이의 〈花石亭〉 詩碑

《杜詩諺解》 중간본 필자소장

이에 우선 《천가시》 226수를 정리하여 내 나름대로 나의 감상용 교재로 삼고자 한다. 손에 놓기 아까운 작품들은 늘 우리를 즐겁게 한다. 그 내용까지 상세히 알고 감상한다면 더욱 좋지 않겠는가? 그리고 중국 여행은 물론 우리나라 방방곡곡에 남아 있는 시들도 이에 맞추어 함께 읽어보고 느껴본다면 정신적인 삶도 더욱 풍요로워지지 않겠는가? 지금처럼 각박한 시대에 이러한 맛도 없다면 어찌 살아가겠는가? 그보다 알고 있던 시들을 다시 되살리는 교재의 역할만 해도 그 값은 이미 충분하다고 하겠다.

줄포苗浦 임동석이 취벽헌醉碧軒에서 적음.

일러두기

1. 이 책은 《운대천가시韻對千家詩》(印本, 文化圖書公司, 1992 臺北)를 저본으로 하여 기타 여러 주석서를 비교, 전체를 완역한 것이다.
2. 현대 백화어 역주본도 수집하여 참고하였으며 큰 도움을 받았다. 특히 《신역천가시新譯千家詩》(邱燮友·劉正浩 注譯. 三民書局 2006. 臺北)와 그 외 《천가시》(李夢生. 太白文藝出版社 北京) 등은 구체적인 주석과 번역에 많은 참고 내용을 제공해 주었음을 밝힌다.
3. 매 편의 시마다 일련번호를 부여하고 해석은 가능한 한 직역을 위주로 하였으나 일부 의역한 곳도 있다. 그리고 원문의 음을 따로 정리하여 부가하였으며 본음으로 표기하였다.
4. 제목이나 시인의 이름, 시대 등 오류나 오자 등에 대해서는 일일이 밝혀 제시하였다.
5. 시인의 약력을 간단히 실었으며 당대 시인의 경우 《당재자전》 기록을 전재하여 연구와 이해에 도움이 되도록 하였다.
6. 왕상王相의 주를 표점 정리하여 그대로 실어 참고사항으로 삼았다.
7. 두보 시의 경우 우리나라 조선시대 《두시언해杜詩諺解》를 실어 감상과 이해에 도움이 되도록 하였다.
8. 삽화는 명대 《삼재도회三才圖會》 등 자료와 현대 작가까지 관련된 것을 실어 감상에 도움이 되도록 하였다.
9. 부록으로 《운대천자문》(文化圖書公司 印本 1992 臺北)을 그대로 영인하여 실어 연구에 도움이 되도록 하였다.
10. 이 책을 역주함에 참고한 주요 문헌은 아래와 같다.

● 참고문헌

1. 《韻對千家詩》(印本) 文化圖書公司 1992. 臺北, 臺灣
2. 《新譯千家詩》邱燮友·劉正浩(主譯) 三民書局 2006. 臺北, 臺灣
3. 《千家詩》(宋)謝枋得·(明)王相(集) 山西古籍出版社 1999. 太原
4. 《千家詩》江蔭香(編譯) 正言出版社 1976. 臺南 臺灣
5. 《千家詩》(注譯) 李夢生(著) 太白文藝出版社 2005. 北京
6. 《千家詩》蘅塘退士(輯) 大夏出版社 1978. 臺灣 臺南
7. 《千家詩注》李瑞安(編注) 岳麓書社 2006. 湖南 長沙
8. 《中國神童詩歌選》龔浩康 湖南少年兒童出版社 1987. 湖南 長沙
9. 《後村先生大全集》(宋 劉克莊) 四部叢刊 初編 集部「書同文」電子版 北京
10. 《疊山集》(宋 謝枋得) 四部叢刊 續編 集部「書同文」電子版 北京
11. 《全唐詩》淸 聖祖(御定) 明倫出版社 활자본 1980 臺北
12. 《唐詩大觀》蕭滌非(外) 商務印書館 1986 홍콩
13. 《宋詩大觀》繆鉞(外) 商務印書館 1988 홍콩
14. 《歷代詩話》淸 何文煥(編) 木鐸出版社 1982 臺北
15. 《宋詩話考》郭紹虞 中華書局 1985 北京
16. 《唐詩紀事》宋 計有功(撰) 木鐸出版社 1982 臺北
17. 《唐才子傳》元 辛文房(撰) 三間草堂本 廣文書局(印本) 1969 臺北
18. 《唐才子傳校箋》傅璇琮 中華書局 1987 北京
19. 《唐詩品彙》明 高秉(編選) 上海古籍出版社(印本) 1982 上海
20. 《唐詩選》(箋註) 漢文大系 新文豐出版社(印本) 1978 臺北
21. 《唐人萬首絶句選》王士禎 藝文印書館(印本) 1981 臺北
22. 《三體詩》(增註) 漢文大系 新文豐出版社(印本) 1978 臺北

23. 《詩人玉屑》魏慶之 臺灣商務印書館 1980 臺北

24. 《唐宋詩舉要》高步瀛(選註) 宏業書局 1976 臺北

25. 《古唐詩合璧》清 王翼雲(箋註) 文政出版社(印本) 1972 臺北

26. 《古詩源》沈德潛 臺灣商務印書館 1975 臺北

27. 《十四家詩抄》朱自清 上海古籍出版社 1981 上海

28. 《唐詩一千首》金聖嘆(批註) 天南逸叟(校訂) 五洲出版社 1980 臺北

29. 《唐人絶句五百選》房開江, 潘中心(編) 貴州人民出版社 1983 貴陽

30. 《中國歷代詩選》丁嬰(編) 宏業書局 1983 臺北

31. 《新譯唐詩三百首》邱燮友 三民書局 1976 臺北

32. 《唐詩三百首全譯》沙靈娜(外) 貴州人民出版社 1989 貴陽

33. 《唐詩三百首新譯》(英漢對照) 中國對外飜譯出版公司 1992 홍콩

34. 《唐詩三百首》綜合出版社 1976 臺南

35. 《唐詩三百首》(國學讀本) 力行書局 1955 臺北

36. 《唐詩三百首全解》趙昌平(解) 復旦大學出版社 2007 上海

37. 《唐詩二十講》張愛華(著) 新世界出版社 2004 北京

38. 《杜詩鏡銓》清 楊倫(箋註) 華正書局(印本) 1981 臺北

39. 《杜詩鏡銓》(志古堂校刊本) 漢京文化事業公司 1980 臺北

40. 《杜詩詳註》明 仇兆鰲 正大印刷館(印本) 1974 臺北

41. 《杜詩諺解》大提閣(印本) 1976 서울

42. 《杜詩諺解》제22권 중간본 필자소장

43. 《杜詩諺解風澤堂批解》震友會(印本) 1987 서울

44. 《唐詩正音輯註》(5책) 조선시대 간본 필자소장

45. 《唐詩鈔略》조선시대 필사본 필자소장

46. 《百聯抄解》 조선시대 간본 大邱大學 國語國文學會(印本) 1960 大邱

47. 《五言唐音》 世昌書館 1960 서울

48. 《七言唐音》 世昌書館 1960 서울

49. 《李太白文集》 學生書局(印本) 1967 臺北

50. 《唐人軼事彙編》(4책) 周勛初 上海古籍出版社 1995 上海

51. 《唐詩故事》 陸家驥(著) 正中書局 1986 臺北

52. 《唐代詩人叢考》 傅璇琮(著) 中華書局 1980 北京

53. 《唐詩百首淺釋》 曄芝(注) 萬里書店 1983 홍콩

54. 《古詩佳話》 少年兒童出版社 1983 上海

55. 《歷代詩詞名句析賞探源》(初編, 續編) 呂自揚 河畔出版社 1981 臺北

56. 《全國唐詩討論會論文選》 霍松林 陝西人民出版社 1984 西安

57. 《中國詩說》 鍾蓮英 立峯彩色印刷社 1971 臺北

58. 《唐代詩人列傳》 馮作民 星光出版社 1980 臺北

59. 《唐詩之旅》 愛書人雜誌社(編) 1981 臺北

60. 《唐詩植物圖鑑》 潘富俊(著) 上海書店出版社 2003 上海

61. 《古典詩歌名篇心解》 陳祖美(著) 山東敎育出版社 1988 濟南

62. 《中國歷代詩歌名篇賞析》 弘征 湖南人民出版社 1983 長沙

63. 《全唐詩典故辭典》 范之麟(主編) 湖北辭書出版社 1989 武漢

64. 《中國詩詞發展史》 民文出版社 1979 臺北

65. 《中國文學發展史》 劉大杰 華正書局 1976 臺北

66. 《三才圖會》(印本3책) 明 王圻·王思義(編集) 上海古籍出版社 2005 上海
    기타 개별 시인 시집 등 일부 자료는 기재를 생략함.

해제

I. 《천가시》의 유래

《천가시》는 송대 유극장(劉克莊, 後村)에 의해 첫 책이름이 태어났으며, 송대 사방득(謝枋得, 疊山)에 의해 '칠언절율七言絶律'이 모아져 초보적으로 편집되었고, 청대 왕상(王相, 晉升)에 의해 '오언절율五言絶律'과 '주석'이 추가되어 오늘에 이른 것이다. 민간에 의해 끝없이 널리 퍼져 변모를 거듭했으며 초보적 시 학습을 위한 통속적 몽학 교재로써 지금도 아주 널리 읽히는 시 독본이다.

그 때문에 《삼자경》, 《백가성》, 《천자문》을 묶어 흔히 '삼백천'이라 부르던 것이 청대부터 이 《천가시》를 더하여 '삼백천천'이라 하여 4대 몽학서로 자리를 잡게 되었다. 지금도 중국 소학(초등학교) 국어 교과서에는 이 네 책 이름을 정식으로 등재하고, 아동들로 하여금 관심을 갖도록 유도하고 있다. 나아가 중국 그 어떤 서점에서도 우선적으로 아동도서 코너 맨 앞에 자리를 잡고 있는 필독서이며 보편적 인지도도 크게 가지고 있다. 그러나 판본마다 순서가 다르고 시의 작자나 설명이 차이가 있으며 심지어 《천가시》라는 이름 아래 전혀 다른 시들을 모아 출간한 책도 있을 정도이니 그 지명도를 알 수 있다.

책이름은 "천 명의 작가 시를 모은 책"이라는 뜻이지만 실제로는 그렇지 못하다. 첫 편집장 유극장은 그러한 의도를 가지고 시작했으나 그 뒤에는 이름만 그렇게 취하였을 뿐 지금 전하는 판본은 당, 송, 명 226수이며 그것도 칠언과 오언의 절구, 율시일 뿐이다. 그리고 내용도 몽학 교재에 맞추어 계절, 인의, 도덕, 교화, 충의, 조배, 시연 등에 치우쳐 아이들로 하여금 은연중 사회성과 계몽성이 유도되도록 하고 있을 뿐이다. 그 때문에 이 책은 우리가 널리 알고 있는 《당시삼백수》를 태어나게 한 계기를 제공한 특이한 역할로 묘한 가치를 인정받고 있기도 하다.

이에 이 《천가시》가 지금의 모습으로 정착하게 된 과정과 그에 관련된 인물들을 간단히 살펴보기로 한다.

1. 유극장(劉克莊: 1187~1269)

유극장은 남송의 시인이며, 사인, 시 평론가이다. 자는 잠부潛夫, 호는 후촌
後村이며 보전(莆田: 지금의 福建 莆田) 사람이다. 시호는
문정文定이며 진덕수陳德秀에게 배워 사령파四靈派와
교류가 있었고 강호시파江湖詩派와 사귀어 그 때문에
만당시晚唐詩의 영향을 받았다. 문집으로는 《대전집
大全集》(200권)과 〈사부총간四部叢刊〉에 수록된 《후촌
선생대전집後村先生大全集》(196권)이 있으며 사집詞集
으로는 〈송육십명가사宋六十名家詞〉본에 《후촌별조
後村別調》(1권), 그리고 〈강촌총서彊村叢書〉본의 《후촌
장단구後村長短句》(5권) 등과 그 외에 《후촌시화後村詩話》
등을 남기고 있다.

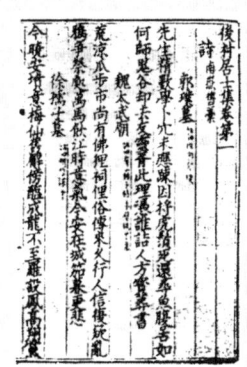

《後村集》 劉克莊

그의 전은 《송사익宋史翼》에 〈유극장전劉克莊傳〉이 있다.
이 유극장이 《천가시》와 관련이 있다. 청 완원(阮元: 1764~1840)의 〈사고
미수서목제요四庫未收書目提要〉(1)에 다음과 같이 기록하고 있다.

"《分門纂類唐宋時賢千家詩選》二十二卷, 宋劉克莊撰. 克莊有《後村集》五十卷,
及《詩話》十四卷, 〈四庫全書〉已著錄. 玆其所選唐宋時賢之詩, 題曰《後村先生
編集者, 著其別號也.」是書爲向來著錄家所未見, 惟國朝兩淮鹽課御史曹寅,
曾刻入〈楝亭叢書〉中, 前後亦無序跋."

유극장이 편집한 《분문찬류당송시현천가시선》은 저록가의 책에 보이지
않았으나 청대 조인曹寅이 처음으로 〈연정총서〉에 이를 수록하였으며 서문

이나 발문이 없다는 것이다. 그리고 조인 역시 강희 45년(1706)에 간행한 〈연정십이종楝亭十二種〉에서 이를 수록하면서 "후촌선생편後村先生編"이라 하여 정확히 밝히고 역시 22건이며 시령, 절후, 기후, 주야, 백화, 천문, 지리, 궁실, 기용, 음악, 금수, 곤충, 인품 등 14가지로 분류하고 있으며 이를 줄여 《천가시》라 하여 최초의 명칭을 나타내고 있다.

그러나 완원과 조인이 유극장의 편찬이라 한 이 책은 뒤에 방간坊間에서 전각傳刻을 거듭하면서 증산增刪을 거쳐 원래 모습과 달라지고 말았다. 이에 완원은 다시,

"《後村大全集》內, 有〈唐五七言絶句選〉及〈本朝五七言絶句選〉·〈中興五七言絶句選〉三序, 或鋟板于泉州, 于建陽, 于臨安. 則克莊在宋時, 固有選詩之目. 此則疑當時輾轉傳刻, 致失其緣起耳. ……所選亦極雅正, 多世所膾炙之什. 惟中多錯謬, 如杜甫·王維·趙嘏諸人傳誦七律, 往往截去半首, 改作絶句, 甚至名姓不符."

라 하여 각 지역에서 전각하는 과정에서 율시를 줄여 절구로 하기도 하고 심지어 작자의 성명에 오류가 있는 경우도 있다고 하였다.

그러나 청대 종정보宗廷輔는 전혀 다른 견해를 보이고 있다. 즉 이 《천가시》는 유극장이 편찬한 것이 아니며 출판업자가 자신의 이익을 취하기 위해 그의 명성에 의탁하여 이름을 도용한 것이라 여겼다. 그는 《중편천가시독본重編千家詩讀本》 발발跋에서 이렇게 말하고 있다.

"後村先生在南宋季年雖爲江湖宗主, 然其集實足成家, 所爲詩話, 頗具別裁,何至紕陋如此! 殆陳起《江湖小集》盛行之後, 游士闔區相望, 臨安·建陽無知書賈假其盛名, 終以射利, 故致是歟? 觀卷首標題, 其不出先生手了然矣."

그런가 하면 청대 전대흔錢大昕은 《십가재양신록十駕齋養新錄》(7) 〈예문지탈루藝文志脫漏〉에서 유극장의 《천가시》를 거론하면서 "천가시는 유극장이 편집한 것인지 아니면, 그 이름을 의탁하여 편찬된 것이지 알 수 없다" 하여 유보적인 입장을 취하고 있다. 결론적으로 이 유극장의 《천가시》는 지금 전하는 《천가시》와는 전혀 다른 것이며 다만 그 이름을 처음으로 취명한 것에 불과하다.

2. 사방득(謝枋得: 1226~1289)

사방득은 남송 말의 문학가이며 충신으로 자는 군직君直, 호는 첩산疊山이며 신주信州 익양弋陽, 지금의 강서江西 사람이다. 시호는 문절文節이다. 그는 구양수와 소식을 숭앙하였으며 《첩산집疊山集》(16권)이 〈사부총간四部叢刊〉에 실려 있고 《송사宋史》(425)에 그의 본전이 있다.

그는 송나라 말기 문천상文天祥과 동방同榜으로 함께 진사에 올랐으며 원元이 중원으로 들어오자 벼슬을 버리고 건녕建寧에 은거하며 남의 점을 쳐주는 일로 생업을 삼고 있었다. 그러다가 원나라 조정에서 옛 인재를 찾는 과정에 대도(大都, 지금의 북경)로 끌려갔으나 절의를 지키며 병이 들자 음식을 끊고 자결해 버렸다.

謝枋得(字 君直) 《三才圖會》

　지금 전하는 《천가시》의 절반인 칠언 절구와 율시 부분이 바로 이 사방득이 편찬한 것이다. 따라서 지금 전하는 《천가시》 칠언 부분 주해에는 "신주 사방득(첩산)이 선집하고, 낭야 왕상(진승)이 주석을 하였으며 보양 사람 정한(탁지)이 인쇄하다"(信州謝枋得疊山選, 瑯琊王相晉升註, 莆陽鄭漢濯之梓)로 되어 있다.

　책은 춘하추동의 계절을 순서로 삼았으며 선택한 시는 대체로 널리 알려져 있으면서 쉬운 것들이다. 특히 송대 이학가들의 설리시說理詩를 많이 실어 특이한 모습을 보이고 있다.

　그러나 지금 전하는 것은 원래 모습과는 달리 칠언절구 94수, 칠언율시 48수 등이 전하고 그 중 칠절七絶은 정호程顥의 〈춘일우성春日偶成〉(085)에서 시작하여 무명씨의 〈제벽題壁〉(178)에서 끝을 맺으며, 칠율七律은 가지賈至의 〈조조대명궁早朝大明宮〉(179)에서 시작하여 명明 세종世宗의 〈송모백온送毛伯溫〉(226)에서 끝을 맺어 명대 사람이 둘이나 첨가되어 있다. 이는 시대가 흐르면서 당연히 더 첨가된 것이다.

〈참고〉《宋史》(425)〈謝枋得傳〉

謝枋得字君直, 信州弋陽人也. 爲人豪爽. 每觀書, 五行俱下, 一覽終身不忘.
性好直言, 一與人論古今治亂國家事, 必掀髥抵几, 跳躍自奮, 以忠義自任. 徐霖
稱其「如驚鶴摩霄, 不可籠縶.」

寶祐中, 擧進士, 對策極攻丞相董槐與宦官董宋臣, 意擢高第矣, 及奏名,
中乙科. 除撫州司戶參軍, 卽棄去. 明年復出, 試敎官, 中兼經科, 除敎授建寧府.
未上, 吳潛宣撫江東西, 辟差幹辦公事. 團結民兵, 以扞饒信撫, 科降錢米以
給之. 枋得說鄧·傅二社諸大家, 得民兵萬餘人, 守信州, 暨兵退, 朝廷覈諸軍費,
幾至不免.

五年, 彗星出東方, 枋得考試建康, 摘似道政事爲問目, 言:「兵必至, 國必亡.」
漕使陸景思銜之, 上其稿於似道, 坐居鄕不法, 起兵時冒破科降錢, 且訕謗,
追兩官, 謫居興國軍. 咸淳三年, 赦, 放歸. 德祐元年, 呂文煥導大元兵東下鄂·
黃·蘄·安慶·九江, 凡其親友部曲皆誘下之, 遂屯建康. 枋得與呂師夔善, 乃應
詔上書, 以一族保師夔可信, 乞分沿江諸屯兵, 以之爲鎭撫使, 使之行成, 且願
身至江州見文煥與議. 從之, 使以沿江察訪使行, 會文煥北歸, 不及而反.

以江東提刑·江西招諭使知信州. 明年正月, 師夔與武萬戶分定江東地, 枋得
以兵逆之, 使前鋒呼曰:「謝提刑來」呂軍馳至, 射之, 矢及馬前. 枋得走入安仁,
調淮士張孝忠逆戰團湖坪, 矢盡, 孝忠揮雙刀擊殺百餘人. 前軍稍却, 後軍繞出
孝忠後, 衆驚潰, 孝忠中流矢死. 馬奔歸, 枋得坐敵樓見之, 曰:「馬歸, 孝忠敗矣」
遂奔信州. 師夔下安仁, 進攻信州, 不守. 枋得乃變姓名, 入建寧唐石山, 轉茶坂,
寓逆旅中, 日麻衣躡屨, 東向而哭, 人不識之, 以爲被病也. 已而去, 賣卜建陽市中,
有來卜者, 惟取米屨而已, 委以錢, 率謝不取. 其後人稍稍識之, 多延至其家,
使爲孝子論學. 天下旣定, 遂居閩中.

至元二十三年, 集賢學士程文海薦宋臣二十二人, 以枋得爲首, 辭不起. 又明年, 行省丞相忙兀台將旨詔之, 執手相勉勞. 枋得曰:「上有堯舜, 下有巢由, 枋得名姓不祥, 不敢赴詔」丞相義之, 不强也. 二十五年, 福建行省參政管如德將旨如江南求人材, 尚書留夢炎以枋得薦, 枋得遺書夢炎曰:「江南無人材, 求一瑕呂飴甥‧程嬰‧杵臼廝養卒, 不可得也. 紂之亡也, 以八百國之精兵, 而不敢抗二子之正論, 武王‧太公凜凜無所容, 急以興滅繼絕謝天下. 殷之後遂與周並立. 使三監‧淮夷不叛, 武庚必不死, 殷命必不黜. 夫女眞之待二帝亦慘矣. 而我宋今年遣使祈請, 明年遣使問安, 王倫一市井無賴‧狎邪小人, 謂梓宮可還, 太后可歸. 終則二事皆符其言. 今一王倫且無之, 則江南無人材可見也. 今吾年六十餘矣, 所欠一死耳, 豈復有它志哉!」終不行. 郭少師從瀛國公入朝, 旣而南歸, 與枋得道時事, 曰:「大元本無意江南, 屢遣使使頓兵, 令毋深入, 待還歲幣卽議和, 無枉害生靈也. 張宴然上書乞斂兵從和, 上卽可之. 兵交二年, 無一介行李之事, 乃挈數百年宗社而降」因相與痛哭.

福建行省參政魏天祐見時方以求材爲急, 欲薦枋得爲功, 使其友趙孟逈來言, 枋得罵曰:「天祐仕閩, 無毫髮推廣德意, 反起銀冶病民, 顧以我輩飾好邪?」及見天祐, 又傲岸不爲禮, 與之言, 坐而不對. 天祐怒, 强之而北. 枋得卽日食菜果.

二十六年四月, 至京師, 問謝太后欑所及瀛國所在, 再拜慟哭. 而已病, 遷憫忠寺, 見壁間曹娥碑, 泣曰:「小女子猶爾, 吾豈不汝若哉!」留夢炎使醫持藥雜米飲進之, 枋得怒曰:「吾欲死, 汝乃欲生我邪?」棄之於地, 從不食而死. 伯父徽明以特奏恩爲當陽尉, 攝縣事, 時天基節上壽, 大元兵奄至, 徽明出兵戰死, 二子趨進抱父屍, 亦死. 論曰: 謝枋得嶔崎以全臣節, 皆宋末之卓然者也.

3. 왕상王相

왕상은 《천가시》의 오언 부분을 선정하고 이에 주를 달았으며 이미 있던 사방득의 칠언절구·율시에 역시 주해를 붙여 완성한 사람이다. 그 때문에 오언은 전주箋註라 하였으며, 칠언은 주해註解라 하였던 것이다. 특히 그는 《삼자경》에도 훈고訓詁를 더하여 몽학서에 상당한 관심을 가졌던 것으로 보인다. 아깝게도 그의 전은 자세히 전하지 않으나 《삼자경》 훈고의 서문을 통해 호는 인암訒菴이며 강서江西 임천臨川 사람으로 강희康熙 연간에 명말 청초의 서간문을 모아 《척독앵명집尺牘嚶鳴集》을 편찬한 인물임을 알 수 있을 뿐이다. 그리고 〈사고전서목록〉(94)에 관련 기록이 약간 들어 있는 정도이다.

그가 편집한 천가시 오언 부분에는 "낭야 왕상(진승)이 선주하고 보양 정한(탁지)이 교정하여 인쇄함"(瑯琊王相晉升選註, 莆陽鄭漢濯之校梓)이라 표시하였다. 이 왕상의 오언五言 절율絶律 부분의 체재는 대체로 사방득의 계절 순과 비슷하다. 오언절구 39수, 오언율시 45수 등 모두 84수를 싣고 있으며 오언절구는 맹호연의 〈춘면春眠〉(001)으로 시작하여 태상은자太上隱者의 〈답인答人〉(039)에서 끝나며 오언율시는 당唐 현종玄宗의 〈행촉회지검문幸蜀 回至劍門〉(040)에서 시작하여 장열張說의 〈유주야가幽州夜歌〉(084)로 끝을 맺고 있다.

한편 현존 통속본은 거의가 왕상 오언을 앞으로 하고 사방득의 칠언을 뒤로 하여 편집되어 있다. 그리고 각기 사체四體에 따라 4권으로 분류하였다. 이는 몽학 시 학습서의 특징에 맞게 심천 정도를 감안하여 단계적으로 익힐 수 있도록 배려한 것임을 알 수 있다.

지금의 주석본은 각기 상당한 차이를 보이고 있다. 이는 시대나 지역을 거듭 거치면서 증보, 증정을 더하였기 때문이다. 그러나 결국 사방득의 칠언과 왕상의 오언을 기본을 하고 있다. 특히 왕상본은 지금 그대로이지만 사방득 칠언 부분은 명대 세종(주이총, 가정, 1522~1566)의 시 등 명대 시가 2수나 들어 있어 송대 사방득과는 시대적으로 상당히 멀다. 게다가 칠언시에는 유극장과 사방득 자신의 시까지 들어 있어 이는 후대 사람들이 첨부한 것으로 보고 있다. 이에 청대 건륭 연간의 적호翟灝가 쓴 《통속편通俗編》(7) 《천가시》 조條에는 이렇게 기록하였던 것이다.

"宋刻後村克莊有《分門纂類唐宋千家詩選》, 所錄惟近體, 而趣尙顯易, 本爲
初學設也. 今村塾所謂《千家詩》者, 上集七言絶八十餘首, 下集七言律四十餘首,
大半在後村選中, 蓋據其本增刪之耳. 故詩僅數十家, 而仍以千家爲名. 下集
綴明祖送楊文廣征南之作, 可知其增刪之者, 乃是明人."

이상 결론적으로 지금의 《천가시》는 남송 유극장에서 이름이 비롯되었고, 같은 남송 말 사방득에 의해 칠언절율七言絶律이 이루어졌으며 다시 명대에 증산과 가감이 있었고, 청대 왕상에 의해 오언절율五言絶律과 전체의 주석이 더해진 것이며 건륭 이후 완성되어 전해온 것이라 볼 수 있다. 통계로 보면 당대 68명, 송대 54명, 명대 2명, 무명씨 1명, 시대불명 2인 등 모두 125명의 시가 들어 있다.

II.《천가시》의 판본

《천가시》는 지금의 판본을 보면 시대와 지역에 따라 수많은 판본이 쏟아져 서로 다른 체제와 형식을 갖추고 있다. 이에 대만 구섭우邱燮友 선생은 대체로 22종의 판본을 거론하고 있는데 그 현황을 보면 다음과 같다.

1. 《分門纂類唐宋時賢千家詩選》南宋 劉克莊(編選), 淸 曹寅《棟亭藏書十二種》本
2. 《草書千家詩》題: 明 李卓吾(書)
3. 《千家詩草法》題: 明 董其昌(書) 淸 咸豐 7년 靑雲樓(重刻本)
4. 《四體千家詩》편자 성명 없음, 李光明莊(刊本)
5. 《千家詩對類合訂》淸 王方城(編)
6. 《國朝千家詩》편자 미상, 乾隆 37년 金陵 眠雲堂(刊本)
7. 《增補重訂千家詩注解》淸 林來吉(選) 王相(註) 淸 光緖 元年 本立堂(重刊本)
8. 《增刻千家詩選》淸 游光鼎(編) 淸 峻德堂(刊印本)
9. 《五言千家詩會義直解》淸 王相(選注) 淸刊本
10. 《五言千家詩》淸 申屠懷(輯) 李光明莊(刊本)
11. 《千家詩注》淸 黎恂(注) 黎氏家集本
12. 《重編千家詩讀本》淸 宗廷輔(重編) 淸 光緖 2년(刊印本)
13. 《韻對五七言千家詩》편자 미상, 淸 光緖 9년 北京 聚珍堂(刊印本)
14. 《童蒙必讀千家詩》편자 미상, 淸 光緖 11년 간인본
15. 《千家詩眞本》諸名家(合選) 集新堂(刊本)
16. 《千家詩詳註》淸 湯海若(校譯) 集新堂(刊印本)
17. 《新刻千家詩選》편자 미상, 上海書局(石印本)
18. 《增補重訂千家詩注解》편자 미상, 上海 鑄記書局(石印本)

19. 《鍾伯敬先生訂補千家詩圖註》편자 미상, 上海 錦章書局(石印本)
20. 《會圖千家詩》(五七言合編) 淸 王相(注) 上海 五洲書局(石印本)
21. 《會圖千家詩註釋》南宋 謝枋得(選) 淸 王相(註) 民國 9년 上海 大成
    書局(刊印本)
22. 《韻對千家詩》南宋 謝枋得(選) 淸 王相(注) 民國 44년(1955) 瑞成書局
    (刊印本)

한편 구씨는 이를 다시 특징에 따라 4가지로 분류하고 있다.

1) 현존 통행본과 판연히 다른 것
   연정장본棟亭藏本의 경우 14류로 나누어 다른 판본이 절구와 율시로
   나누고 다시 네 계절로 분류한 것과 전혀 다르다.
2) 서예 위주로 목적이 바뀐 것
   명대 이탁오李卓吾와 동기창董其昌 등은 이 《천가시》를 사체四體(楷行
   隷草)의 필체로 서예 작품화한 것이 그 예이다.
3) 사방득의 칠언 부분만 판각한 것
   정호程顥의 〈춘일우성〉에서 시작하여 명 세종의 〈송모백온〉으로 끝나는
   판본으로 대체로 7언 절구 83수(혹 86수), 7언 율시 38수(혹 39)를 싣고
   있어 편수에는 차이가 있으나 내용은 같다. 《천가시진본》, 《천가시상주》,
   《증보중정천가시주해》, 《종백경선생정보천가시도주》 등이 이것이다.
4) 오늘날 흔히 볼 수 있는 통행본으로 청대 왕상이 선주한 5언과 그의
   주석을 모두 모아 4권(오언절구, 오언율시, 칠언절구, 칠언율시)으로 편집된

것이다. 원래 사방득의 7언 120여 수를 오언을 더하여 226수로 한 것이 거의 같다. 《회도천가시주석》, 《운대천가시》가 그것이다. 참고로 역자는 그 중 《운대천가시》를 기준으로 이 책을 역주한 것임을 밝힌다.

이처럼 시대와 지역에 따라 방간본坊刊本이 성행하게 되면서 시의 원문과 작자, 주석 등의 출입이 심하며, 많은 곳에 오류를 발견할 수 있다. 그리고 제시된 그림 삽화도 조금씩 달라 각기 자신들 편한 대로 간행되었음을 알 수 있다.

Ⅲ. 《천가시》의 내용

　　《천가시》에 채록된 시는 당송 근체시이며 유극장이 처음 선집할 때는 시령, 기후, 주야, 백화 등 14가지로 나누었다. 그러나 지금 전하는 판본은 이와 판이하다. 즉 사방득 편찬은 네 계절 시령을 순서로 삼고 아동들 학습 단계에 맞도록 하였으며 난이도를 고려하여 외우기 쉽고 이해하기 쉬운 것으로 하되 7언 절구와 율시만을 대상을 하였다.

　　지금의 방간 통행본은 이처럼 사방득의 7언 절구 94수, 율시 48수에 청대 이르러 왕상이 다시 5언 절구 39수, 율시 45수를 더하여 모두 4권 226수를 싣고 왕상은 다시 모든 시에 주해까지 더하여 완성한 것이다. 이에 실린 시인들을 시대별로 보면 7언 절구는 당시 33수, 송시 60수, 무명씨 1수이며 율시는 당시 25수, 송시 21수 명시 2수이다. 그리고 왕상이 덧붙인 오언시는 절구 39수, 율시 45수가 모두 당시唐詩이며 송시나 명시는 없다.

　　다시 이를 시인별로 보면 두보杜甫 시가 26수로 가장 많고, 그 뒤를 이어 이백李白 시가 9수, 소식蘇軾 시가 7수, 왕유王維와 정호程顥 시가 각각 6수, 맹호연孟浩然 5수, 위응물韋應物, 유우석劉禹錫, 잠삼岑參, 한유韓愈, 두목杜牧, 왕안석王安石의 시가 각각 4수 등이다. 따라서 실제로는 4수 이상이 12명, 85수나 차지하여 유명인, 유명 작품에 치우친 경향을 보이고 있다. 특히 두보 시가 26수나 되어 무려 11.5%나 차지하고 있어 편중된 느낌을 자아낸다.

Ⅳ. 《천가시》의 영향

1. 《천가시》의 성행

《천가시》는 일반 민간에는 물론 심지어 궁중에서조차 성행을 이루었다. 이에 따라 '삼백천'이 '삼백천천'으로 불리기까지 하였으니 청대 유악(劉鶚, 鐵雲)의 《노잔유기老殘遊記》에는 그가 동치(同治: 1862~1874) 연간 동창부東昌府를 유람하던 중 어떤 서점 주인이 "2, 3백 리 내 방원의 학당에서 쓰고 있는 교재로 '삼백천천'은 작은 상점에서도 팔리는 것만도 모두 1년에 만 권 이상이나 된답니다!"(所有方圓二三百里學堂裏用的「三百千千」, 都是小號裏販得去的, 一年要銷上萬本呢!)라고 한 말을 들었다고 적고 있다.

그리고 명·청 때 일반인은 누구나 이 《천가시》의 구절을 외우고 살았음이 많은 기록에 보인다. 즉 이어李魚의 유명한 희곡 《풍쟁담風箏談》에 연을 날리며 연애 감정을 나누는 대화에 이런 장면이 실려 있다.

> 丑: 我的佳篇一時忘了.
> 生又驚介: 自己作的詩, 只隔得半日, 怎麼就忘了? 還求記一記.
> 丑: 一心想著你, 把詩都忘了, 我想來.
> 相介: 記着了.
> 生: 請敎.
> 丑: "雲淡風輕近午天, 傍花隨柳村前川. 時人不識余心樂, 將謂
> 偸閑學少年."
> 生大驚介: 這詩一首《千家詩》, 怎麼說是小姐作的?

즉 자신이 지었다고 자랑하던 소녀의 시가 《천가시》(정호의 〈춘일우성〉 085 참조)에 있는데 어찌 자신이 지었다고 자랑하는가라고 웃음 속에 사랑 대화를 나누는 모습이다.

그런가 하면 《홍루몽》(63회) 〈수이홍군방개야연壽怡紅羣芳開夜宴〉의 잔치 자리에서 골패骨牌를 던지며 꽃 이름을 서명하는 놀이에 이런 대화가 나온다.

　　杏花: 瑤池仙品: "日邊紅杏倚雲栽."
　　老梅: 霜曉寒姿: "竹籬茅舍自甘心."
　海棠: 香夢沉酣: "只恐夜深花睡去."
茶蘪花: 韻華勝極: "開到荼蘪花事了."
幷蒂花: 聯春繞瑞: "連理枝頭花正開."
　　桃花: 武陵別景: "桃紅又是一年春."

여기서 잔치에 쓰인 6가지 꽃을 두고 각기 한 구절씩 인용하고 있다. 즉 행화는 고섬高蟾의 〈상고시랑上高侍郞〉(107), 매화는 왕기王淇의 〈매梅〉(171), 해당은 동파東坡의 〈해당海棠〉(101), 도미화는 왕기의 〈춘모유소원春暮游小園〉(124), 병제화는 주숙정朱淑貞의 〈낙화落花〉(123), 도화는 사방득의 〈경전암도화慶全庵桃花〉(113)에서 각각 인용한 것이다.

이에 채의강蔡義江은 《홍루몽시사곡부평주紅樓夢詩詞曲賦評注》에서

"夜宴中行酒令時所玩的象牙花名簽子所鐫的詩句, 極大部分均可在舊時 十分流行的《千家詩》選本中找到. 因爲人們比較熟悉, 所以只要提起一句, 就容易聯想到全詩."

라 하여 누구나 보편적으로 널리 알고 있는 《천가시》에서 인용함으로써 전체 시를 쉽게 연상하며 즐길 수 있도록 한 것이라 하였다.

그 외에도 명대 환관 유약우劉若愚는 《작중지酌中志》(16)에서 자신이 황궁에 있었을 때를 회상하면서 명明 선덕(宣德: 1426~1435) 황궁 내에 학당學堂을 설치하고 대학사大學士 진사陳士를 교수직에 임명하여, 관원의 자제 중 10세 전후의 아동 3백여 명을 모아 《천자문》, 《백가성》, 《효경》, 《대학》, 《논어》, 《맹자》, 《천가시》, 《신동시》 등을 교재로 가르쳤다고 하였다.(百部叢書集成, 《海山仙館叢書》)

그리고 청대 진홍모陳弘謀는 《양정유규養正遺規》(補編)에서 《천가시》는 아동들이 서당에 들어가 선생에게 배우기 전에 집에서 글자를 익히기 위해 누구나 교재로 널리 쓰였다고 하였다.

이처럼 일반인의 일상생활은 물론 궁중에서조차 널리 애용되던 교재 《천가시》는 〈시대서詩大序〉에 밝힌 대로 "인륜을 두텁게 하고 교화를 아름답게 하며 풍속을 변화시키는데 시보다 더 가까운 것은 없다"(厚人倫, 美教化, 移風俗, 莫近於詩)라는 대원칙을 잘 갖추었기 때문에 그토록 환영을 받았을 것으로 본다.

2. 《신동시神童詩》

《천가시》를 따라 생겨난 시선집으로 《신동시》가 있다. 이는 명대 누가 지은 것인지는 알 수 없으나 명대 주국정朱國楨은 《용당소품涌幢小品》에서 이렇게 설명하고 있다.

"汪洙, 字德溫, 鄞縣人, 九歲善詩賦, 牧鵝黌宮, 見殿宇頹圮, 心竊歎之, 題曰:「顔回夜夜觀星象, 夫子朝朝雨打頭. 萬代公卿從此出, 何人肯把俸錢修?」上官奇而召見. ……世以其詩銓補成集, 以訓蒙學, 爲《汪神童詩》."

즉 왕수라는 어린이가 횡궁(黌宮, 학당)에서 집이 허물어진 것을 보고 지었다는 시 한 수가 너무 신기하여 어린이를 가르치기 위한 동몽서로써 《왕신동시》를 편집한 것이 그 시작이라는 것이다. 그러나 청 적호翟灝는 《통속편通俗編》(7, 文學)에서 "其前二三葉相傳皆汪詩, 其後則雜採他詩銓補"라 하여 왕수의 시만 《신동시》라 한 것이 아니라 하였다.

이처럼 《신동시》는 누가 편찬했는지는 알 수 없으나 청대 《천가시》 그림 삽화에 늘 함께 부가하여 이를테면 《천가시진본千家詩眞本》의 윗부분 첫 장에 "天子重英豪, 文章敎爾曹. 萬般皆下品, 惟有讀書高"라 하여 신동시의 내용을 전재하고 있다.

3. 《속천가시續千家詩》

이 책 역시 편자를 알 수 없다. 그저 "양계梁溪 기운산인寄雲山人"으로만 되어 있으며 장편의 오언시를 싣고 있으나 문체가 천루淺陋하고 주로 인과응보의 교훈적 내용 위주이다. 뒤에 이 책은 《소학천가시小學千家詩》로 이름이 바뀌면서 내용도 약간의 차이를 보인다. 이 《소학천가시》는 아마 《속신동시續神童詩》를 편찬한 자가 이 책도 함께 손을 대었을 것으로 보고 있으며 그 제명題名은 "섬계서剡溪西 초씨樵氏"로 되어 있고 발문에는 「기운산인」이

편집한 것이라 밝히고 있다. 이 책에는 편자 자신의 시가 대량으로 들어
있으며 문학적 성취도는 그리 높지 않다.

4. 《국조천가시國朝千家詩》

청나라 때 오직 청나라 시인들의 시만 선집한 것으로 그 때문에《국조
천가시》라 한 것이다. 이는 통행본《천가시》가 당·송·명에 그쳐 이를 이어
청대 시를 더 추가한 것으로 볼 수 있다. 절구와 율시가 들어 있으며 뛰어난
작품을 많이 싣고 있다. 그 첫머리에 방몽장方蒙章의 〈춘유방우春遊訪友〉를
싣고 있으며 그 원문은 아래와 같다.

"輕舟一路遶煙霞, 更愛山前滿磵花.
  不爲尋君也留住, 那知花裏卽君家?"

이 책 역시 편자는 알 수 없다. 지금 전하는 청 건륭乾隆 37년(1772) 금릉
(金陵, 남경) 면운당眠雲堂 판본은 주로 청대 초기부터 건륭 때까지 시인들의
소시小詩가 들어 있다.

5. 《당시삼백수唐詩三百首》와의 관계

이 《천가시》는 앞서 말한 대로 청 건륭 연간에 형당퇴사蘅塘退士 손수

孫洙로 하여금 《당시삼백수》를 편집하게 한 계기를 만들어 주었다. 그는 《천가시》가 그토록 성행하는 것을 보고 교학용으로 아주 뛰어나고 이상적인 교재를 만들되 당시만을 모으기로 하였다. 이에 그의 아내 서란영徐蘭英과 함께 이에 몰두하여 우리에게도 널리 알려진 《당시삼백수》를 완성하게 된 것이다. 결국 《천가시》는 그야말로 포전인옥抛磚引玉의 역할을 한 셈이다. 그는 《당시삼백수》 서문에 이렇게 밝히고 있다.

"世俗兒童就學, 卽授《千家詩》, 取其易於成誦, 故流傳不廢. 但其詩隨手掇拾, 工拙莫辨. 且止七言律絶二體, 而唐宋人又雜出其間. 殊乖體製. 因專就唐詩中膾炙人口之作擇其尤要者, 每體得數十首, 共三百餘首, 錄成一編, 爲家塾課本. 俾童而習之, 白首亦莫能廢, 較《千家詩》不遠勝耶? 諺云:「熟讀唐詩三百首, 不會吟詩也會吟.」請以是編驗之."

이처럼 "외우기 쉽고(易於成誦), 끊임없이 전래하면서 폐기되지 않은(流傳不廢) 《천가시》는 불편한 점이 있다면 절구 율시만 싣고 있고, 당송인이 서로 뒤섞여 있으며 체제도 괴리된 한계가 있으므로 이를 극복하기 위하여 여러 체體별로 수십 수씩 모아 한 권으로 꾸며 서당의 교재로 삼고자 한(爲家塾課本) 것이니 《천가시》보다 낫지 않겠는가"라고 자신감을 보이고 있다.

이에 따라 지금 방본 《천가시》 중에는 《천가시》도 형당퇴사가 편집한 것으로 오인하여 그 이름을 그대로 사용한 경우도 있다(《千家詩》 大夏出版社, 1978 臺灣 臺南, 표지에 형당퇴사 輯로 되어 있다).

그 외에도 《천가시주千家詩註》라는 이름으로 출간된 책(李瑞安 編注, 2006, 岳麓書社)은 이름만 취한 것이며 내용은 전혀 다른 것이다.

V. 《천가시》의 오류

　지금 전하는 통속본 《천가시》는 오류투성이이다. 방간본坊刊本은 그저 교재로 출간하기에 급급하여 내용의 오류는 바로잡지 않은 채 그대로 답습해온 결과이다. 우선 제목부터 틀린 것은 물론 작자 및 왕상의 주도 이러한 오류를 벗어나지 못하고 있다. 이를테면 임홍林洪의 〈서호西湖〉는 임승林升의 〈제림안저題臨安邸〉(156)이며 소식의 〈서호〉는 양만리楊萬里의 〈효출정자송임자방曉出淨慈送林子方〉(157)이며, 주희朱熹의 〈제류화題榴花〉는 한유韓愈의 〈제장십일려사삼영題張十一旅舍三詠〉 중의 한 수 〈유화榴花〉(143)이다. 그 외에도 상당히 많으며 시 본문의 출입도 심하여 왕상은 가끔 '일작一作'이라는 주로 대신하기도 하였다. 게다가 작자의 성씨도 호와 자를 거꾸로 쓴 것과 글자의 오기는 물론 착오와 오자도 있다. 이에 지금의 백화어 번역본에는 일부 바로잡고 있으며 전체적으로 정밀히 교정한 이는 구섭우 선생이다. 이를 전재하면 다음과 같다.

　순서, 제목(괄호 안은 바른 제목), 옛 오류의 작자, 교정을 거친 작자 순서이다. 모두 29곳이다.

　014 〈送朱大入秦〉 王維(唐) → 孟浩然(唐)
　094 〈打毬圖〉 晁無咎(宋) → 晁說之(宋)
　095 〈宮詞〉 林洪(宋) → 王建(唐)
　097 〈咏華清宮〉 王建(唐) → 杜常(宋)
　099 〈題邸間壁〉 鄭谷(唐) → 鄭會(宋)
　108 〈絕句〉 僧 志安(宋) → 僧 志南(宋)
　109 〈遊小園不值〉 葉適(宋) → 葉紹翁(宋)

한편 구섭우《신역천가시》에는 왕상의 주는 따로 싣지 않고 있다. 이에 본인은《운대천가시》의 주를 일일이 표점 정리하여 그대로 실었으며 부록으로 그 원본을 영인 수록하였다.

※ 이상 해제는 구섭우邱燮友·류정호劉正浩《신역천가시新譯千家詩》(三民書局, 2006 臺北)의 「도독導讀」 부분과 이몽생李夢生의 《천가시》(太白文藝出版社, 2005 북경)의 「전언前言」, 그리고 왕인명王仁銘의 《천가시》(山西古籍出版社, 1999 太原)의 「서언」 부분을 참고하였음을 밝힌다.

VI. 결언

이상으로 보아 《천가시》는 아동 학습서로써 중국 문학 최고 성취도를 가지고 있는 당송시를 쉽게 익히고 외울 수 있도록 편집한 것이며 그 유전과 영향은 실로 지대하였다고 할 수 있다. 지금도 중국인이라면 누구나 이 책에 실린 시 몇 수는 일상생활에서 외우며 생활한다. 다만 방간坊刊을 거듭하면서 제대로 교정이 이루어지지 않은 상태로 이제껏 이어 왔다는 것은 전문 학술서가 아니었기 때문에 학자들이 큰 관심을 두지 않았기 때문이 아닌가 한다. 그리고 우리나라 조선시대에 이 책이 당연히 출간되었을 것으로 여겨지지만 여러 고서 목록에 그 서명이 보이지 않아 출간 여부는 알 수 없다.

좌우간 이 《천가시》는 《당시삼백수》와 더불어 중국 어디서나 볼 수 있으며 끊임없이 아동용 독본으로 일반인의 교양물로 출간되고 있다. 우리 나라에서 이 책을 초보적이나마 역주 출간하게 된 것은 때늦은 감이 있으나 그래도 일반인은 물론 시학 연구, 몽학서 연구에 작은 보탬이라도 되었으면 한다.

차 례

千家詩 三

卷三 七絕 (七言絕句)

卷四 七律(七言律詩)

◉ 부록

《운대천가시韻對千家詩》원본影印

千家詩 上

卷一 五絕(五言絶句)

卷二 五律 (五言律詩)

卷三 七絶(七言絶句)

卷三. 七絶(七言絶句)

《增補重訂千家詩註解》

信州 謝枋得(疊山) 選
瑯琊 王相(晉升) 註
莆陽 鄭漢(濯之) 梓

〈靑瓷四繫螭耳天雞尊〉(隋) 1956 湖北 武漢 隋墓 출토

124

〈春暮遊小園〉 ·· 王淇

봄 저녁에 작은 정원에서 놀며

흰 매화꽃 가루 되어 남은 화장 퇴색하자
온 천지에 해당이 새로운 모습으로 등장하였네.
도미화가 필 때면 모든 꽃 이야기 그치겠지만
그 땐 또 버드나무 가지마다 이끼 낀 담장에 피어나겠지.

一從梅粉褪殘粧,　　　일종매분퇴잔장,

塗抹新紅上海棠.　　　도말신홍상해당.

開到茶蘼花事了,　　　개도도미화사료,

絲絲天棘出苺牆.　　　사사천극출매장.

【一從】 '~로부터'의 뜻.
【梅粉】 매화꽃이 떨어져 흩날림이 가루 같음.
【褪】 퇴색함. 꽃이 떨어져 색깔이 변함.
【粧】 '妝'과 같음. 여인의 화장을 말함.
【塗抹】 모두 갈아치움.
【茶蘼】 꽃 이름. 佛見笑라고도 하며 봄여름 사이에 피며 황백색으로 술에 담그면 투명한 붉은 색이 남.
【花事了】 꽃에 대한 일들은 이미 끝남. 완료됨.

【天棘】 버드나무의 별명이라고도 하고(《冷齋夜話》4), 혹 佛經에 말한 靑棘香
이라고도 함.(《鶴林玉露》10)
【苺牆】 '苺'는 靑苔를 말함. 청태가 긴 담장. '牆'은 '墙'과 같음.

原註(王相)

　此言春事將闌也. 梅花零落, 則粉退殘粧矣. 而新紅艶麗, 又發于海棠枝上,
及夫荼蘼開後, 一春之花, 事已終, 惟有絲絲之天棘, 蔓生而出苺牆之上而已.
　○王淇, 字葇猗, 宋人.

참고 및 관련 자료

1. 봄 석 달을 지나고 늦봄의 아름다운 풍경을 읊은 것이다. 韻脚은 '粧·棠·
牆'이다.
2. 왕기(王淇)
자는 葇猗(혹 葇漪) 송대 사람으로 생애는 자세하지 않다.

125

〈鶯梭〉 ······················· 劉克莊

꾀꼬리 북

버드나무 교목으로 옮긴 꾀꼬리 무얼 아는지
꾀꼴꾀꼴 울음 울며 비단 짜는 베틀 북이 되었네.
낙양 춘삼월 꽃으로 이렇게 비단이 되도록 한 것,
얼마나 많은 힘을 들여야 이렇게 짜 놓을 수 있을까?

擲柳遷喬太有情,　　　　척류천교태유정,
交交時作弄機聲.　　　　교교시작농기성.
洛陽三月花如錦,　　　　락양삼월화여금,
多少工夫織得成?　　　　다소공부직득성?

【鶯梭】 꾀꼬리가 숲을 뚫고 빠르게 날며 우는 모습이 마치 베틀의 북(梭)과
같아 이렇게 표현한 것.
【擲】 던짐. 포기함.
【遷喬】 꾀꼬리가 처음 낮은 곳에 부화하여 자란 다음 높은 교목으로 자꾸
옮겨가며 친구를 찾음.《詩經》小雅 伐木에 "出自幽谷, 遷于喬木. 嚶其鳴矣,
求其友聲"이라 함.
【交交】 꾀꼬리의 울음소리.《詩經》秦風 黃鳥에 "交交黃鳥, 止於棘"이라 함.

【工夫】 어떤 일에 깊이 빠져 시간과 노력을 쏟음. 꾀꼬리가 비단 짜는 織機의 바디(북, 梭)가 되어 수없이 왕복하고 노력하여 이 장안의 비단 봄을 짜 놓은 것이라 비유한 것임.

原註(王相)

此咏鶯之詩. 鶯梭. 言其鶯飛鳴迅速來往, 園林抛擲, 如梭之捷也. 遷喬, 詩出自幽谷, 薦於喬木. 言鳥當冬時, 蟄伏於幽谷之中, 及春暖始遷於喬木之上, 其聲嚶嚶而交交, 如弄機杼之聲焉. 當洛陽三月, 春光花艷麗繁華, 猶如錦繡. 觀爾鶯梭, 抛擲於園林之中, 費幾許工夫. 方織成, 如此錦繡春光也. 此詩極上鶯梭二字之妙.

○劉克莊, 號後林, 宋人.

참고 및 관련 자료

1. 제목 〈鶯梭〉는 장안의 봄 비단과 같은 풍경을 꾀꼬리가 비단 짜는 북(사)의 역할로 표현함으로써 절묘한 비유를 동원하였다. 韻脚은 '情·聲·成'이다.

2. 유극장(劉克莊. 1187~1269)

송대 인물. 자는 潛夫, 호는 後村居士. 莆田(지금의 福建 莆田) 사람으로 南宋 孝宗 淳熙 14년에 태어나 度宗 咸淳 5년에 죽었다. 향년 83세. 집안 대대로 벼슬하여 理宗 淳祐 연간에 진사에 올라 龍圖閣學士를 역임하였다. 詩詞 모두 뛰어났으며 陸游와 辛棄疾의 詞風을 이어받아 필력이 웅건하고 곡조가 호방하여 江湖派의 大家가 되었다. 《後村居士大全集》이 있으며 《宋史翼》에 전이 있다. 특히 본 《千家詩》 편찬과 관련이 있는 인물로 알려져 있다.(해제 란을 볼 것)

126

〈暮春卽事〉 .... 葉采

늦봄에

쌍쌍이 참새는 책상 위까지 날아 앉고,
점점이 버들 꽃은 벼루 먹물에 떨어지네.
한가히 앉아 작은 창 아래《주역》을 읽고 있네.
봄날 지난 지 얼마나 되었는지도 알지 못한 채.

雙雙瓦雀行書案,   쌍쌍와작행서안,

點點楊花入硯池.   점점양화입연지.

閒坐小窗讀周易,   한좌소창독주역,

不知春去幾多時.   부지춘거기다시.

【瓦雀】기와집 처마 기와 속을 드나들며 사는 참새.
【楊花】楊柳의 꽃. 柳絮, 柳花와 같음.
【硯池】벼루에 먹물이 담기는 부분.
【周易】六經의 하나이며 13경의 하나. 儒家의 경전.
【幾多時】혹 '而多時'로 된 판본도 있으며 "그 몇 번이나 이 봄을 누렸던고?"
의 뜻. 즉 봄에 대하여 제대로 느끼지도 못한 채 훌쩍 계절이 지나갔음을
말함.

瓦上之雀閒行, 其影動於書案之上; 楊柳之花飄蕩, 其絮落於硯之上, 而讀易之人, 閒坐小窗, 不知春色之已去, 忽驚瓦雀之行, 始見楊花之落, 方知春去多時也.

○葉李, 號平嚴, 太學生.

참고 및 관련 자료

1. 제목 〈暮春卽事〉는 《宋詩紀事》(49)에는 〈書事〉로 되어 있다. 韻脚은 '池·時'이다.

2. 엽채(葉采)

송대 인물. 《천가시》 원본에는 '엽리(葉李)'로 되어 있으나 《宋詩紀事》(49)의 의해 바로잡았다. 엽채는 자는 仲圭이며 호는 平嚴(《천가시》 王相 주에는 '平嚴')으로 남송 邵武(지금의 福建 邵武縣) 사람이다. 생몰 연대는 자세하지 않으며 理宗 淳祐 원년(1241)에 진사에 올라 秘書監을 역임하였다. 시는 담박하고 운치가 있는 것으로 알려져 있다.

127

〈登山〉 ‥‥‥‥‥‥‥‥‥‥‥‥‥‥‥‥‥‥‥‥‥‥‥‥‥ 李涉

등산

종일 술에 취해 몽롱한 꿈속 헤매다가
갑자기 봄날이 다 간다는 말에 억지로 산에 오르네.
대나무 사원을 지나다가 스님 만나 말씀 속에,
그나마 뜬구름 같은 이 인생에 반나절 한가함은 얻었네.

終日昏昏醉夢間,　　　　종일혼혼취몽간,

忽聞春盡强登山.　　　　홀문춘진강등산.

因過竹院逢僧話,　　　　인과죽원봉승화,

又得浮生半日閒.　　　　우득부생반일한.

【醉夢】 술에 취하여 몽롱한 상태.
【强】 '억지로'의 뜻.
【又】 일부본에는 '偸'로 되어 있음.
【浮生】 이 세상의 덧없음을 말함. 《莊子》刻意에 "其生若浮, 其死若果"
　라 함.
【閒】 '閑'과 같음.

此言丈夫不得志而終日昏昏, 如醉如夢, 忽聞春光已盡, 强去登山而尋春色. 遇遊竹院與山僧閑話. 良久, 始覺向在紅塵擾攘之中, 今又暫得淸閑半日也.

○唐, 李涉, 字淸溪, 洛陽人, 太和中爲太常博士, 號月溪子.

참고 및 관련 자료

1. 《全唐詩》(477)에는 이 시는 원래 鎭江 鶴林寺 僧舍의 벽에 써 놓은 것이며 제목도 〈題鶴林寺僧舍〉로 되어 있다. 그 校注에 "寺在鎭江"이라 하였다. 韻 脚은 '間·山·聞'이다.

2. 이섭(李涉)

唐代 인물. 호는 淸溪子, 당 洛陽 사람으로 생몰 연대는 미상이다. 제자 李勃과 廬山에 은거하다가 憲宗 元和 연간(806~820) 太子通事舍人이 되었으나 곧 이어 峽州(지금의 湖北 宜昌) 司倉參軍으로 폄직되고 말았다. 그 뒤 文宗 大和 연간(827~835)에 다시 太學博士가 되었으나 다시 康州(지금의 廣東 德慶縣)로 쫓겨났다. 문집 2권이 있으며 《全唐詩》에 시 1권이 수록되어 있다.

3. 《唐才子傳》(5) 李涉

涉, 洛陽人, 渤之仲兄也, 自號「淸溪子」. 早歲客梁園, 數逢亂兵, 避地南來, 樂佳 山水, 卜隱匡廬香爐峰下石洞間. 嘗養一白鹿, 甚馴狎, 因名所居「白鹿洞」. 與弟 渤·崔膺昆季茅舍相接. 後徙居終南, 偶從陳許辟命從事行軍, 未幾, 以罪謫夷 陵宰. 十年蹭蹬峽中, 病瘧成痼, 自傷羈逐, 頭顱又復如許. 後遇赦得還, 賦詩云: 「荷蓑不是人間事, 歸去滄江有釣舟.」遂放船重來訪吳·楚舊遊, 登天台石橋, 望海. 得風水之便, 掛席浮瀟·湘·岳陽. 逢張祐話故, 因盤桓. 歸洛下, 營草堂, 隱少室. 身自耕耘, 妾能織紝, 稚子供漁樵, 拓落生計, 伶俜酒鄕, 罕交人事. 太和中, 宰相累薦, 徵起爲太學博士, 致仕卒. 妻亦入道. 涉工爲詩, 詞意卓犖, 不群世俗. 長篇敍事, 如行雲流水, 無可牽制, 才名一時欽動. 初, 嘗過九江皖口, 遇夜客, 方跧伏, 問:「何人?」曰:「李山人.」豪首曰:「若是, 勿用剽奪. 久聞 詩名, 願題一篇足矣.」涉欣然書曰:「暮雨瀟瀟江上邨, 綠林豪客夜知聞. 他時 不用藏名姓, 世上如今半是君.」盜大喜, 因以牛酒厚遺, 再拜送之. 夫以跖· 蹻之輩, 猶曰憐才, 而至寶橫道, 君子不顧, 忍哉! 詩集一卷, 今傳.

〈雪窓讀書圖〉(宋) 작자 미상

128

<蠶婦吟> ··· 謝枋得

누에치는 부인의 노래

두견새 한 밤중까지 울어대는데
눈 비비며 일어나 누에는 많은데 잎이 모자라면 어쩌나 살피네.
누각 끝 버들 위 저 달 이미 새벽이 되었음을 믿지도 않은 채,
옥 같은 미녀들 가무는 아직 끝나지 않고 있네.

子規啼徹四更時,   자규제철사경시,

起視蠶稠怕葉稀.   기시잠조파엽희.

不信樓頭楊柳月,   불신루두양류월,

玉人歌舞未曾歸.   옥인가무미증귀.

【蠶婦】 누에치는 여인.

【子規】 杜鵑새, 서쪽새, 歸蜀. 그 우는 소리가 '不如歸去'라 한다 함.

【啼徹】 그 우는 소리가 멀리 퍼짐.

【四更】 한밤중. 1시부터 3시 사이.

【稠】 조밀함. 빽빽함. 밀집되어 있음.

【玉人】 자신의 딸. 혹은 놀이에 빠진 젊은 여인들 말함.

【未曾歸】 출타하여 노래 부르고 춤추는 미인들이 아직 돌아오지 않음.

子規, 鳥名, 一名杜鵑, 好夜啼. 言蠶婦聞子規啼而不寐. 啼畢時已四更矣. 起視其蠶筐, 恐蠶稠而桑葉之稀, 又從而添益其葉也. 樓頭殘月, 挂於柳梢, 天欲明矣. 而玉人歌舞, 猶未歸來也.

참고 및 관련 자료

1. 누에치는 부인은 밤잠을 못 자며 고생하건만 그 비단으로 치장한 미인들은 밤을 지새우며 놀아 새벽달이 지는데도 집으로 돌아가지 않음을 대비하여 그 고생을 읊은 것이다. 韻脚은 '稀·歸'이다.

2. 사방득(謝枋得) 113 참조.

129

〈晚春〉 ··· 韓愈
늦은 봄

초목은 머지않아 봄이 끝날 것임을 알기에
온갖 붉은 빛, 보랏빛으로 꽃다움을 다투네.
버드나무 느릅나무는 아무런 재능도 생각도 없는지
오직 온 하늘에 솜털만 눈처럼 날리고 있네.

草木知春不久歸,　　　　　　초목지춘불구귀,

百般紅紫鬪芳菲.　　　　　　백반홍자투방비.

楊花楡莢無才思,　　　　　　양화유협무재사,

惟解漫天作雪飛.　　　　　　유해만천작설비.

【草木】일부본에는 '草樹'로 되어 있음.
【知春不久歸】봄이 오면 머지않아 고향에 갈 수 있을 것임을 앎.
【芳菲】꽃 향기.
【楡莢】楡樹의 열매. 느릅나무 열매. 이 나무는 먼저 꽃이 피어 열매가 맺기 시작하면서 잎이 난다고 하며 그 열매는 작은 동전처럼 서로 연결되어 있어 속칭 '楡錢'이라 하며, 식용과 약용으로 사용함. 한편 그 열매가 익을 때 융모가 덮여 있다가 바람이 불면 흩날려 흰 눈과 같다고 함.

【才思】재기와 사상. 재주가 뛰어남을 말함.
【漫天】온 하늘에 마구 흩날림.

原註(王相)

　　楡莢, 楡樹之莢, 其小如錢. 言草木知春色之不久, 故萬紫千紅, 皆乘時而舒放也. 惟楊柳楡莢, 二種全無才思, 紛紛飄落於漫天, 如雪之飛揚而已.

참고 및 관련 자료

1. 제목은 혹 〈游城南晚春〉이라 되어 있다. 韻脚은 '歸·菲·飛'이다.
2. 한유(韓愈) 090 참조.

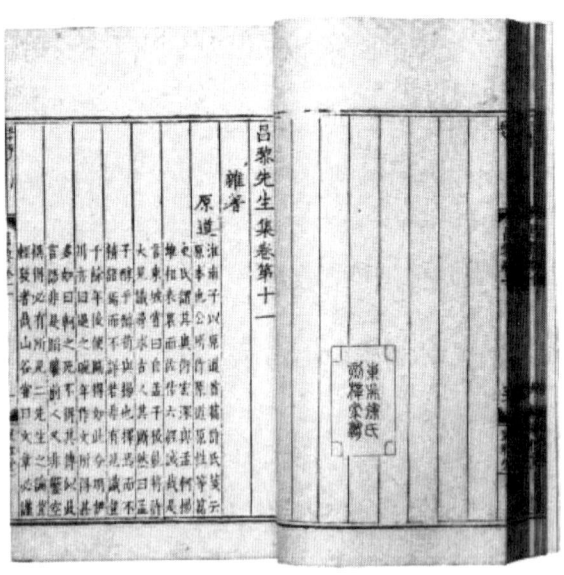

韓愈(昌黎先生)문집

130

〈傷春〉 ·· 楊萬里

봄의 애처로움

금년 봄엔 즐거운 일 많으리라 미리 기대했건만
여전히 한갓 동풍을 그냥 보낼 줄이야.
해마다 꽃구경할 눈의 복 타고나지 못한 때문이지
근심 속에 잠긴 이 몸의 병 때문은 아니라네.

準擬今春樂事濃, 준의금춘락사농,
依然枉卻一東風. 의연왕각일동풍.
年年不帶看花眼, 년년불대간화안,
不是愁中卽病中. 불시수중즉병중.

【準擬】 그러리라 미리 예상함.
【樂事】 사람을 즐겁게 하는 일.
【濃】 일부본에는 '醲'으로 되어 있으며 뜻은 '농후하다'로 같음.
【然】 일부본에는 '前'으로 되어 있음.
【枉卻】 헛되이, 공연히.
【不帶看花眼】 꽃을 구경할 수 있는 眼福이 없음.

準擬, 預料也. 春光未到之時, 預料今春賞心樂事, 必興濃而稠密, 豈知一春已過, 而宴賞仍虛? 蓋年年花發, 而畧不曾觀者, 非愁中無緒, 則病中無能也. 傷春之意, 情見於詞矣.

○宋, 楊簡, 字識齋, 官龍圖閣學士.

1. 《誠齋集》(37)의 《退休集》에는 제목이 〈曉登萬花川谷看海棠〉으로 되어 있으며 2수 중 둘째 수이다. 한편 그 첫째 수는 "夜雨朝晴花睡餘, 海棠傾國萬花無. 館娃一樣三千女, 露滴燕脂洗面初"이다. 여기에 실린 시의 韻脚은 '風·中'이다.

2. 양만리(楊萬里. 1127~1206)

송대 시인. 《천가시》 원문에 '楊簡' 작으로 되어 있으나 양만리의 《誠齋集》에 이 시가 실려 있어 양만리의 작품이 옳은 것으로 보고 있다.

양만리는 자는 廷秀, 호는 誠齋이며 吉州 吉安(지금의 江西 吉安縣) 사람으로 南宋 高宗 建炎 원년에 태어나 寧宗 開禧 2년에 죽었다. 향년 80세. 남송의 애국시인이며 고종 紹興 24년에 진사에 올라 秘書監을 역임하였다. 국가의 정치와 민생의 고통에 관심을 가져 시 역시 당대 시정의 폐해를 바로잡고자 하는 것이었다. 그는 당시 尤袤, 范成大, 陸游와 함께 이름을 날려 '南宋四大家'로 불렸다. 《성재집》이 있으며 《송사》에 전이 있다.

131

〈送春〉 ·· 王令

봄을 보내며

삼월 꽃은 지는데 그래도 피는 꽃 있고,
작은 처마 밑에 날마다 제비 날아들도다.
자규는 한밤중에 피를 토하게 우는구나.
봄바람 한 번 가면 다시 돌아오지 못함을 믿지 못하겠다고.

三月殘花落更開,　　　　삼월잔화락경개,

小簷日日燕飛來.　　　　소첨일일연비래.

子規夜半猶啼血,　　　　자규야반유제혈,

不信東風喚不回.　　　　불신동풍환불회.

【小簷】 작고 낮은 처마.
【子規】 두견새.
【啼血】 두견새는 피를 토하며 운다고 여겼음.
【不信東風喚不回】 두견새는 봄이란 한 번 가면 다시는 되돌아오지 않음을
믿지 못한 채 그토록 슬피 우는 것이라 여긴 것.

三月春色已暮, 花殘已落, 而復有開者. 小簷之燕子, 日日飛來, 營其巢穴也. 子規之鳥, 當三更而悲鳴, 下血流而方止. 言其春去難留, 雖子規之悲啼流血, 而不能喚回已去之春光也.

○逢原, 宋人, 謝疊山之友.

참고 및 관련 자료

1. 작자의 《廣陵集》(15)에는 제목이 〈春怨〉으로 되어 있다. 韻脚은 '開·來· 回'이다.

2. 왕령(王令. 1032~1059)

송대 시인. 《천가시》 원본에 王逢原 작으로 되어 있으나 逢原은 왕령의 字 이다. 왕령은 자는 봉원, 대대로 元城(지금의 河北 大名縣)에 살았으나 어릴 때 廣陵(지금의 江蘇 江都)로 옮겨 廣陵人으로 알려져 있다. 북송 仁宗 明道 원년에 태어나 仁宗 嘉祐 4년에 28세로 일찍 죽었다. 王安石이 자신의 처 吳氏의 동생을 그에게 주어 동서로 삼을 정도였으나 요절하고 말았다. 그의 시는 기력이 웅혼하고 구상이 새로웠으며 낭만적 색채를 띠고 있었다. 《廣 陵集》 31권이 있으며 《宋史翼》에 전이 있다.

132

〈三月晦日送春〉 ·· 賈島

삼월 그믐날 봄을 보내며

삼월이라 그것도 그믐날일세.
봄바람 이렇게 괴로운 시 한 구절 지으려는 나를 떠나가네.
그대와 이 밤은 잠을 자지 않으리.
내일 아침 새벽 종소리 울리기 전까지는 그래도 봄일 테니.

三月正當三十日,	삼월정당삼십일,
春風別我苦吟身.	춘풍별아고음신.
共君今夜不須睡,	공군금야불수수,
未到曉鐘猶是春.	미도효종유시춘.

【晦日】 매월 그믐날.
【春風】《천가시》 원본에는 '風光'으로 되어 있음.
【苦吟】 각고면려하여 시 구절을 지어냄.
【曉鐘】 새벽종.

> **原註(王相)**

三月三十, 春已盡矣, 而我苦吟之, 身忍見春光別我去乎! 春雖無計可留,然當此之時, 惟以苦吟, 痛飮以送, 靑春不須睡臥, 曉鐘未發, 明朝之夏未來, 猶是今日之殘春矣.

　○唐, 賈島, 字閬仙. 初爲僧, 後擧進士, 官長工簿.

　　┌─────────────────┐
　　│ 참고 및 관련 자료 │
　　└─────────────────┘

1. 작자의 《長江集》(10)에 제목이 〈三月晦日贈劉評事〉로 되어 있다. 評事는 관직 이름이며 제목의 劉評事는 구체적으로 누구인지는 알 수 없다. 韻脚은 '身·春'이다.

2. 가도(賈島) 026 참조.

133

<객中初夏> .... 司馬光

나그네 길의 초여름

사월 날씨 좋은 이때 비가 왔다 다시 개네.
남산을 마주 보고 있는 집들 더욱 분명히 드러나네.
바람 때문에 버들 솜 날리는 일 이제는 더욱 없고,
오로지 해바라기만 해를 향해 기울었구나.

四月淸和雨乍晴,　　　　사월청화우사청,
南山當戶轉分明.　　　　남산당호전분명.
更無柳絮因風起,　　　　경무류서인풍가,
惟有葵花向日傾.　　　　유유규화향일경.

【客中】 '나그네 신세, 나그네가 되어'의 뜻.
【淸和】 初夏의 절기라 날씨가 맑고 화창함.
【南山】 앞산.
【當戶】 마주 대하고 있는 민가의 가옥.
【葵花】 向日葵. 해바라기 꽃.

初夏爲淸和節, 乍雨乍晴之時, 而南山當其戶牖, 雨來而烟霧微茫, 雨霽而
峯巒明媚也. 柳絮飛盡, 無跡可尋. 惟有葵花, 向日而開, 以喩新主當陽, 小人
道消, 君子道長也.

○宋代司馬光, 字君實, 相神宗·哲宗, 官太師, 封溫國公, 諡文正.

참고 및 관련 자료

1. 이 시는 사마광이 判西京御史臺의 직위에 올라 洛陽에 거주할 때 지은
것이다. 韻脚은 '晴·明·傾'이다.

2. 사마광(司馬光. 1019~1086)

송대 사학가이며 문장가. 자는 君實. 만년의 호는 迂叟, 陝州 夏縣(지금의 山西

司馬光《三才圖會》

夏縣) 사람으로 涑水鄕(지금의 하현
서쪽)에 살아 涑水先生이라고도 부른다.
북송 眞宗 天禧 3년에 태어나 哲宗 元祐
원년에 죽었다. 향년 68. 인종 寶元 원년
(1038)에 진사에 올라 仁宗, 英宗, 神宗
3조를 섬겼다. 신종 때 왕안석의 신법
에 반대하였으며 判西京御史臺를 그만
두고 洛陽에 15년을 살았다. 철종이 즉
위하고 조정으로 들어가 재상이 되어
신법을 파기하고 구제를 회복하였으나
재위 8개월 만에 죽고 말았다. 시호는
文正, 溫國公에 봉해졌다.《資治通鑑》
을 편찬하였으며《涑水紀聞》,《溫國文
正司馬文集》등이 있다.《송사》에 전이
있다.

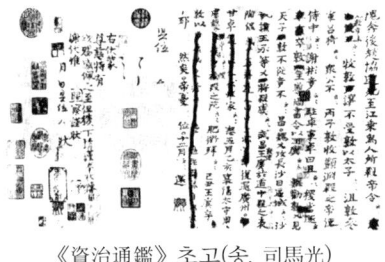

《資治通鑑》초고(송, 司馬光)

司馬光(1019~1086)

134

〈有約〉 ·· 趙師秀

약속이 있었네

매실이 익어갈 때 집집마다 비가 오고,
푸른 풀 연못에는 곳곳마다 개구리 울음.
약속한 친구 밤 깊도록 오지 않아
한가롭게 바둑알 두드리니 등불 심지 떨어지네.

黃梅時節家家雨,　　　　황매시절가가우,
青草池塘處處蛙.　　　　청초지당처처와.
有約不來過夜半,　　　　유약불래과야반,
閒敲棋子落燈花.　　　　한고기자락등화.

【黃梅】 매실은 아직 익지 않았을 때는 초록색으로 이를 青梅라 하며 노랗게
　익었었을 때는 黃梅라 함.
【夜半】 깊은 밤중. '밤이 깊도록'의 뜻.
【燈花】 등잔의 심지가 발갛게 타서 떨어짐. 여기서는 등불을 말함.

原註(王相)

　立夏後數日, 爲入霉, 故曰黃梅, 梅天不雨, 家家雨, 言文人皆閉戶而不出也.

處處蛙, 言池塘之中, 蛙聲聒耳也. 約友朋夜話以消岑寂, 又因雨阻而不來, 閑坐不勝其悶, 燈下敲棋而燈花落盡也.

1. 《淸苑齋詩集》에는 〈約客〉으로 되어 있다. 韻脚은 '蛙·花'이다.

2. 조사수(趙師秀. ?~1219)

송대 인물. 《천가시》원본에 '司馬光'이라 되어 있으나 《淸苑齋詩集》에 이 시가 실려 있어 趙師秀의 작품으로 보고 있다.

조사수는 자는 紫芝, 호는 靈秀, 혹은 天樂이며 남송 永嘉(지금의 浙江 永嘉縣) 사람이다. 光宗 紹熙 원년에 진사에 올라 高安推官을 지냈으며 시는 野逸淸瘦 하다는 평을 듣고 있다. 특히 당시 徐照(호 靈暉), 徐璣(靈淵), 翁卷(靈舒)과 함께 '永嘉四靈'으로 알려져 문학사에서 말하는 四靈派의 하나이다. 《청원재 시집》 1권이 있다.

135

〈初夏睡起〉 ·· 楊萬里

초여름 낮잠에서 깨어나

매실의 즙액 신데 이빨 사이 터지고,
파초 잎은 녹색이 되어 창가에 드리웠네.
여름 긴 해 낮잠에서 깨니 아무 할 일이 없어,
아이들 버들 꽃 줍는 놀이나 구경하고 있네.

梅子流酸濺齒牙,   매자류산천치아,

芭蕉分綠上窗紗.   파초분록상창사.

日長睡起無情思,   일장수기무정사,

閒看兒童捉柳花.   한간아동착류화.

【梅子】 매실.
【濺】 과일 등의 육즙이 터져 물총을 쏘듯 분사됨을 말함. 일부본에는 '軟'으로
　되어 있음.
【芭蕉】 多年生草本植物로 바나나(香蕉)보다 작으며 그와 비슷하나 작은
　과일이 달리는 나무. 잎이 넓어 그림 제재로도 많이 쓰임.
【上】 일부본에는 '與'로 되어 있음.
【窗紗】 창문을 가린 반투명의 얇은 비단 휘장.
【柳花】 柳絮. 버들 솜.

此味至酸, 食之不覺, 而餘酸猶濺乎齒牙之間也. 芭蕉, 初長而綠陰映乎紗窗之上, 日長人倦, 假寐而起, 情緒無聊, 閑看兒童, 戲捉空中之柳花, 以釋悶而已.

참고 및 관련 자료

1. 《誠齋集》(3) 江湖集에는 제목이 〈閑居初夏午睡起二絶句〉로 되어 있으며 이 시는 그 중 하나이다. 韻脚은 '牙·紗·花'이다.

2. 양만리(楊萬里)

《천가시》원본에 '楊簡'으로 되어 있으나 《誠齋集》(3)에 이 시가 실려 있다. 양만리는 130 참조.

136

〈三衢道中〉 ··· 曾幾

삼구를 지나는 길에

매실이 노랗게 익어 가는 시절 날마다 맑은 날,
작은 시내 배를 띄워 물이 다한 곳에 이르러 산길로 걸어 오르네.
녹음은 오던 길 못지않게 우거졌는데,
게다가 꾀꼬리 소리 덤으로 들려주네.

梅子黃時日日晴,	매자황시일일청,
小溪泛盡却山行.	소계범진각산행.
綠陰不減來時路,	록음불감래시로,
添得黃鸝四五聲.	첨득황리사오성.

【三衢】 산 이름. 지금의 浙江 衢縣에 있음.
【小溪泛盡】 작은 시내에 배를 띄워 그 물이 다한 곳에 이름.
【黃鸝】 꾀꼬리. 黃鶯. 黃鳥.

> 原註(王相)

　　此春暮出遊, 初夏而返之詩也. 當黃梅之時, 不雨而連晴數日, 泛小舟而回,
溪水盡處, 捨舟而行山路也. 綠樹陰濃, 不減初來之路, 更有黃鸝巧囀於深林,

比來路更添幽趣也.

　○宋, 曾紆, 字榮山, 宰相布之子, 知衢丹.

1. 이는 늦은 봄에 나갔다가 초여름에 돌아오며 그 감회를 읊은 것이다.
韻脚은 '晴·行·聲'이다.

2. 증기(曾幾. 1084~1166)

송대 인물.《천가시》원본에 증우(曾紆)로 되어 있으나《茶山集》(8)에 이 시가
실려 있어 증기의 시로 보고 있다.

증기는 자는 吉甫, 호는 茶山居士이며 贛州(지금의 江西 贛縣) 사람으로 북송
神宗 元豊 7년에 태어나 南宋 孝宗 建道 2년에 죽었다. 향년 83세. 禮部侍郞을
역임하였으며 그의 시는 위로 杜甫, 黃庭堅을 이어받고 아래로 陸游에게
영향을 주었다.《茶山集》이 있으며《송사》에 전이 있다.

137
〈卽景〉 ⋯⋯⋯⋯⋯⋯⋯⋯⋯⋯⋯⋯⋯⋯⋯⋯ 朱淑貞
눈앞에 펼쳐진 경물

대나무 흔들리는 그림자 그윽한 창문을 덮어주고,
둘씩 짝을 지은 새들 시끄럽게 재잘대네.
해당화 지고 나서 버들 솜 휘날리며,
사람을 괴롭히는 날씨에 해는 자꾸 길어지네.

竹搖淸影罩幽窗,　　　　죽요청영조유창,

兩兩時禽噪夕陽.　　　　량량시금조석양.

謝卻海棠飛盡絮,　　　　사각해당비진서,

困人天氣日初長.　　　　곤인천기일초장.

【卽景】 눈 앞에 펼쳐진 경물을 즉시 시로 읊음을 말함.
【罩】 위에서 아래로 덮어씌움.
【時禽】 계절에 맞추어 우는 새. 봄의 꾀꼬리나 종달새 등.
【謝卻】 꽃이나 잎이 모두 시들어 조락함.
【絮】 柳絮. 柳花.
【困人】 사람을 피곤하게 함. 피로가 엄습함.

　　此詩作於殘春將夏之時. 言竹影搖淸籠罩於幽窗之上, 時禽春深, 鳴聲頗噪, 不可得而名也. 當此之時, 海棠已卸, 柳絮已飛盡矣. 而困人天氣正是晝, 日初長之候, 深閨靜坐, 無聊之倦態也.

참고 및 관련 자료

1. 《斷腸集》에는 제목이 〈淸晝〉로 되어 있다. 韻脚은 '窗·陽·長'이다.
2. 주숙정(朱淑貞) 123 참조.

138

〈夏日〉 ·· 戴復古

여름날

어린 새끼 오리 못에 잠겼다 떠올랐다,
매실 익어 가는 계절 반은 맑고 반은 흐린 날씨.
동쪽 정원에서 취한 술 가져다 서쪽 정원에서 또 취하노라.
한 나무 가득 금 색깔 노란 비파 다 따냈는데.

乳鴨池塘水淺深,　　　　유압지당수천심,
熟梅天氣半晴陰.　　　　숙매천기반청음.
東園載酒西園醉,　　　　동원재주서원취,
摘盡枇杷一樹金.　　　　적진비파일수금.

【乳鴨】 아직 어린 오리.
【熟梅天氣】 매실이 익어 가는 날씨. 음력 4, 5월의 초하.
【摘盡】 더 이상 딸 것이 없이 모두 따냄.
【枇杷】 과실 이름. 상록의 작은 교목으로 흰 꽃이 피었다가 4월에 노란
　열매가 맺음. 생김이 琵琶와 같음.
【一樹金】 비파가 황금빛을 띠어 한 나무에 금덩어리가 매달린 것과 같음을
　표현한 것.

乳鴨, 小鴨也. 乳鴨戲於池塘, 水或深或淺, 而梅熟之時, 天氣半晴而半陰. 於時也方載酒宴遊於東園, 又復至西園而酣飮, 見枇杷方結實, 如金之垂乃盡摘之, 而侑酒也.

○戴復古, 字式之, 號石屏, 南宋進士.

1. 《石屏詩集》(6)에 제목을 〈初夏游張園〉이라 하였다. 韻脚은 '深·陰·金'이다.

2. 대복고(戴復古)

송대 시인. 자는 式之, 호는 石屏, 남송 臺州 黃巖(지금의 浙江 黃巖縣) 사람이다. 생몰 연대는 미상이다. 林景思, 徐似戀 등과 교유하다가 陸游의 문하에 들어가 시를 강의하기도 하였다. 그 뒤 20여 년을 유랑하다가 시가 크게 진전을 보이지 않다가 眞德秀가 그 필법이 猛虎연에 뒤지지 않는다고 평가함으로써 천하에 이름을 떨치게 되었다. 《石屏詩集》 6권이 있으며 그 첫머리에 부친 戴敏(東皐子)의 시 10수를 싣고 있다. 그 외 《詞集》 1권이 있다. 《宋史翼》에 전이 있다.

139

〈晚樓閒坐〉 ··· 黃庭堅

늦게 누대에 올라 한가히 앉아

사방을 둘러보니 산 빛 물빛이 접하여 있고,
난간에 기대보니 십리 연꽃 향기로다.
청풍명월은 아무도 관여하는 이 없는데,
연꽃 향이 남쪽으로부터 서늘함과 합하여 오네.

四顧山光接水光,   사고산광접수광,

凭欄十里芰荷香.   빙란십리기하향.

淸風明月無人管,   청풍명월무인관,

幷作南來一味涼.   병작남래일미량.

【凭欄】 난간에 기댐. '凭'은 '憑'과 같음.
【芰荷】 연꽃.《楚辭》離騷에 "製芰荷以爲衣兮"라 하였고 補注에 "芰, 荷葉也"
라 함.
【南來】 남쪽에서 불어옴. 일부본에는 '南樓'로 되어 있음.

原註(王相)

　　此居水上樓臺, 凭欄間眺之作, 四壁之間, 山光與水光相接, 荷花十里,

香氣襲人而來. 茇, 小麥也. 其花與荷雜開於水面也. 當晚之時, 明月已上,
春風徐來. 閒散之人, 無拘無束, 惟有凭欄, 南向而納. 其一味淸涼, 享天地
自然之樂也.

1. 《山谷集》(11)에 제목을 〈鄂州南樓書事四首〉라 하였으며 이는 그 중 한
수이다. 鄂州는 지금의 湖北 鄂城縣이며 書事는 記事와 같은 뜻이다. 韻脚은
'光·香·涼'이다.
2. 황정견(黃庭堅. 1045~1105)
송대 시인. 《천가시》 원본에 '司馬光'으로 되어 있으나 《山谷集》(11)에 이 시가
있어 황정견의 시임이 분명하다.
황정견은 자는 魯直, 호는 山谷道人. 洪州 分寧(지금의 江西 修水縣) 사람이다.
북송 仁宗 慶曆 5년에 태어나 徽宗 崇寧 4년에 죽었다. 향년 61세. 英宗 治平
4년에 진사에 올라 여러 관직을 거치면서 그 때마다 폄직을 당하기도 하였다.
처음 杜甫의 시를 배우다가 스스로 환골탈태를 꾀하여 拗體拗句의 시법을
창안하였다. 그리하여 江西詩派의 우두머리가 되었으며 秦觀, 張耒, 晁補之와
함께 蘇東坡에게 배워 '蘇門四學士'로 널리 알려졌다. 서예에도 능하여 '宋四
大家'의 하나이며 만년에 벼슬에서 물러났으나 그 이름이 더욱 높아져 소식과
병칭되어 '蘇黃'이라 불렸다. 《山谷集》이 있으며 《宋史》에 전이 있다.

140

〈山居夏日〉 ··· 高騈

산중의 여름 생활

푸른 나무 그늘 짙고 여름 해는 길도다.
연못 속엔 거꾸로 선 누각의 그림자.
수정 발은 미풍에 살랑살랑 흔들리고,
정원에는 덩굴시렁 가득 타고 오른 장미 향기.

綠樹陰濃夏日長,	록수음농하일장,
樓臺倒影入池塘.	루대도영입지당.
水晶簾動微風起,	수정렴동미풍기,
滿架薔薇一院香.	만가장미일원향.

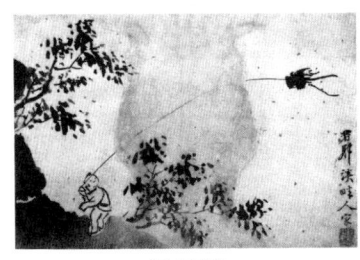

〈放風箏〉

【倒影】 물에 거꾸로 비친 그림자.
【水晶】 '水精'으로도 표기하며 광석의 일종.
보석처럼 구멍을 뚫어 발을 엮기도 함.
【薔薇】 음력 4, 5월에 한창 핌.

綠樹當夏之時, 而濃陰稠密, 樓臺倒影於池塘, 微風吹動水面, 波光蕩漾. 其紋如水晶之簾紋, 細雨織而光榮也. 回首院中, 薔薇滿架, 香風襲襲, 馨馥河庭, 豈非夏景淸和之淑景乎!

○唐, 高駢, 字千里, 渤海人, 淮南節度使.

1. 《全唐詩》(589)에는 〈山亭夏日〉로 되어 있다. 韻脚은 '長·塘·香'이다.

2. 고병(高駢. 821~887)

당대 시인. 자는 千里이며 幽州(지금의 북경 서남) 사람으로 唐 穆宗 長慶 원년에 태어나 僖宗 光啓 3년에 죽었다. 향년 67세. 선조가 禁軍將令을 지내어 그 역시 懿宗 때 秦州經略使, 安南經略招討使 등 무관의 벼슬을 역임하였다. 희종 때는 劍南, 鎭海, 淮南節度使를 역임하기도 하였으며 黃巢가 廣州를 점령하자 천하에 격문을 보내어 이를 진압하기도 하였다. 그러나 자신도 揚州를 점거하고 난을 일으켰다가 마침내 副將 畢師鐸에게 죽임을 당하고 말았다. 《全唐詩》 시 1권이 있으며 《신·구당서》에 전이 있다.

3. 《唐才子傳》(9) 高駢

駢, 字千里, 幽州人也. 崇文之孫. 少閑鞍馬弓刀, 善射, 有膂力. 更刻銳爲文學, 與諸儒交, 硜硜談治道. 初, 事朱叔明, 爲府司馬, 遷侍御史. 一日校獵圍合, 有雙鵰並飛, 駢曰:「我後大富貴, 當貫之.」遂一發聯翩而墜, 衆大驚, 號「落鵰御史」. 駢爲西川節度, 築成都城四十里, 朝廷疑之. 以宴間〈詠風箏〉云:「依稀似曲纔堪聽, 又被風吹別調中」明日詔下, 移鎭渚宮, 亦讖之類也. 仕至平章事, 封渤海郡王. 初, 駢以戰討之勳, 累拜節度, 手握王爵, 口含天憲, 國家倚之. 時巢賊日益甚, 兩京亦陷, 大駕蒙塵, 遂無勤王之意, 包藏禍心, 欲便徼幸. 帝知之, 以王鐸代爲都統, 加侍中. 駢失兵柄, 攘袂大訴. 一旦失勢, 威望頓盡. 方且弃人間事, 絶女色, 屬意神仙. 鄱陽商儈呂用之會妖術, 役鬼神, 及狂人諸葛殷·張守一等相引而進, 多爲謬悠長年飛化之說, 羽衣鶴氅, 詭辯風生, 駢事之若神. 造「迎仙樓」, 高八十尺, 日同方士登眺, 計鸞笙在雲表而下, 用之等叱咤風雷, 或望空揖拜, 言覩仙過, 駢輒隨之. 用之曰:「玉皇欲補公眞官, 吾謫限亦滿, 必當陪幢節同歸上淸耳.」其造怪不可勝紀. 至以用之·守一·殷等爲將, 分掌兵符, 皆稱將軍, 開府置官屬, 禮與騈均. 卒至叛逆首亂, 磔屍道途, 死且不悟. 裹騈以破甋, 與子弟七人, 一坎而瘞, 名書於唐史〈叛臣傳〉, 亦何足道哉. 有詩一卷, 今傳. 大順中, 謝蟠隱爲之序.

141

〈田家〉 ··· 范成大
농가

낮에는 김을 매고 밤이면 길쌈하기,
농촌 생활 젊은이들 각기 제일 바쁘구나.
어린 촌동 농사일은 알지 못한 채,
뽕나무 곁에서 외 심는 놀이.

畫出耘田夜績麻,　　　　　주출운전야적마,

村莊兒女各當家.　　　　　촌장아녀각당가.

童孫未解供耕織,　　　　　동손미해공경직,

也傍桑陰學種瓜.　　　　　야방상음학종과.

【耘田】 밭에서 김을 매고 가꿈.
【績麻】 삼을 베어 실을 잣고 옷감을 짬.
【各當家】 각기 자신 집의 일을 하기에 바쁨.
【供】 종사함. 그 일에 매달림.
【種瓜】 외(참외나 오이 등)를 심는 일을 함.

耘田, 耘去田中之草也. 言男子晝出耘田, 婦人饋食, 至夜無事, 猶績麻以備,
織布之用可見. 村庄之間, 男女各執其事, 無非勤力以成家也. 至於童孫年幼,
不能耕織, 閒暇之時, 傍桑陰之下, 學爲灌漑而種瓜焉. 田家勤朴之風, 可想見也.
　○宋, 范成大, 號石湖, 官至學士.

참고 및 관련 자료

1. 《石湖詩集》(27)에는 제목이 〈四時田園잡興六十首〉로 되어 있으며 이 시는
그 중 〈夏日田園雜興十二絶〉 중의 제 7수이다. 韻脚은 '麻·家·瓜'이다.

2. 범성대(范成大. 1162~1193)

송대 정략가이며 시인. 자는 致能, 호는 石湖居士. 吳縣(지금의 江蘇 吳縣)
사람으로 北宋 欽宗 靖康 원년에 태어나 南宋 光宗 紹熙 4년에 죽었다. 향년
68세. 高宗 紹興 24년에 진사에 올라 왕명을 받들고 金나라에 사신으로 가
항거하다가 죽임을 당할 뻔하기도 하였다. 參知政事를 역임하였으며 만년에
고향 石湖로 물러나 글과 시로 세월을 보내었다. 陸游, 楊萬里, 尤袤와 함께
'南宋中興四大家'로 불린다. 그의 시는 청신하고 소박하나 제재는 광범위하여
전원과 통속적인 내용도 매우 많다. 《石湖詩集》이 있으며 《송사》에 전이 있다.

〈耕織圖〉(淸) 焦秉貞(畫)

142

〈村莊卽事〉 ·· 翁卷

농촌 생활

산과 언덕 푸른 색 덮여 있고 물은 하얀색,
자규 우는 소리 속에 비는 마치 내 끼인 듯.
농촌의 초여름 한가한 이 드무나니,
누에 뽕을 겨우 주고 모내기로 달려가네.

綠遍山原白滿川,	록편산원백만천,
子規聲裏雨如烟.	자규성리우여연.
鄕村四月閒人少,	향촌사월한인소,
纔了蠶桑又揷田.	재료잠상우삽전.

【村莊】 원본은 '村庄'으로 표기되어 있음. 농가를 뜻함.
【山原】 산과 평원.
【白】 白水. 희게 흐르는 물.
【四月】 음력으로 초여름 孟夏에 해당함.
【纔了】 겨우 완료함. 막 일을 마침.

此言四月田家之景也. 山原之間, 新綠遍於田疇, 雨露沾足滿川之水, 白光浩渺, 言禾稠水足也. 初夏細雨, 霏微如烟之漠漠, 而子規之聲, 又啼於林間. 時見鄕村之田, 無非耕耘之夫. 蓋四月之間, 閒人絶少也. 至於婦女, 亦不敢怠荒田事. 故纔畢其養蠶之務, 而又助男子種揷秧苗也. 其時和歲稔, 男女之勤, 風俗之美, 誠可佳也.

참고 및 관련 자료

1.《西巖集》에는 제목이 〈鄕村四月〉로 되어 있다. 韻脚은 '川·烟·田'이다.
2. 옹권(翁卷)
송대 인물.《천가시》원본에 '范成大'로 되어 있으나 옹권의《西巖集》권말에 이 시가 있어 옹권의 시로 보고 있다.
옹권은 자가 續古, 혹은 靈舒이며 南宋 永嘉(지금의 浙江 永嘉縣) 사람이다. 생몰 연대는 자세하지 않으며 理宗 淳祐 3년(1243)에 鄕里의 천거를 받았다. 趙師秀(靈秀), 徐照(靈暉), 徐璣(靈淵) 등과 이름을 날려 '四靈'으로 불리며 江湖詩派의 하나이다.《西巖集》이 있으며《宋史翼》에 전이 있다.

143

〈題榴花〉 ·· 韓愈

석류꽃을 노래함

오월 한여름 석류꽃 눈앞에 환하구나.
가지 사이 때맞추어 열매 맺는 모습일세.
가련하다, 이곳엔 수레 올 일 없으니,
마구 자란 이끼 위에 붉은 꽃잎 져 있구나.

五月榴花照眼明,   오월류화조안명,

枝間時見子初成.   지간시견자초성.

可憐此地無車馬,   가련차지무거마,

顚倒蒼苔落絳英.   전도창태락강영.

【榴花】석류꽃. 漢나라 때 張騫이 西域의 安石國에서 들여와 원래 이름이
'安石榴'였음.《博物志校證》(逸文) 참조. 익으면 과실이 벌어지며 맛이 시다.
뿌리와 껍질은 약재로 사용함.
【子】여기서는 석류가 작게 맺히기 시작함을 말함.
【顚倒】제멋대로 뒤섞이거나 흐트러짐.
【蒼苔】푸른 이끼.
【絳英】붉은 색의 花瓣.

　榴花, 當夏而開, 朱英燦爛, 映目光華. 其榴子卽結於花瓣之下, 但慨其園林,
閒寂, 車馬稀疎, 絳英紅蘂, 鋪下滿地, 遍遍蒼苔, 無人玩賞也.

참고 및 관련 자료

1. 일부 제목이 《韓愈集》에는 〈榴花〉로, 《全唐詩》에는 〈題張十一旅舍三詠〉
으로 되어 있으며 그 중 첫째 수이다. 韻脚은 '明·成·英'이다.

2. 한유(韓愈) 090 참조.

《천가시》 원본에 '朱熹'의 작으로 되어 있으나 四部叢刊《朱文公校昌黎先生集》
에 〈榴花〉로, 韓愈의 시로 되어 있다. 그리고 《全唐詩》(343) 역시 〈題張十一旅
舍三詠〉이라는 제목의 3수 중 하나로 이 시가 실려 있다.

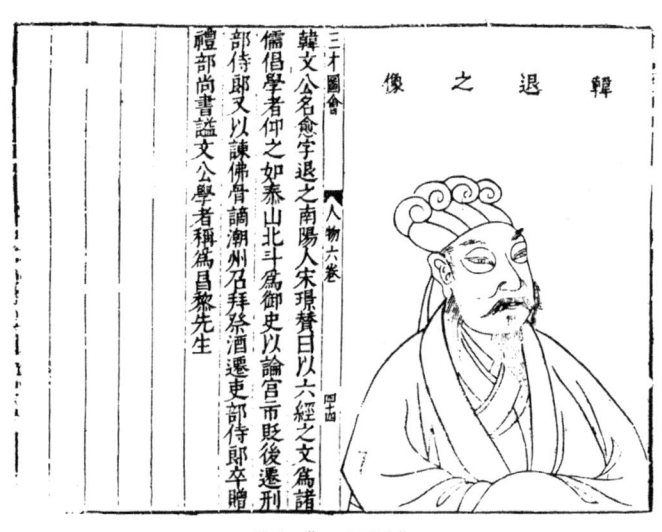

韓愈《三才圖會》

144

〈村晚〉 ·· 雷震

농촌 저녁

풀은 못에 가득 자라고 물은 제방에 가득한데
지는 해를 머금고 산은 냉기를 드리우네.
돌아오는 목동은 소등을 비껴 타고,
짧은 피리로 입에 맡긴 채 곡조 없이 필닐니리.

草滿池塘水滿陂, 　　초만지당수만피,

山銜落日浸寒漪. 　　산함락일침한의.

牧童歸去橫牛背, 　　목동귀거횡우배,

短笛無腔信口吹. 　　단적무강신구취.

【陂】 연못이나 물가의 언덕, 뚝.

【寒漪】 냉기를 느낄 정도의 찬 물결.

【無腔】 어느 정해진 노래 곡조가 없음. 흥이 나는 대로 아무렇게나 피리를
불고 있음을 말함. '腔'은 곡조를 가리킴. 《正字通》에 "俗謂歌曲調曰腔"
이라 함.

【信口吹】 입이 하자는 대로 붊. 정해진 곡조가 있는 것이 아님. 흥이 나는
대로 붊.

陂, 水岸也. 寒漪, 水上波紋也. 當仲夏時, 水草鋪於池塘, 綠樹盈乎陂岸, 而夕陽在山下, 映於水, 波光漾蕩, 紅日如漫於池水之中, 牧牛童子歸村, 橫吹短笛於牛背之上, 信口無腔, 而悠然自得也.

○雷震, 宋人, 爵里無考.

참고 및 관련 자료

1. 한 여름 농촌 저녁 풍경을 읊은 것이다. 韻脚은 '陂·漪·吹'이다.
2. 뇌진(雷震)

송대 사람으로 관직이나 사적은 알려져 있지 않다.

145

〈茅檐〉 ·· 王安石

초가집 처마

초가집 처마 밑은 쓸고 쓸어 이끼도 없는데,
주인이 심은 꽃나무 밑은 저절로 길이 생겨
한 줄기 물줄기는 푸른 논을 감싸 돌고,
사립문 활짝 열면 두 앞산이 푸른빛을 보내오네.

茅檐常埽淨無苔,	모첨상소정무태,
花木成蹊手自栽.	화목성혜수자재.
一水護田將綠遶,	일수호전장록요,
兩山排闥送青來.	량산배달송청래.

【茅檐】 띠로 이엉을 만들어 지붕을 엮은 집의 처마. '檐'은 '簷'과 같음.
【埽淨】 일부본에는 '掃靜'으로 되어 있음.
【蹊】 오솔길. 일부본에는 '휴(畦)'로 되어 있음.
【排闥】 대문을 열어젖힘.

原註(王相)

　蹊, 花間小徑也. 護田, 長溪之水, 可以灌漑田園, 而爲之護蔭也. 此荊公在金陵, 閒居之時, 言茅檐之下, 時常淨埽, 無苔痕之跡, 昔年手栽花木皆長大, 而地已成蹊矣. 門外之田疇, 有長溪擁護而綠, 水環繞於村前, 對面兩山, 雙峰如戶, 當門幷列, 靑葱之山色, 如排闥而送入門來. 極言眼前山水之佳也.

참고 및 관련 자료

1. 《臨川集》(29)에 제목이 〈書湖陰先生壁二首〉로 되어 있으며 이 시는 그 중 한 수이다. 湖陰先生은 楊德逢의 별호이며 王安石이 金陵(南京) 紫金山에 살 때 이웃이었다. 韻脚은 '苔·栽·來'이다.
2. 왕안석(王安石) 089 참조.

146

〈烏衣巷〉 ··· 劉禹錫

오의향

주작교 옆은 들풀과 들꽃이요,
오의향 골목에는 석양이 비껴 있네.
그 옛날 왕씨와 사씨들 영화롭던 집 앞 제비는
아무 일 없었다는 듯 백성들 집을 날아드네.

朱雀橋邊野草花,	주작교변야초화,
烏衣巷口夕陽斜.	오의항구석양사.
舊時王謝堂前燕,	구시왕사당전연,
飛入尋常百姓家.	비입심상백성가.

【烏衣鄉】 지금의 南京 동남. 三國 吳나라 때 이곳에 烏衣營이라는 兵營을
두었으며 병사들의 옷이 모두 검은 색(烏衣)이어서 이름이 붙여졌음. 그 뒤
東晉 때 이곳을 도읍 建康으로 삼으면서 그 지역이 발전하여 당시 최고
귀족문벌이었던 王導와 謝安 등이 이곳에 몰려 살아 명문집안의 화려한
주택지가 되었음.

【朱雀橋】 東晉 및 南北朝 시대 建康 남쪽 朱雀門 밖의 부교. 秦淮河를 가로
질러 놓여 있었으며 오의향과 성 안으로 통하는 통로였음. 지금의 남경
秦淮橋 동쪽임.

【王謝】 왕씨 집안과 사씨 집안. 六朝시대 최고의 귀족 가문. 이들의 일화는 《晉書》및《世說新語》등에 널리 실려 있음.

【堂】 고대한 건물.《江南通志》(30)에 "烏衣園, 在江寧縣城南烏衣巷之東, 王謝 故居也. 舊有堂, 額曰來燕"이라 하여 '來燕'이라는 편액을 걸었었음.

【尋常】 '보통의, 항상, 평상시대로, 아무 일 없다는 듯이, 무심히' 등의 뜻.

原註(王相)

朱雀橋, 在金陵城外. 烏衣巷, 在橋邊. 烏衣, 燕子也. 王謝之家, 庭多燕子, 故名烏衣. 王導·謝安, 晉相, 世家之大族, 賢才衆多, 皆居巷中, 冠簪纓爲六朝巨室. 至唐時則家衰落零替, 而不知其處. 橋邊惟長野草, 巷口但見夕陽, 而古道已難尋矣. 想當年盛時王謝之家, 大第高門, 如雲相接, 雕梁畫棟, 燕子成巢. 今之燕子, 依然而王謝之家已杳. 但飛入尋常百姓之家而已. 蓋傷古蹟 而云然也.

참고 및 관련 자료

1. 아주 널리 알려진 시로써 유우석의 대표작이며 남북조 호화 가문의 영화와 지금 느끼는 무상함을 적절히 표현하였다. 韻脚은 '花·斜·家'이다.
2. 유우석(劉禹錫) 021 참조.

乾隆〈霽靑金彩海宴河淸尊〉(부분)

147

〈送使安西〉 ·· 王維

안서로 사신가는 친구를 보내며

위성 아침 비가 날리던 먼지 앉혀주니,
객사엔 푸릇푸릇 버들 색이 새롭도다.
그대에 권하노니 다시 한 잔 다 비우게,
서쪽 양관을 넘어서면 아는 이도 없을 테니.

渭城朝雨浥輕塵,	위성조우읍경진,
客舍青青柳色新.	객사청청류색신.
勸君更盡一杯酒,	권군경진일배주,
西出陽關無故人.	서출양관무고인.

【安西】唐나라 때 安西都護府를 龜玆城에 두었으며 지금의 新疆위구르
高車縣에 있었음.

【渭城】秦나라 때 도읍이었던 咸陽 故城을 말함. 지금의 仙書 西安市 북쪽
으로 渭水의 北岸임. 唐代 長安에서 서쪽으로 출행하는 자들의 이별 장소로
널리 알려진 곳임.

【浥】먼지 등을 적셔 흩날리지 않도록 함. 혹 '裛'자로 표기하기도 함.

【客舍】심부름이나 여행을 가면서 중간에 숙박하는 곳.

【青青柳色新】일부본에는 '依依楊柳春', 혹은 '青青柳色春'으로 적기도 함.

【陽關】 서역으로 가는 고대 關塞 이름. 지금의 甘肅 敦煌 서남 古董灘에 있으며 玉門關의 남쪽에 있어 陽關이라 함. 漢唐 시대 西域과 통하는 중요한 관문으로 옥문관은 北道, 양관은 南道로 통함.

【故人】 연고가 있는 사람. 서로 아는 사람. 친구.

安西, 西域諸國之總名, 唐有安西都護以鎭之. 此渭城送人出使安西而作. 言渭城朝雨, 爲君拂浥輕塵; 客舍柳色方新. 當春暖之時, 無風霜之苦也. 餞程之酒, 將闌而欲別, 勸君再進一杯, 以壯行色. 明日西出陽關之外, 但見白飛黃沙, 更無故人相遇也.

○王維, 字摩詰, 太原人, 開元進士第一. 官至尙書右丞. 此詩演入樂府爲陽關三疊. 惟第三句, 不動其餘互換, 居首轉疊爲詩六句.

참고 및 관련 자료

1. 널리 애송되는 시이다. 제목은 혹 〈送元二使安西〉, 혹은 〈渭城曲〉으로 되어 있으며 《樂府詩集》近代曲辭에 실려 있다. '元二'는 성이 원씨이며 排行이 두 번째인 왕유의 친구. 구체적으로는 알 수 없다. 韻脚은 '塵·新·人'이다.

2. 왕유(王維) 013 참조.

만리장성 서쪽 끝 嘉峪關. 그 넘어 陽關이 있음.

148

〈題北榭碑〉 ⋯⋯⋯⋯⋯⋯⋯⋯⋯⋯⋯⋯⋯⋯⋯ 李白

북사의 비석을 노래함

귀양 가는 나그네 되어 장사로 떠나도다.
서쪽 장안을 보니 내 고향집 뵈지 않네.
황학루에서 올라서서 옥적으로 한 곡조,
강성 오월 이때 '낙매화'라는 악곡일세.

一爲遷客去長沙,　　　　일위천객거장사,
西望長安不見家.　　　　서망장안불견가.
黃鶴樓中吹玉笛,　　　　황학루중취옥적,
江城五月落梅花.　　　　강성오월락매화.

【北榭】黃鶴樓의 북쪽에 있는 臺榭. 榭는 樓臺 위에 다시 더 있는 건축물을
뜻함. 《천가시》 원본에는 글씨를 잘못 표기하여 '北謝'라 하였음. 북사비는
그 북쪽 대사에 있는 비석을 뜻함.
【遷客】좌천을 당하여 유배를 가고 있는 나그네. 여기서는 賈誼를 비유함.
【長沙】지금의 湖南 長沙. 漢 文帝가 賈誼를 박사로 삼고 얼마 뒤 太中
大夫를 거쳐 公卿으로 임명하려 하자 당시 馮敬과 灌嬰 등의 참훼를 입어
결국 長沙王太傅가 되어 멀리 장사로 좌천되었음.
【長安】당시 수도. 지금의 陝西 長安縣 서북쪽.

【黃鶴樓】누대 이름. 지금의 湖北 武昌市 서쪽 蛇山에 있음. 蛇山은 일명 黃鶴山이라고도 하며 서북쪽 강가에 돌출된 절벽 黃鶴磯 위에 누각이 있음. 《南齊書》州郡志(下)에 의하면 선인 子安이 황학을 타고 이 누대를 지났다 하여 그 이름이 생겼다 하며 《太平寰宇記》江南西道 鄂州에는 蜀 費文禕가 신선이 되어 매번 황학을 타고 이 누대에 와서 쉬어 그 이름이 생겼다 하였음. 이 황학루는 三國 吳 黃武 2년(223)에 세워졌으며 여러 차례 중수를 거쳐 오늘에 이르렀음.

【玉笛】옥으로 만든 젓대, 피리.

【江城】지금의 湖北 武昌 江夏.

【落梅花】악곡 이름. 羌族의 민속 악곡. 〈梅花落〉이라고도 함.

原註(王相)

此詩太白將謫長沙至鄂州, 黃鶴樓中作也. 遷客, 謫官遠遷也. 黃樓鶴(黃鶴樓), 仙人王子安乘黃鶴而飛昇, 故以名樓. 落梅花, 笛中曲名. 公爲遷客至此, 登樓望長安而不見, 姑弄笛吹梅花一曲而遣懷, 又適當五月之時也.

○樓上有臺曰榭, 黃鶴樓四面俱有臺榭. 公此詩, 題於北榭之碑. 落梅花, 笛中之曲調也.

참고 및 관련 자료

1. 淸 王琦 주의 《李太白全集》(23)에 〈與史郎中欽聽黃鶴樓上吹笛〉이라 되어 있으며 주에 "欽, 繆本作飮"이라 하였다. 황학루 四面의 臺榭가 있으며 그 중 北榭에 있는 비석을 두고 읊은 것이다. 韻脚은 '沙·家·花'이다.

2. 이백(李白) 005 참조.

李白
《韻對千家詩》삽화

149

〈題淮南寺〉 .... 程顥

회남사를 읊음

남북으로 오가는 사람, 쉬고 싶으면 쉴 수 있는 곳,
백빈 물풀은 바람에 초강을 가을로 물들였네.
나 같은 도인이야 가을을 슬퍼해서는 안 되는 나그네,
어스름녘 마주한 두 산에게 근심일랑 맡기자!

南去北來休便休,　　　남거북래휴편휴,

白蘋吹盡楚江秋.　　　백빈취진초강추.

道人不是悲秋客,　　　도인불시비추객,

一任晚山相對愁!　　　일임만산상대수!

【淮南寺】지금의 江蘇 揚州 부근에 있는 절.

【白蘋】수초 이름. 馬尿花, 水鼈이라고도 하며 가을에 흰색의 꽃이 핌.

【道人】자신을 비유하여 지칭한 것.

【悲秋】가을에 대한 悲傷感. 중국 격언에 "女子傷春, 男子悲秋"라 함.

【一任】그대로 맡겨둠. '자신의 처량함을 저녁 산그늘에 맡기다'의 뜻.

白蘋, 江上草白色之花, 開於初秋. 道人, 程子自謂也. 言自北而來, 從南而去. 暫止而休息於此. 得休, 便休也. 遠望秋江, 見白蘋爲西風吹盡, 而楚江秋色已老矣. 當此之時, 不無悲秋之思, 在我道人, 無思無慮無秋, 可悲一任. 兩岸晚出相對秋色自悲, 而我自無愁也.

참고 및 관련 자료

1. 송대 性理學者의 상투적인 說理詩로써 경물을 노래하면서 최후에는 모든 것을 자연에게 맡기자는 의미를 담고 있다. 韻脚은 '休·秋·愁'이다.
2. 정호(程顥) 085 참조.

150

〈秋月〉 ··· 程顥
가을달

맑은 시내 푸른 산을 거쳐오니,
하늘과 물이 함께 맑고 깨끗한 가을 색.
붉은 티끌 세상과 30리 간격을 두고 있으니,
흰 구름과 단풍잎 둘 모두 그윽한 한적함을 누리네.

淸溪流過碧山頭,	청계류과벽산두,
空水澄鮮一色秋.	공수징선일색추.
隔斷紅塵三十里,	격단홍진삼십리,
白雲紅葉兩悠悠.	백운홍엽량유유.

【空水】 空은 하늘, 水는 물. 하늘색과 물 색깔을 말함.
【紅塵】 붉은 먼지가 날리는 이 속세.
【紅葉】 단풍잎. 일부본에는 '紅樹'로 되어 있음.
【悠悠】 그윽함. 한가롭고 자재로움.

> **原註(王相)**

    此極言秋色之澄淸也. 淸溪山上之泉, 自極頂而過碧山之頭, 懸空而下, 入於溪也. 水碧天靑, 映長空而一色, 自此而至人居之處, 三十里之遙, 望之不見, 惟有白雲在山, 紅葉飄空, 悠悠無際, 隔斷紅塵, 秋色之幽靜可觀也.

참고 및 관련 자료

1. 역시 송대 이학자의 說理詩로써 思惟의 세계를 읊은 것이다. 韻脚은 '頭·秋·悠'이다.
2. 정호(程顥) 085 참조.

151

〈七夕〉 ·· 楊朴

칠석

견우는 오늘 무슨 생각을 할까?
틀림없이 직녀를 맞이하여 금사金梭로 구름을 만들겠지.
해마다 인간 세계에서는 바느질 솜씨 뛰어나게 해 달라고 빌지만,
그렇다고 우리 인간 세계 솜씨가 얼마나 늘었는지는 알 수 없는 일.

未會牽牛意若何?	미회견우의약하?
須邀織女弄金梭.	수요직녀농금사.
年年乞與人間巧,	년년걸여인간교,
不道人間巧幾多.	불도인간교기다.

【七夕】음력 7월 7일 저녁. 牽牛와 織女가 일 년에 한 번 은하수를 건너 이날 밤 만난다 함. 이날 여인들은 바늘과 음식을 차려놓고 바느질 솜씨가 훌륭해질 수 있도록 해 달라는 소원을 비는 의식을 치르며 이에 따라 이 날을 乞巧節이라 부름.

【牽牛】별 이름. 소를 끌고 밭일을 열심히 하는 남자를 상징함. 은하의 동쪽 우수(牛宿) 별자리에 있음.

【織女】별 이름. 열심을 다해 베를 짜는 여인을 상징함. 은하수 서쪽에 있으며 견우성과 마주보고 있음. 고대 天帝의 딸 직녀가 견우를 사모하여

부부가 된 뒤 베 짜기에 게을러지자 천제가 이들을 각기 은하수 양쪽으로
분리시켜 놓고 1년 한 번씩만 만날 수 있도록 하였다는 전설에서 비롯됨.
이를 위해 까마귀와 까치가 하늘로 올라가 줄을 지어 다리를 놓아주어
이를 밟고 건넌다 하며 이를 烏鵲橋라 함.

【金梭】 아주 좋은 북. 梭는 베를 짤 때 가로 실을 넣도록 매단 실을 계속
왕복하는 기구.

【乞與人間巧】 인간 세계 여인들이 바느질(베 짜기) 솜씨 뛰어나게 해 달라고
직녀에게 기원함. '穿針'의 습속을 말함.《西京雜記》(1)에 "漢彩女常以七月
七日穿七孔針於開襟樓, 俱以習之"라 함.

【不道】 말할 수 없음. 모름.

【幾多】 '그 얼마나'의 뜻.

原註(王相)

　牽牛織女, 二星名. 七月七夕以前數日, 皆竟夜經天, 至陽升而始沒. 故人
比之爲人間夫婦, 經年而一會也. 時人女子於此夕, 陳設瓜菓, 對月穿針, 而乞
巧爲戲. 此詩設爲問答之意, 爲我未識牽夕之意, 爲何年年相邀織女, 而弄金
梭耶! 復謂之曰:「汝年年乞, 與人間之巧, 却不道人間之巧幾多也.」

　○楊朴, 宋人, 簡之弟.

참고 및 관련 자료

1. 칠석의 애절한 전설과 여인들의 기원을 함께 읊은 것이다. 韻脚은 '何·梭·多'
이다.

2. 양박(楊朴)

송대 인물. 자는 契元, 北宋 新鄭(지금의 河南 新鄭) 사람으로 생몰 연대는
미상. 어릴 때 畢士安과 함께 배웠으며 사안이 그를 조정으로 추천하여 宋
太宗이 불러 보았다. 이에 양박이 〈莎衣〉라는 시를 바치면서 "軟綠柔藍著勝衣,
倚船吟釣正相宜. 蒹葭影裡和煙臥, 菡萏香中帶雨披. 狂脫酒家春醉後, 亂堆
漁舍晚晴時. 直饒紫綬金章貴, 未肯輕輕博換伊"라 하여 귀한 벼슬보다 풀 옷을
입고 멋대로 자연과 함께 살기를 원한다고 하였다. 그리하여 벼슬에 나가지

아니하고 嵩山에 은거하여 항상 나귀를 타고 돌아다니며 한적한 생활을 시로 읊었다.《宋詩紀事》(5)에《蒙齋筆談》을 인용하여 항상 잡초 사이를 돌아다니며 시구를 찾다가 사람을 만나면 서로 놀라 펄쩍 뛰었다고 한다.《東里集》이 있다.

152

〈立秋〉 .... 劉翰

입추

어린 까마귀 우는 소리 옥병풍 같은 하늘 위로 흩어지고,
베개 가의 새로운 시원함, 부채 바람 같구나.
잠자리 가을 소리, 어디서 오는지 찾을 길 없으나
온 섬돌 위에 오동잎 밝은 달빛 아래 가득하네.

乳鴉啼散玉屏空,　　　　　유아제산옥병공,

一枕新涼一扇風.　　　　　일침신량일선풍.

睡起秋聲無覓處,　　　　　수기추성무멱처,

滿階梧葉月明中.　　　　　만계오엽월명중.

【立秋】 24절기의 하나. 대체로 양력 8월 7, 8일경에 해당하며 가을로 들어선
　다는 날.
【乳鴉】 어린 까마귀. '鴉'는 '雅'와 같음.
【玉屏空】 옥으로 만든 병풍처럼 투명한 공중. 하늘.
【新涼】 가을이 시작되어 느껴지는 시원함. 韓愈의 〈符讀書城南〉의 구절에
　"新涼入郊墟, 燈火稍可親"이라 함.
【一扇風】 가을 바람을 말함.
【滿階梧葉】《宋詩紀事》에는 "滿街梧葉"으로 되어 있음.

乳鴉, 小鴉也. 玉屛, 屛色如玉也. 秋聲. 秋風搖樹, 蕭瑟之聲, 梧桐方立秋
之日, 其葉先零落也. 然乳鴉啼散, 而夜色之中, 惟有新涼襲襲, 紈扇風淸而已.
但聞秋聲蕭瑟而無跡, 起而視之, 惟有滿街, 梧葉之影于明月之中. 蓋梧葉望秋
而先落, 其秋風入樹, 蕭瑟而凄涼也.

　○武子, 宋人. 爵里無考.

1. 가을이 시작되는 입추를 맞으며 그 감회를 읊은 것이다. 韻脚은 '空·風·
中'이다.

2. 유한(劉翰)

송대 인물.《천가시》원본에 '劉武子'로 되어 있다. 武子는 劉翰의 자이다.
劉翰은 자는 무자, 宋 長沙(지금의 湖南 長沙) 사람으로 江東과 吳, 越 지역을
왕래한 인물이며,《小山集》을 남겼다.《宋詩紀事》에 부록으로 小傳이 있으며
그의 시 7수가 실려 있다.

153

〈七夕〉 ··· 杜牧

칠석

흰 촛불 이 가을에 병풍 그림에 냉기를 드리우고,
여인은 얇은 비단 부채로 반딧불을 쫓더니,
밤하늘 어둠이 물처럼 차가운데
누워서 하늘 향해 견우직녀 바라보네.

銀燭秋光冷畫屏,　　　　　은촉추광랭화병,

輕羅小扇撲流螢.　　　　　경라소선박류형.

天街夜色冷如水,　　　　　천가야색랭여수,

臥看牽牛織女星.　　　　　와간견우직녀성.

【銀燭】촛불. 일부본에는 '紅燭'으로 되어 있으며 王相의 주에는 달빛을 일컫는
것이라 하였음.
【畫屏】그림이 그려진 병풍.
【輕羅】가볍고 얇은 비단. 여인들이 사용하는 부채를 말함.
【天街】서울 장안의 거리. 일부본에는 '天階', '瑤臺' 등으로 된 것도 있음.
王相의 주에는 밤하늘을 뜻하는 것으로 해석하였음.
【臥看】누워서 쳐다봄. 일부본에는 '坐看'으로 되어 있음.
【牽牛織女】051의 주 참조.

銀燭, 月光也. 月光當秋而淸泠, 斜映於畫屛之上, 但見螢火如星, 流光可愛, 輕搖羅扇以撲之. 于時天街之上, 夜涼如水, 銀河淸淺, 牛女星輝. 仰天閒臥, 而玩之其悠悠自得之趣, 可見矣.

○俗傳, 七夕牛女相會, 凡諸烏鵲皆比翼成橋, 而駕二星而渡天河焉.

참고 및 관련 자료

1.《樊川文集》(外集)과《全唐詩》(524)에는 모두 〈秋夕〉으로 되어 있으며 이는 가을 저녁, 즉 칠월칠석을 뜻하는 것으로 여인의 閨中詩이다. 韻脚은 '屛·螢·星'이다.

2. 두목(杜牧) 103 참조.

杜牧 〈張好好詩〉 잔권

154

〈中秋〉 ･･ 蘇軾

중추

저녁 구름 걷히자 맑은 추위 넘쳐나네.
은하수는 소리 없이 둥근 달을 굴리고.
이 일생 이러한 밤 언제나 있는 것은 아닐 테니,
밝은 달 내년에는 어디에서 보게 될까?

暮雲收盡溢淸寒,　　　　모운수진일청한,

銀漢無聲轉玉盤.　　　　은한무성전옥반.

此生此夜不長好,　　　　차생차야불장호,

明月明年何處看?　　　　명월명년하처간?

【中秋】음력 8월 15일 중추절. 중추의 경우 1년 4계를 3달씩을 각기 '孟仲季'
　　(孟春, 仲春, 季春 등)로 부를 때 8월의 명칭임.
【淸寒】맑고 차가움. 가을 날씨나 볕, 광경 등을 말함.
【銀漢】은하수. 미리내.
【玉盤】옥쟁반. 여기서는 둥근 가을 달을 말함.
【不長好】항시 언제나 그토록 좋은 것은 아님.

　　銀漢, 則天河玉盤也. 所言薄暮之雲, 因風收盡, 淸寒習習而生. 碧天銀漢,
秋聲寂然, 而明月轉昇於天際, 如玉盤之圓瑩而輝光也. 自我有生, 凡寂中秋
之夜, 明月多爲風雲所掩, 而不常見此淸光. 又自出仕以來, 遷轉之地不一.
今年在此處見此明月, 明年中秋, 又不知在何處看也. 好景難逢, 良霄難値,
人生良遇難期, 何不及時樂乎!

참고 및 관련 자료

1. 제목 〈中秋〉는 일부본에는 〈中秋節〉로 되어 있다. 韻脚은 '寒·盤·看'이다.
2. 소식(蘇軾) 087 참조.
《천가시》 원본에는 '杜牧'으로 되어 있으나 《東坡全集》(前集 8)에 이 시가
수록되어 있으며 〈陽關詞〉 3수 중의 세 번째 시임.

155

〈江樓有感〉 ·· 趙嘏

강가 누대에 올라

홀로 강가 누대에 오르니 쓸쓸하기 그지없네.
달빛은 물과 같고 물빛은 하늘같네.
함께 이 달을 구경하던 그 사람 지금은 어디 있나?
이 가을 풍경은 지난해와 같은데.

獨上江樓思悄然,　　　　독상강루사초연,

月光如水水如天.　　　　월광여수수여천.

同來玩月人何在?　　　　동래완월인하재?

秋景依稀似去年.　　　　추경의희사거년.

【江樓】강을 임하여 세워진 누대.
【悄然】슬픔에 찬 모습. 일부본에는 '渺然'으로 되어 있음.
【玩】감상함. 일부본에는 '望'으로 되어 있음.
【人何在】일부본에는 '人何處'로 되어 있음.
【依稀】비슷함. 방불함.

此登樓憶舊之詩也. 言獨上江樓, 悄然而有思也. 但見江中, 水月流光, 與天一色, 因憶去年, 同上此樓玩月之人. 今日不在, 惟風光月色, 不減去年之景, 對景懷人, 其感深矣.

○唐, 趙嘏, 字承祐, 山陽人, 會昌進士, 官渭南尉.

1. 일부본에는 〈江樓舊感〉, 또는 〈感懷〉로 되어 있다. 韻脚은 '然·天·年'이다.

2. 조하(趙嘏)

당대 시인. 자는 承祐, 山陽(지금의 江蘇 淮安縣) 사람이다. 唐 武宗 會昌 2년 (842)에 진사에 올라 宣宗 大中 연간에 渭南尉 벼슬로 죽었다. 宮體에 뛰어났으며 薛道衡의 시를 좋아하여 〈昔昔鹽二十首〉를 짓기도 하였다. 杜牧이 그의 시 〈長安晩秋〉의 "殘星幾點雁橫塞, 長笛一聲人倚樓"(211 참조)라는 구절을 매우 아껴 그를 '趙倚樓'라 불렀다. 對聯에도 뛰어나 錢塘의 聯句에 "一千里色中秋月, 十萬軍聲半夜潮"라는 구절을 남기기도 하였다. 《渭南集》이 있으며 《전당시》에 그의 시 2권 249수가 수록되어 있다.

3. 《唐才子傳》(7)

趙嘏:

嘏, 字承祐, 山陽人. 會昌二年, 鄭言榜進士. 大中中, 仕爲渭南尉. 一時名士大夫極稱道之. 卑宦頗不如意. 宣宗雅知其名, 因問宰相:「趙嘏詩人, 會爲好官否? 可取其詩進來!」讀其卷首〈題秦詩〉云:「徒知六國隨斤斧, 莫有群儒定是非.」上不悅, 事寢. 嘏嘗〈早秋賦〉詩云:「殘星數點雁橫塞, 長笛一聲人倚樓」杜牧之呼爲「趙倚樓」, 賞歎之也. 又, 初有詩, 落句云:「早晚粗酬身事了, 水邊歸去一閒人.」仕塗屹杌, 豈其讖也? 嘏豪邁爽達, 多陪接卿相, 出入館閣, 如親屬然. 能以書生, 令遠近知重, 所謂「一日名動京師, 三日傳滿天下」, 有自來矣. 命需仙尉, 追蹤梅市, 亦不惡耳? 先, 嘏家浙西, 有美姬, 溺愛, 及計偕, 留侍母. 會中元遊鶴林寺, 浙帥窺見, 悅之, 奪歸. 明年嘏及第, 自傷, 賦詩曰:「寂寞堂前日又曛, 陽臺去作不歸雲. 當時聞說沙吒利, 今日青娥屬使君.」帥聞之, 殊慘慘, 遣介送姬入長安. 時嘏方出關, 途次橫水驛, 於馬上相遇, 姬因抱嘏痛哭, 信宿

而卒, 遂葬於橫水之陽. 嘏思慕不已, 臨終目有所見, 時方四十餘. 今有《渭南集》
及《編年詩》二卷, 悉取十三代史事迹, 自始生至百歲, 歲賦一首·二首, 總得
一百一十章, 今竝行於世.

156

〈西湖〉 ·························· 林升

서호

산 밖에 청산이요 누각 밖에 또 누각.
서호 가무놀이 그 언제나 그칠꼬?
봄바람 훈훈하니 놀이 객들 취한 채로,
이곳 항주를 변주인 양 여기네.

山外青山樓外樓,	산외청산루외루,
西湖歌舞幾時休?	서호가무기시휴?
暖風薰得遊人醉,	난풍훈득유인취,
直把杭州作汴州.	직파항주작변주.

【西湖】지금의 浙江 杭州 서쪽에 있는 항주를 대표하는 유명한 호수. 錢塘湖,
明聖湖, 金牛湖, 西子湖 등의 별칭을 가지고 있으며 삼면이 산으로 둘러싸인
호수. 나들이객이 많아 香市라고도 불리며 많은 전설과 설화를 가지고
있음.
【暖風】봄바람을 말함. '煖風'으로 표기된 판본도 있음.
【杭州】원래 이름은 錢塘이었으며 漢나라 때 會稽郡에 속하였다가 隋나라
때 항주. 五代 吳越王 錢鏐가 수도로 삼아 西府라 하였다가 宋 建炎 3년

《杭州四季風俗圖》(宋)

高宗이 南天하여 南宋의 수도가 되면서 臨安府라 하였음. 강남을 대표하는
풍광과 풍부한 물산을 지녀 고래로 "上有天堂, 下有蘇杭"이라 할 정도로
蘇州와 함께 널리 알려졌음.

【汴州】 北宋시대의 도읍이었던 汴京. 지금의 河南 開封. 본래 春秋 시대 鄭
나라 땅이었으나 戰國 시대 魏(梁) 惠王이 그곳으로 수도를 옮겨 大梁이라
하였음. 東魏 때 梁州로 하였다가 北周 때 다시 汴州, 五代 後梁이 이곳에
도읍으로 정하였으며 開平 원년에 開封府를 설치하고 東都라 불렀음. 唐
나라 때 다시 汴州로 하였다가 後晉이 대시 개봉부를 두어 東京이라 하였
으며, 북송이 그대로 도읍으로 정하였다가 高宗이 남천하여 杭州(臨安府)로
도읍을 옮겨 南宋이 되었음.

原註(王相)

山外有山, 樓外有樓, 言青山之多·樓臺之密也. 湖中遊客, 從朝歌舞, 幾時休息乎? 天暖時和, 風光艷麗, 遊賞者沈溺宴安而不返, 如昏醉然, 想將杭州之佳麗, 認爲汴州之繁華矣. 杭州南宋所居, 汴州北宋之地, 爲金所有. 言南宋君臣, 只圖偸安, 宴樂于西湖, 棄汴京故地, 而不問置祖宗大仇, 而不報可勝惜哉!

참고 및 관련 자료

1. 《宋詩紀事》(56)에는 林升의 〈題臨安邸〉로 되어 있다. 사람들이 옛 북송시대 변주를 되찾을 생각은 아니한 채 이곳 남송 임안부 항주의 봄에 취하여 놀이에 빠져 있음을 한탄한 것이다. 韻脚은 '樓·休·州'이다.

2. 임승(林升)

송대 시인. 《천가시》원본에는 '林洪'으로 되어 있으며 제목도 〈서호〉로 되어 있으나 淸 厲鶚이 집일한 《宋詩紀事》(56)에는 林升의 〈題臨安邸〉로 되어 있다. 臨安은 지금의 杭州이며 南宋의 수도였다. 林升은 남송 때 사람이며 생애나 활동에 대하여 알려져 있지 않다.

157
〈西湖〉 ··· 楊萬里
서호

마침내 서호가 유월 늦여름에 들었도다.
풍광은 당연히 다른 계절과 다르도다.
가득한 연잎은 하늘까지 그 푸름이 끝이 없고,
태양 빛에 비친 연꽃 그 붉음이 별다르다.

畢竟西湖六月中,　　　　　필경서호륙월중,

風光不與四時同.　　　　　풍광불여사시동.

接天蓮葉無窮碧,　　　　　접천련엽무궁벽,

映日荷花別樣紅.　　　　　영일하화별양홍.

【畢竟】마침내, 끝내. 필경.
【荷花】연꽃. 芙蕖라고도 하며 잎이 크고 대궁이 올라오는 연꽃. 여름에 분홍,
백색 등의 꽃이 피며 그 열매는 蓮實, 그 뿌리는 蓮藕(蓮根)라 함.
【別樣】보통과 다른 樣態.

(原註(王相))

　　東坡出守杭州, 咏湖之作. 言西湖之景, 當六月之時, 風光雲物之佳麗, 非四季

之可比, 蓮葉滿湖, 接天之碧, 而無窮際. 荷花貼水, 映日而紅粧嬌艶, 別有一般
丰韻. 荷花如此, 其媚而湖光山色之美, 可知矣.

参고 및 관련 자료

1. 蘇軾의 작품으로 기재되어 있으나 이는 楊萬里의 작품이며 제목은 〈曉出
淨慈送林子方〉이다. 韻脚은 '中·同·紅'이다.
2. 양만리(楊萬里) 130 참조.
《천가시》 원본에는 '蘇軾'으로 되어 있으나 《소동파집》에는 이 시가 없다.
도리어 남송 楊萬里의 《誠齋集》(23)에 이 시가 실려 있으며 제목은 〈曉出淨慈
送林子方〉으로 되어 있다.

158

〈湖上初雨〉 ·· 蘇軾

호수에서 비를 만남

물빛은 잔잔하고 갠 날씨는 더욱 좋다.
산색은 아른아른, 비 내려도 기이하다.
이 서호를 서시에 비교하니,
옅은 화장 짙은 화장 어찌해도 모두 맞다.

水光潋灩晴偏好,   수광렴염청편호,
山色空濛雨亦奇.   산색공몽우역기.
欲把西湖比西子,   욕파서호비서자,
淡粧濃抹總相宜.   담장농말총상의.

【湖上】 항주 서호를 가리킴.
【初雨】 처음 개었다가 다시 잠시 비가 옴을 말함.
【潋灩】 물결이 찰랑거리며 빛을 발하는 모습. 첩운연면어.
【初】 일부본에는 '偏', 혹은 '方'으로 되어 있음.
【空濛】 안개나 내, 혹은 수증기, 혹은 山色이 가물거리는 모습. 첩운연면어.
【西子】 춘추 시대 월나라 미녀 西施를 가리키며 杭州는 본래 춘추시대 越
　나라 땅이었으며 이 西湖를 西子湖라고도 부름.
【淡粧濃抹】 여인의 엷은 화장과 짙은 부분을 가린 분장을 뜻함.

【總相宜】 서로 마땅함. 그렇게 함이 맞음.《천가시》원본에는 '也相宜'로 되어 있음.

原註(王相)

瀲灩, 水光之漾蕩也. 空濛, 山色之霏微也. 西子, 古美人. 此言西湖佳景, 晴雨皆宜, 湖光瀲灩, 映日而波紋蕩漾, 方喜其晴之可愛. 忽而山色空濛, 烟雨霏微, 雖雨亦有可觀也. 吾見西湖之佳, 可比當日之西施, 蓋西子之天香國色, 淡淡亦可, 濃沫尤宜. 美人無往而不佳, 卽西湖之晴雨皆麗也.

참고 및 관련 자료

1. 원제목 〈飮湖上初晴後雨二首〉 중의 하나이며 그 중 첫째 수이다. 韻脚은 '奇·宜'이다. 둘째 수는 "朝曦迎客灩中岡, 晩雨留人入醉鄉. 此意自佳君不會, 一杯當屬水仙王"이라 하였다.

2. 소식(蘇軾) 087 참조.

159

〈入直〉 ⋯⋯⋯⋯⋯⋯⋯⋯⋯⋯⋯⋯⋯⋯⋯⋯⋯⋯⋯ 周必大

숙직에 들며

푸른 홰나무 좁은 길에 저녁 까마귀 모였는데,
궁중 내시가 임금이 내리신 차를 보내 주는구나.
옥당에 돌아오니 맑은 정신에 잠들 수가 없는데,
구부정한 달은 비로소 자미화 위에 떠오른다.

綠槐夾道集昏鴉,　　　　　록괴협도집혼아,

勑使傳宣坐賜茶.　　　　　칙사전선좌사차.

歸到玉堂淸不寐,　　　　　귀도옥당청불매,

月鉤初上紫薇花.　　　　　월구초상자미화.

【槐】홰나무. 고대 건물 정원이나 주위, 혹 가로수로 널리 심었던 落葉喬木.
　　아카시아 나무와 비슷하며 8월에 작고 흰 꽃이 핌.
【夾道】양쪽 길 옆.
【昏鴉】해질 무렵 까마귀.
【勑使】임금의 명령을 직접 받고 임무를 수행하는 사신.
【玉堂】翰林院을 일컫는 말. 宋나라 때 蘇易簡이 學士가 되자 太宗이 붉은
　　비단에 '玉堂之署'라는 네 글자를 하사하여 '옥당'이라는 이름이 생겼다 함.
　　《石林燕語》(7) 참조.

【淸不寐】 너무 정신이 맑고 상쾌하여 잠을 이룰 수 없음.

【月鉤】 고리처럼 굽은 달 모습.

【紫薇花】 꽃 이름. 百日紅, 滿堂紅, 癢癢花라고도 하며 낙엽교목으로 여름부터
가을 사이 홍색, 혹 백색의 꽃이 핌. 한국에서는 '배롱나무'라 부름.

原註(王相)

此侍臣入直宮禁之詩. 中書省, 中多植槐樹. 勅賜內侍, 奉勅傳命之宮. 玉堂,
翰林之地, 謂之玉堂. 紫薇, 花名, 開遍省中, 故人謂翰禁之臣爲紫薇郞. 言上
道之時, 已日暮而昏, 鴉集省矣. 忽上命勅使, 宣召顧問, 而賜茶于殿上也. 謝聖
而歸, 入宿玉堂, 夜氣淸明, 思念君恩隆重, 而寢不成寐. 但見一鉤斜月, 初升
於紫薇花上矣. 斜月如鉤, 而初上時已夜深矣.

○宋, 周必大, 廬陵人, 相孝宗, 諡益國人.

참고 및 관련 자료

1. 원제목은 〈入直召對選德殿賜茶而退〉이다. 韻脚은 '鴉·茶·花'이다.

2. 주필대(周必大. 1126~1204)

송대 인물. 자는 子充, 혹 洪道. 만년에 스스로 平原老叟라 하였다. 廬陵(지금의
江西 吉安縣) 사람으로 北宋 欽宗 靖康 원년에 태어나 南宋 寧宗 嘉泰 4년에
죽었으며 太師를 추증 받았고 시호는 文忠. 향년 79세. 紹興 20년(1150)에
進士와 博學宏詞科에 함께 등제하였으며 성품이 강직하여 정계에 소문이
났었다. 孝宗 때 丞相에 올랐으나 만년에 퇴직한 다음 楊萬里, 范成大 등과
교유하면서 주고받은 시가 있다. 《玉堂類稿》,《玉堂雜記》,《平園集》 등이
있으며 《송사》에 전이 있다.

160

〈水亭〉 .... 蔡確

물가의 정자

종이 병풍 돌 베개에 네모진 대나무 평상,
손에 들었던 책을 던지고 낮잠 꿈에 빠져드네.
한참 후 깨어나서 홀로 웃음 짓는 것은
몇 구절 어부의 피리소리 창랑 물에 떠 있기에.

紙屏石枕竹方床,　　　　지병석침죽방상,

手倦抛書午夢長.　　　　수권포서오몽장.

睡起莞然成獨笑,　　　　수기완연성독소,

數聲漁笛在滄浪.　　　　수성어적재창랑.

【紙屏】 종이로 만든 병풍.
【石枕】 돌 베개.
【竹方床】 '竹方牀'으로도 표기하며 대나무를 방형으로 잘라 엮은 평상. 침대.
【莞然】 방그레 웃는 모습.
【滄浪】 물 이름. 湖北省을 흐르는 漢水. 戰國시대 楚나라 屈原의 〈漁父辭〉와
《孟子》 離婁(上)에 "滄浪之水淸兮, 可以濯我纓; 滄浪之水濁兮, 可以濯我足."
이라 한 말을 인용한 것임. 이는 고대 초나라 지역의 민간 가요의 가사였음.

倚于紙屛, 藉乎石枕, 臥于竹牀, 閒觀書史, 手而拋書於床, 因而假寐, 栩然
不知午夢之長, 夢醒之時, 宛然獨笑, 忽聞滄浪之水, 漁人吹笛數聲, 驚回吾夢,
其悠然自得之趣可知矣.
　○宋, 蔡確, 河間人, 相神宗.

1. 원제목은 〈夏日登車蓋亭〉이며 車蓋亭은 安陸(지금의 湖北 安陸)에 있다.
韻脚은 '床·長·浪'이다.

2. 채확(蔡確. 1037~1093)

송대 인물. 자는 持正, 泉州 晉江(지금의 福建 晉江縣) 사람으로 北宋 仁宗
景祐 4년에 태어나 哲宗 元祐 8년에 죽었다. 향년 57세. 인종 嘉祐 4년(1059)에
진사에 올라 神宗 때 御史中丞, 參知政事 등을 역임하였고 元豊 5년(1082)
尙書右僕射 兼中書侍郎을 역임하였다. 처음 王安石에게 빌붙었다가 神宗이
왕안석의 新法에 불만을 가진 것을 알고 도리어 글을 올려 왕안석을 탄핵
하였다. 관직에 있는 동안 忠良한 자들을 핍박하였고 가혹하게 굴었으며
司馬光과 呂公著 등이 세력을 잡자 드디어 몰려 陳州, 安州, 鄧州 등으로
쫓겨났으며, 다시 新州에 안치되었다가 그 곳에서 죽었다. 《송사》에 전이 있다.

〈漁人圖〉(明) 戴進 미 프레얼 예술관 소장

161

〈禁鎖〉 ··· 洪咨夔

궁궐 자물쇠

궁궐 문 깊이 잠겨 소리 없이 적적한데,
짙은 먹물이 두 마지麻紙에 흥건하네.
오경이 되었다 소리치나 날은 아직 밝지 않았는데,
붉은 계단 위의 달빛이 자미화에 젖어드네.

禁門深鎖寂無譁,　　　　　금문심쇄적무화,

濃墨淋漓兩相麻.　　　　　농묵림리량상마.

唱徹五更天未曉,　　　　　창철오경천미효,

一墀月浸紫薇花.　　　　　일지월침자미화.

【禁鎖】 출입이 금지되도록 禁闕에 자물쇠를 채웠음을 말함.
【禁門】 禁闕의 문. 금궐은 황궁을 말함.
【淋漓】 물이 흥건하여 풍성한 모습을 나타내는 雙聲連綿語.
【兩相麻】 고대 삼으로 만든 종이 두 장에 재상에 임명한다는 조서를 썼음.
　당송 시대 白麻紙와 黃麻紙에 임명장을 썼으며 뒤에 詔書라는 뜻으로 널리
　쓰였음. 宋 葉夢得《石林燕語》(3) 참조.
【唱】 소리를 질러 시간이 되었음을 알림. 이 일을 맡은 사람을 雞人이라 하였음.
　《周禮》春官 雞人 참조.

【徹】 마침. 이미 시간이 되었음을 말함.

【墀】 궁중의 계단. 일부본에는 '池'로 되어 있음.

【紫薇花】 꽃 이름. 앞장 참조.

原註(王相)

　禁門, 宮禁之門也. 相麻, 拜相之制令, 用黃麻紙書之, 進呈用寶而後行也. 宮中每夜, 有唱更之人, 謂之雞人. 此亦入直. 草制之詩, 言宮禁森嚴, 夜靜而諸門深鎖, 寂靜無譁也. 朝廷有拜相之制命, 當勅儒臣撰之, 親承天語, 歸而草制, 濃墨淋漓, 潤澤於黃麻之紙. 兩相之制已成, 而雞人已唱五更. 天尙未曉, 惟見一墀, 月色寒浸, 紫薇花影, 此形容得意之詩也.

　○宋, 洪遵, 字平齋, 鄱陽人, 翰林學士.

참고 및 관련 자료

1. 제목은 〈直玉堂作〉이며 翰林院에서 숙직을 하면서 재상 임명의 비밀 인사 회의와 그 결정을 두고 지은 것이다. 韻脚은 '譁·麻·花'이다.

2. 홍자기(洪咨夔. 1176~1235)

송대 인물.《천가시》원본에 '洪遵'의 작이라 하였으나《宋詩紀事》(61) '洪咨夔'의 작으로 되어 있다. 그러나 왕상의 주에 "宋, 洪遵, 字平齋, 鄱陽人, 翰林學士"라 하여 인명만 다르고 그 외 호와 벼슬은 같다.

홍자기는 자는 舜兪, 호는 平齋, 潛(지금의 浙江 臨安縣) 사람으로 南宋 孝宗 淳熙 3년에 태어나 理宗 端平 2년에 죽었다. 향년 59세. 寧宗 嘉泰 2년 (1202) 진사에 올라 理宗 때 刑部尙書, 翰林學士 등을 역임하였다. 楊萬里의 시를 좋아하여 그의 시는 江西詩派와 흡사하다. 儒學을 좋아하여 眞德秀와 교유하기도 하였으며《平齋集》,《兩漢詔令覽抄》,《春秋說》등의 저서가 있다.

162

〈竹樓〉 ··· 李嘉祐

대나무 누각

오만한 관리 자신은 한가하여 오후를 비웃으며,
서쪽 강가에 대나무를 취하여 높은 누각을 지었다네.
남풍 바람이 불어오니 부들 엮어 만든 부채 쓸 일 없고,
한가로운 잠에 벗어놓은 관직 모자야 갈매기나 마주할 뿐.

傲吏身閑笑五侯,	오리신한소오후,
西江取竹起高樓.	서강취죽기고루.
南風不用蒲葵扇,	남풍불용포규선,
紗帽閑眠對水鷗.	사모한면대수구.

【傲吏】 거만하고 자신에 찬 관리. 자기 자신을 말함. 당시 작자는 袁州刺史
였으며 그 임지에 죽루를 세워놓고 한가하게 지냄을 노래한 것임.

【五侯】 漢나라 成帝가 자신의 외갓집 왕씨 다섯, 王譚, 王商, 王音, 王根,
王鳳을 모두 후로 봉하여 당시 이들을 五侯라 불렀음. 그러나 〈三民本〉에는
《後漢書》宦者傳을 인용하여 漢 桓帝 때 환관 선초(單超)를 新豐侯로,
徐璜을 武原侯, 具瑗을 武陽侯, 左悺을 上蔡侯, 唐衡을 汝陽侯로 봉하면서
梁冀과 그 친당을 물리쳐준 공을 치하하였으며 이들이 같은 날 봉을 받아
'五侯'라 하였다 함.

【西江】강의 서쪽 지역. 작자가 袁州에 살았으며 원주의 치소는 지금의 宜春으로 贛江의 서쪽이었음.
【蒲葵扇】부들로 만든 부채. 蒲扇, 혹은 葵扇이라 함.
【紗帽】烏紗帽. 검은 색 얇은 비단으로 만든 모자. 관리의 모자를 뜻함.
【水鷗】물가의 갈매기.

原註(王相)

傲吏, 簡傲淸閑之官, 江西多以竹爲樓, 不用瓦, 上下用竹覆之. 蒲葵, 草名, 可製爲扇. 但言爲官而簡傲淸閑, 不羨五侯之貴, 安居於竹樓, 水閣之上. 當暑而迎風, 便臥自如. 淸風習習, 而扇間不用脫帽, 于几上人閒眠而帽亦閒眠, 與水上浮鷗相對不亦快乎!
○唐, 李嘉祐, 字從一, 官袁州刺史.

참고 및 관련 자료

1. 원제목은 〈寄王舍人竹樓〉이며 시인이 袁州刺史였을 때 작품으로 袁州는 지금의 江西 宜春으로 贛江의 서쪽이었다. 韻脚은 '侯·樓·鷗'이다.
2. 이가우(李嘉祐)
당대 시인. 자는 從一, 唐 趙州(지금의 河南 趙縣) 사람으로 생몰 연대는 자세하지 않다. 玄宗 天寶 7년(748)에 진사에 올라 肅宗 上元 연간에 臺州刺史를 지냈으며 代宗 大曆 연간에 다시 袁州刺史를 지냈다. 嚴維, 劉長卿, 冷朝陽 등과 교유하였으며 그의 시는 완미하고 화려하여 南朝 齊梁 시대의 유풍을 따르고 있다. 《李嘉祐集》 1권이 있으며 《전당시》에 시 2권이 수록되어 있다.
3. 《唐才子傳》(3) 李嘉祐
嘉祐, 字從一, 趙州人. 天寶七年, 楊譽榜進士, 爲秘書正字. 以罪謫南荒, 未幾何, 有詔量移爲鄱陽宰, 又爲江陰令, 後遷台·袁二州刺史. 善爲詩, 綺麗婉靡, 與錢·郎別爲一體, 往往涉於齊·梁時風, 人擬爲吳均·何遜之敵. 自振藻天朝, 大收芳譽, 中興風流也. 有集. 今傳.

163

〈直中書省〉 ⋯⋯⋯⋯⋯⋯⋯⋯⋯⋯⋯⋯⋯⋯⋯⋯⋯ 白居易

중서성에 숙직하며

임금 조서 쓰는 궁궐 일거리 없어 조용하고,
종고 누대에 물시계 느리구나.
홀로 황혼에 앉아 있으니 그 누가 짝이런가?
자미화 꽃이 바로 이 자미랑을 마주하고 있을 뿐이지!

絲綸閣下文章靜,	사륜각하문장정,
鐘鼓樓臺刻漏長.	종고루대각루장.
獨坐黃昏誰是伴?	독좌황혼수시반?
紫薇花對紫薇郎!	자미화대자미랑!

【絲綸閣】絲綸은 임금의 조칙을 뜻하는 말이며 絲綸閣은 그 조칙의 초안을 작성하는 곳.《禮記》緇衣에 "王言如絲, 其出如綸"이라 하였고 疏에 "王言初出微細如絲, 及其出行於外, 言更漸大如似綸也"라 함.
【章】일부본에는 '書'로 되어 있음.
【鐘鼓】종루. 물시계의 시간에 맞추어 종과 북을 쳐서 시간을 알려주는 곳.
【刻漏】고대의 물시계. 漏刻, 漏壺라고도 함. 刻은 하루 24시간을 100각으로 나누어 주로 낮을 60각, 밤을 40각으로 하였으며 지금 계산으로 약 15분에 해당함.

【紫薇花】앞장 참조.

【紫薇郎】‘紫微郎’으로도 표기하며 唐代 中書舍人의 별칭. 당 開元 원년에
中書省을 紫微省으로 바꾸었으며 중서령을 자미령, 중서사인을 자미사인
으로 고쳐 불렀음. 紫微는 天文의 紫微星의 紫微垣을 상징한 것임.《舊唐書》
職官志 참조.

原註(王相)

　絲綸, 帝王所出之命令也. 取王言如絲, 其出如綸之意. 禁中鐘鼓以定省,
曉而節更漏之聲. 紫薇郎, 中書省入直之臣也. 此樂天入直之詩, 言坐於中書
省中, 絲綸閣下, 黃昏靜寂, 惟與紫薇花相對而已.

　○唐, 白居易, 字樂天, 元和進士, 別號香山, 卽香山九老之一, 仕至戶部尙書.

참고 및 관련 자료

1.《白氏長慶集》과《全唐詩》에 모두 제목이 〈紫薇花〉로 되어 있으며 자미화
는 紫薇垣을 상징하여 당대 中書省에 이 꽃나무를 심어 중서성을 대신하는
말로 늘 쓰였다. 韻脚은 ‘長·郞’이다.

2. 백거이(白居易. 772~846)
당대 시인. 자는 樂天, 그 조상 대대로 太原에 살다가 뒤에 下邽(지금의 陝西
渭南縣)로 이주하여 하규인이 되었다. 당 代宗 大曆 7년에 태어나 武宗 會昌
6년에 죽었다. 향년 75세. 어린 나이에 글씨를 익혔고 5, 6세에 이미 시를

알았으며, 16세에 장안에 이르러 顧況을 만나자 고향의
시 〈賦得古原草送別〉의 “野火燒不盡, 春風吹又生” 구절
을 보고 크게 놀라 찬탄을 아끼지 않았다 한다. 29세에
진사에 올랐고 31세에 다시 吏部의 시험에 응시하여
장원을 하였으며 그 뒤 秘書省校書郞을 거쳐 刑部尙
書를 역임하였다. 만년에는 불교를 좋아하여 낙양에
거하면서 늘 龍門山의 香山寺를 찾아 스스로 ‘香山
居士’라 하였다. 또한 술을 좋아하여 자칭 ‘醉吟先生’
이라 하였다. 元和 연간에 李紳, 元稹 등과 新樂府

白居易(樂天)

運動을 전개하여《詩經》의 정신을 계승하고 백성의 고통을 읊어줄 것을 주장하였다. 이에 원진과 함께 이름을 날려 당시 흔히 '元白'이라 불렸다. 뒤에 劉禹錫과 이름을 날려 다시 '劉白'이라 칭해졌으며〈長恨歌〉,〈琵琶行〉등 주옥같은 시를 남겼다.《白氏長慶集》71권이 있으며《전당시》에 시 39권이 수록되어 있다.《신·구당서》에 전이 있다.

3.《唐才子傳》(6)

白居易:

居易, 字樂天, 太原下邽人. 弱冠名未振, 觀光上國, 謁顧況. 況, 吳人, 恃才, 少所推可, 因謔之曰:「長安 百物皆貴, 居太不易!」及覽詩卷, 至「離離原上草, 一歲一枯榮. 野火燒不盡, 春風吹又生.」乃歎曰: 「有句如此, 居天下亦不難. 老夫前言戲之爾」貞元 十六年, 中書舍人高郢下進士, 拔萃皆中, 補校書郎. 元和元年, 作樂府及詩百餘篇, 規諷時事, 流聞禁中, 上悅之, 召拜翰林學士, 歷左拾遺. 時盜殺宰相, 京師 洶洶, 居易首上疏, 請亟捕賊. 權臣有嫌其出位, 怒, 俄有言居易母墮井死而賦〈新井篇〉, 言旣浮華, 行不 可用, 貶江州司馬. 初, 以勳庸暴露不宜, 實無他腸, 怫怒姦黨, 遂失志. 亦能順適所遇, 託浮屠死生說, 忘形骸者. 久之, 轉中書舍人, 知制誥. 河朔亂, 兵出 無功, 又言事不見聽, 乞外除爲杭州刺史. 文宗立, 召遷刑部侍郎. 會昌初, 致仕. 卒. 居易累以忠鯁遭擯, 乃放縱詩酒. 旣復用, 又皆幼君, 仕情頓爾索寞. 卜居 履道里, 與香山僧如滿等結淨社, 疎沼種樹, 構石樓, 鑿八節灘, 爲游賞之樂, 茶鐺酒杓不相離. 嘗科頭 箕踞, 談禪詠古, 晏如也. 自號「醉吟先生」, 作傳, 酷好佛, 亦經月不葷, 稱「香山居士」. 與胡杲·吉旼· 鄭據·劉眞·盧貞·張渾·如滿·李文爽燕集, 皆高年 不事, 日相招致, 時人慕之, 繪〈九老圖〉. 公詩以六義 爲主, 不尙艱難. 每成篇, 必令其家老嫗讀之, 問解 則錄. 後人評白詩如「山東父老課農桑, 言言皆實」 者也. 鷄林國行賈售於其國相, 率篇一金, 僞者卽

〈賦得古原送別詩〉
河丁 全相羲(현대)

能辨之. 與元稹極善膠漆, 音韻亦同, 天下曰「元白」. 元卒, 與劉賓客齊名, 曰
「劉白」云. 公好神仙, 自製「飛雲履」, 焚香振足, 如撥煙霧, 冉冉生雲. 初來九江,
居廬阜峰下, 作草堂燒丹, 今尚存. 有《白氏長慶集》七十五卷, 及所撰古今事實
爲《六帖》, 及述作詩格法, 欲自除其病, 名《白氏金針集》三卷, 并行於世.

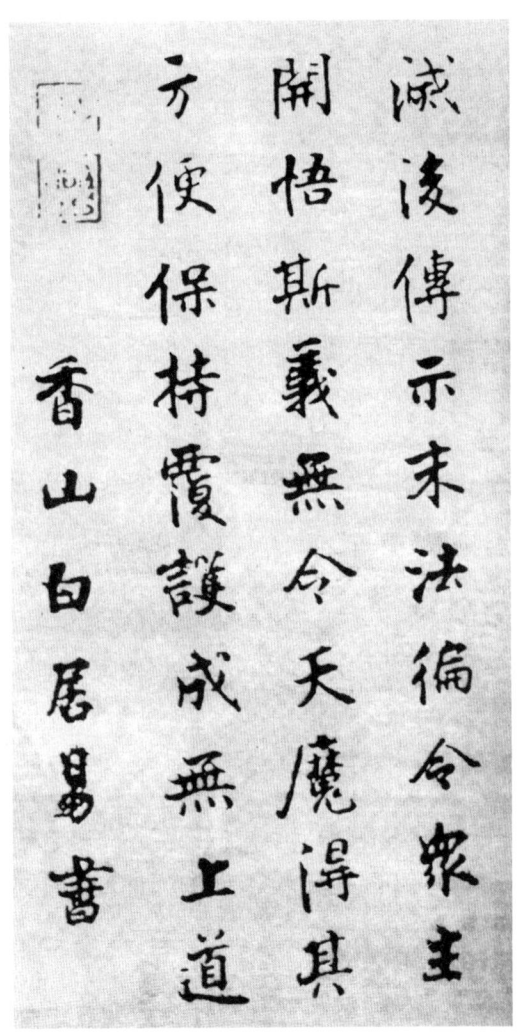

〈楞嚴經帖〉唐 白居易

164

〈觀書有感〉 ··· 朱熹

책을 보며 느낀 바 있어

작은 네모진 못이 하나의 거울처럼 열리니,
하늘빛과 구름이 함께 그림자를 띄워 떠도는구나.
묻건대 그 물이 어찌 그리 맑을 수 있는가?
근원이 있어 살아 있는 물이 흘러들기 때문이지.

半畝方塘一鑑開,　　　　　반무방당일감개,

天光雲影共徘徊.　　　　　천광운영공배회.

問渠那得淸如許?　　　　　문거나득청여허?

爲有源頭活水來.　　　　　위유원두활수래.

【半畝】 아주 작은 넓이를 말함.
【方塘】 네모진 연못.
【鑑】 거울.
【天光雲影】 연못 물에 비친 하늘색과 구름의 모습.
【徘徊】 이리저리 떠돎. 疊韻連綿語.
【渠】 대명사로 '彼, 他, 其'의 뜻. 여기서는 못물을 가리킴.
【淸如許】 그렇게 맑을 수 있도록 상황이 됨.
【爲有】 '~이 있기 때문'이라는 뜻.

【源頭】水源. 그 근원.
【活水】살아 움직이는 물. 死水에 상대된 말.

原註(王相)

　半畝方塘, 言其小也. 鑑, 鏡也. 一鑑開, 言水光明澄澈如鏡也. 天光雲影,
水中照影, 徘徊流動, 不竭之貌. 問渠, 問水也, 爲設爲相. 謂源頭, 水有水源
而長流不竭也. 此詩文公曰觀書, 而見義理之高明, 猶水之澄淸, 而洞照萬物,
問渠何其澄澈光明如此, 則爲有源頭活水周流; 水周流而不竭, 如人之義理,
有萬事之殊, 其水源歸於一, 不外聖賢道統之眞派而已.

참고 및 관련 자료

1. 《朱文公集》(2)에 〈觀書有感二首〉로 되어 있으며 여기서는 각기 〈觀書有
感〉(164)과 〈泛舟〉(165)로 나누어 싣고 있다. 韻脚은 '開·徊·來'이다. 송대 이
학가들은 論理나 勸學, 天理, 哲理 등을 주제로 시를 지었다. 그 중 주희 역
시 勸學詩로 〈偶成〉의 "少年易老學難成, 一寸光陰不可輕. 未覺池塘春草夢, 階
前梧葉已秋聲" 등이 그 예이다.

2. 주희(朱熹) 086 참조.

朱熹

半畝方塘一鑑開　天光雲影共徘徊
問渠那得清如許　爲有源頭活水來

朱熹観書有感詩一首新正雪中李河書崔兼

朱熹〈觀書有感〉摩河 宣柱善(현대)

165

〈泛舟〉 ·· 朱熹

배를 띄움

어젯밤 강변에 봄물이 불어나니,
군함 같은 큰 배가 깃털처럼 가볍구나.
지난번 그 배를 미느라 헛된 힘 들였더니,
오늘 물 가운데 그 배는 자유자재 움직이네.

昨夜江邊春水生,　　　　작야강변춘수생,
艨艟巨艦一毛輕.　　　　몽동거함일모경.
向來枉費推移力,　　　　향래왕비추이력,
此日中流自在行.　　　　차일중류자재행.

【泛舟】배를 띄움.〈觀書有感〉의 제 둘째 수임.
【春水生】봄날의 물이 흘러들어 水量이 많아짐.
【艨艟】巨艦, 戰船, 戰艦을 일컫는 疊韻連綿語의 物名.《朱子大全》원시에는
'蒙衝'으로 되어 있음.
【巨艦】아주 큰 배. 전함. 전투함과 같은 아주 큰 배.
【向來】'쭉, 이제껏, 방금 전'의 뜻. 물이 얕았을 때를 말함.
【枉費】헛되이 소비함.

【推易力】밀어 움직이는 힘.
【自在】'임의로, 자유자재로'의 뜻.

原註(王相)

此玩索而有得焉之詩. 艨艟·巨艦, 皆大舟. 推移, 舟大水淺, 必用多人推挽
而後行也. 文公以泛舟喩學, 言春水未至, 而溪多淺弱, 舟非推挽, 不能行也.
及夫春水泛漲, 雖艨艟巨艦, 如羽毛之輕, 順水而行, 中流自在, 全不費力, 何其
易也? 以比人見道不明, 千思萬索, 及至悟來, 不思不勉, 自然而然, 從容中道也.

참고 및 관련 자료

1. 이 시는 《朱子大全》(文集 2)에 의하면 〈觀書有感〉의 제 둘째 수로 되어
있으며 따로 제목이 없다. 韻脚은 '生·輕·行'이다.
2. 주희(朱熹) 086 참조.

朱熹(晦菴)《三才圖會》

朱熹(1130~1200)

166

〈冷泉亭〉 ⋯⋯⋯⋯⋯⋯⋯⋯⋯⋯⋯⋯⋯⋯⋯⋯⋯⋯ 林稹

냉천정

한 줄기 맑은 물은 시심을 적셔주고,
차고 따뜻함은 계절에 맞추어 물 자신이 아는 것.
그 물 흘러 서호에 이르러 가무놀이 객 띄워주네.
그러나 돌아보면 산에 있던 그 물은 아니로다.

一泓淸可沁詩脾,   일홍청가심시비,

冷暖年來只自知.   랭난년래지자지.

流出西湖載歌舞,   류출서호재가무,

回頭不似在山時.   회도불사재산시.

【冷泉亭】정자 이름. 杭州 西湖의 飛來峰 아래에 있음. 唐나라 때 刺史 元英이 冷泉의 석간수 위에 지어 이름을 冷泉亭이라 하였다 함.

【泓】청정하고 고요한 물. 못.

【沁】투명하게 스며듦. 일부본에는 '浸'으로 되어 있음.

【脾】脾臟. 五臟의 하나로 고대 心腸과 함께 흔히 마음을 대신하는 말로 쓰임.

【暖】일부본에는 '煖'으로 되어 있음. 냉천정 물이 冷泉이라 하나 그 물은 계절에 따라 자신이 冷暖을 아는 것임.

【西湖】항주 서호.
【不似】《천가시》원본에는 '不是'로 되어 있음.

原註(王相)

泓水, 淸深貌. 沁, 飮水而涼·潤于心也. 言水之淸可飮, 而洗滌吾詩人之脾
胃也. 其泉在深山之處, 年去年來, 或冷或暖, 只自知之耳. 其水流出西湖, 而載
歌舞之船, 濁而不淸, 無復昔日湖山之潔矣. 此喩人生之初, 其性本善, 及其富貴,
薰心物欲溺隘, (不)不如初生之淸明也.

참고 및 관련 자료

1. 냉천은 杭州 飛來峰 아래 靈隱寺 문 밖에 있다. 白居易의 〈冷泉亭記〉에
"潺湲潔澈, 甘粹柔滑, 眼耳之塵, 心舌之垢, 不待盥滌, 見輒除去"라 하였다.
이 시의 韻脚은 '脾·知·時'이다.
2. 임진(林積)

송대 인물.《천가시》원본에 '林洪'으로 되어 있으나《宋詩紀事》(74)에 '林積'
으로 되어 있다. 林積은 자가 단산이며 南宋 長洲(지금의 江蘇 吳縣) 사람으로
神宗 熙寧 9년(1076) 진사에 올랐으며 그 외의 사적에 대하여는 자세하지
않다.

167

〈冬景〉 ⋯⋯⋯⋯⋯⋯⋯⋯⋯⋯⋯⋯⋯⋯⋯⋯⋯⋯ 蘇軾

겨울 풍경

연꽃 지고 나니 비를 가릴 우산 같던 연잎도 사라졌으나,
국화꽃 시들었으나 도리어 서리에 대드는 가지 그대로 남아 있네!
일 년의 좋은 풍경 그대는 기억해두게.
오렌지 노랗게 익고 귤이 녹색으로 익어 가는 이때가 가장 좋다네.

荷盡已無擎雨蓋,	하진이무경우개,
菊殘猶有傲霜枝!	국잔유유오상지!
一年好景君須記,	일년호경군수기,
最是橙黃橘綠時.	최시등황귤록시.

【荷盡】《천가시》원본에는 '荷淨'으로 되어 있음.
【擎雨蓋】잎이 우산처럼 생긴 연잎. '擎'은 '지탱하다'의 뜻. '蓋'는 뚜껑, 여기
　서는 우산.
【菊殘】국화가 피었다가 그 잎이 떨어지지 아니한 채로 말라 있는 상태.
【好景】아름다운 경치. 일부본에는 '好處'로 되어 있음.
【君】劉景文을 가리킴. 자는 季孫, 일찍이 兩浙兵馬都監을 지냈으며 東坡와
　함께 杭州에서 시를 주고받은 적이 있음.

【橙黃橘綠】橙은 등자나무, 당귤, 오렌지를 말하며 초겨울이 되어 오렌지는 노랗게 익고 귤은 파란색이지만 익어 가는 시절을 말함.

原註(王相)

傲, 經久也. 言初冬之時, 荷葉敗盡, 已無擎雨之. 蓋菊花雖殘, 尙有傲霜之枝, 一年好景, 將闌君. 須其取其最佳者. 最是, 初冬橙已黃而橘已綠之時也.

참고 및 관련 자료

1. 제목은 〈贈劉景文〉으로 蘇軾이 劉景文에게 증정한 시이다. 韻脚은 '枝·時'이다.
2. 소식(蘇軾) 087 참조.

168

〈楓橋夜泊〉 ·· 張繼

풍교에 배를 대고 밤을 보내며

달이 떨어지자 서리 내린 날씨에 까마귀 울어 짖고,
강가 단풍나무 사이로 고기잡는 불빛만 수심에 찬 나그네 잠과
마주할 뿐.
고소성 밖의 한산사에서
한밤중 종소리 이 객선까지 들려오네.

月落烏啼霜滿天,　　　　　월락오제상만천,

江楓漁火對愁眠.　　　　　강풍어화대수면.

姑蘇城外寒山寺,　　　　　고소성외한산사,

夜半鐘聲到客船.　　　　　야반종성도객선.

【楓橋】지금의 江蘇 吳縣 蘇州 閶門 서쪽 7리에 있는 다리. 楓關이라고도 함.
【月落】초저녁 서쪽에 걸려 있던 달이 지고 없음. 그 날 달이 없는 밤이 될
　것임을 말한 것.
【江楓】강가의 단풍나무.
【漁火】밤 고기잡이배의 불빛. 일부본에는 '漁父'로 되어 있음.
【姑蘇】원래는 산 이름이나 뒤에 지명으로 바뀌었음. 지금의 蘇州 서남쪽에
　있으며 吳縣城을 姑蘇城이라고도 불렀음.

【寒山寺】절 이름. 본래는 妙利普明塔院이었으며 江蘇 蘇州 楓橋 앞에 있어
  楓橋寺로도 불림. 南朝 梁나라 때 건립되었으며 唐初 詩僧 寒山과 拾得이
  이 절에 거하면서 寒山寺로 이름이 바뀜.
【客船】시인 장계가 타고 밤을 새우고 있는 배.

原註(王相)

   明月初落, 寒鳥夜啼, 秋霜滿空, 江風葉落, 漁火吹烟, 皆與舟中愁眠之人
相對, 而難寐者也. 忽聞寒山鐘聲, 夜半而鳴, 不覺起視, 客船已至姑蘇城外
之楓橋矣.
   ○唐, 張繼, 字懿孫, 天寶進士, 仕至戶部員外郎.

참고 및 관련 자료

1. 아주 널리 알려진 시이며 일부 제목은 〈夜泊楓江〉, 혹 〈夜泊松江〉으로
되어 있다. 韻脚은 '天·眠·船'이다.

2. 장계(張繼)
당대 시인. 자는 懿孫. 당 襄州(지금의 湖北 襄陽) 혹 南陽(지금의 河南 南陽)
사람으로 玄宗 天寶 12년(753) 진사에 올라 洪州(지금의 江西 南昌)鹽鐵
判官, 檢校祠部員外郎 등을 지낸 것 외에는 사적이 자세히 알려져 있지 않다.
《張祠部詩集》이 있으며 《전당시》에 시 1권이 수록되어 있다.

3. 《唐才子傳》(3) 張繼
繼, 字懿孫, 襄州人. 天寶十二年, 禮部侍郎楊浚下及第. 與皇甫冉有髫年之故,
契逾崑玉. 早振詞名. 初來長安, 頗矜氣節, 有〈感懷〉詩云:「調與時人背, 心將
靜者論. 終年帝城裏, 不識五侯門.」嘗佐鎭戎軍幕府, 又爲鹽鐵判官. 大曆間,
入内侍. 仕終檢校祠部郎中. 繼博覽有識, 好談論, 知治體, 亦嘗領郡, 輒有政聲.
詩情爽激, 多金玉音, 蓋其累代詞伯, 積襲弓裘. 其於爲文, 不雕不飾. 丰姿清逈,
有道者風. 集一卷, 今傳.

169

〈寒夜〉 ·· 杜耒

찬 밤

차가운 이 밤에 찾아온 나그네 술 없어 차로 술을 대신하네.
대나무 둘러친 화로에 찻물이 끓고 불길 비로소 붉어지네.
보통 때와 다를 것 없는 것은 창밖의 달이지만,
다만 매화만은 지난날과 다르네.

寒夜客來茶當酒,	한야객래다당주,
竹爐湯沸火初紅.	죽로탕비화초홍.
尋常一樣窗前月,	심상일양창전월,
纔有梅花便不同.	재유매화편부동.

【茶當酒】 술이 없어 차를 술로 대신함.
【竹爐】 대나무로 틀을 만들어 그 안에 넣어 놓은 화로.
【尋常】 평상시. 평상대로.
【纔】 '겨우, 막, 곧, 다만' 등의 뜻을 지닌 부사. '才'로도 표기함.

寒夜客來, 以茶可以當酒, 呼童煮茗, 爐火初洪, 與客共話于寒窗月下, 尋常
亦是此月, 但覺今夜, 梅花芳香襲人, 起倍佳于他日也.

○小山, 宋人, 名爵.

참고 및 관련 자료

1. 이 시는 밤에 찾아온 손님을 대접하는 아름다운 모습을 읊은 것이다.
韻脚은 '紅·同'이다.

2. 두뢰(杜耒)

송대 인물. 《천가시》에는 杜小山이라 하여 號를 이름으로 쓴 것이다. 두뢰는
자가 子野이며 호는 小山, 北宋 盱江(지금의 江西 臨川縣) 사람이다. 嘉熙
연간에 太府卿許國 李全의 막부에 있었으며 李全이 반란을 꾀하다가 실패
하자 함께 죽임을 당하였다. 王安石이 어릴 때 그를 스승으로 모셔 시를
배웠다 한다. 《송시기사》에 그의 小傳이 실려 있다.

170

〈霜月〉 ·· 李商隱

가을 달

방금 기러기 북쪽에서 날아왔다는 소리 들으니 매미소리 사라지고,
백척 누대에서 보니 가을 물이 하늘과 맞닿아 구분이 되지 않는구나.
서리 신과 달 속의 항아嫦娥는 함께 이 찬 기를 견디면서,
달 속과 서리 속에서 서로 아름다움을 다투는구나.

初聞征雁已無蟬,　　　초문정안이무선,
百尺樓臺水接天.　　　백척루대수접천.
青女素娥俱耐冷,　　　청녀소아구내랭,
月中霜裏鬪嬋娟.　　　월중상리투선연.

【霜月】 가을 서리가 내릴 때의 달. 즉 秋月을 말함.
【征雁】 '征'은 '먼 길'이라는 뜻. 기러기가 가을이 되어 먼 길을 날아 열을
　지어 남쪽으로 날아옴을 말함.
【蟬】 매미. 일명 쓰르라미(知了).
【臺】 일부본에는 '高'로 되어 있음.
【青女】 서리와 눈을 관장하는 神女.《淮南子》天文訓에 "至秋三月, ……青女
　乃出, 以降霜雪"이라 하고 注에 "青女, 天神, 青霜玉女, 主霜雪也"라 함.
【素娥】 姮娥, 嫦娥. 月宮의 선녀. 원래 有窮后羿의 아내로 천도복숭아를

훔쳐먹고 날개가 돋아 달나라로 도망하였다는 전설에서 비롯됨. 달빛이 희어 素娥라 부른 것.

【鬪】비교함. 다툼. 서리와 달이 누가 더 흰가를 경쟁함.

【嬋娟】곱고 아름다움. 疊韻連綿語.

蟬鳴于夏秋之交, 雁回於八月之候, 霜降於九月之中. 靑女, 霜神. 素娥, 月中嫦娥也. 此詩言征雁初來, 則柳上之蟬, 已寂然無聲矣. 當此淸秋之景, 登百尺之高樓, 望水天之一色, 靑露凝露, 白月揚輝, 亦可稱良夜矣. 因憶霜中靑女之神, 與月中嫦娥一般佳麗, 而俱耐冷淸寒, 可謂雙淸二美矣.

○唐, 李商隱, 字義山, 陳州人, 大中進士, 官翰林學士.

참고 및 관련 자료

1. 차갑게 느껴지는 달을 노래한 것으로 雅趣와 淸麗함이 넘쳐난다. 韻脚은 '蟬·天·娟'이다.

2. 이상은(李商隱. 813~858)

晩唐 시인. 자는 義山, 호는 玉溪生. 懷州 河內(지금의 河南 沁陽縣) 사람으로 唐 憲宗 元和 8년에 태어나 宣宗 大中 12년에 죽었다. 향년 48세. 당 文宗 開成 2년(837)에 진사에 올라 東川節度使判官, 檢校工部員外郎 등을 역임하였다.

李商隱

당시 牛僧孺와 李德裕가 각기 당을 지어 대립하였는데 이상은은 이덕유 당의 王武元의 딸을 아내로 맞아 우승유에게 장기간 미움을 받았다. 그의 시는 律詩와 絶句에 모두 뛰어났으며 神話, 典故 등을 즐겨 사용하면서 독특한 낭만주의 시풍을 드러내었다. 杜牧과 대비되어 晩唐의 '李杜'라 불리기도 하였으며 溫庭筠과 비교되어 '溫李'라고도 불렸다. 한편 온정균과 段成式 등이 모두 항렬로 16번째가 되면서 騈儷體에 뛰어나 세 사람을 두고 '三十六體'라 불렀다. 《李義山詩集》, 《樊南文集》 등이 있으며 《전당시》에 시 3권이 수록되어 있다. 《신·구당서》에 전이 있다.

3.《唐才子傳》(7) 李商隱

商隱, 字義山, 懷州人也. 令狐楚奇其才, 使遊門下, 授以文法, 遇之甚厚. 開成二年, 高鍇知貢擧, 楚善於鍇, 獎譽甚力, 遂擢進士. 又中拔萃. 楚又奏爲集賢校理. 楚出, 王茂元鎮興元, 素愛其才, 表掌書記, 以子妻之. 除侍御史. 茂元爲李德裕黨, 士流嗤謫商隱, 以爲詭薄無行, 共排擯之. 來京都, 久不調. 更依桂林總管鄭亞府爲判官, 後隨亞謫循州, 三年始回. 歸窮於宰相綯, 綯惡其忘家恩, 放利偸合, 從小人之辟, 謝絶, 殊不展分. 重陽日, 因詣廳事, 留題云:「十年泉下無消息, 九日樽前有所思.」又云:「郎君官貴施行馬, 東閣無因許再窺.」綯見之, 惻然, 迺補太學博士. 柳仲郢節度中州, 辟爲判官. 商隱兼介可畏, 出爲廣州都督. 人或袖金以贈, 商隱曰:「吾自性分不可易, 非畏人知也.」未幾, 入拜檢校吏部員外郎. 罷, 客榮陽卒. 商隱工詩, 爲交瑰邁其古, 辭難事隱. 及從楚學, 儷偶長短,

이상은 시. 河丁 全相蓥(현대)

而繁縟過之. 每屬綴, 多檢閱書冊, 左右鱗次, 號「獺祭魚」. 而旨能感人, 人謂其橫絶前後. 時溫庭筠·段成式各以穠緻相夸, 號「三十六體」. 後評者謂其詩:「如百寶流蘇, 千絲鐵網, 綺密瑰妍, 要非適用之具.」斯言信哉! 初得大名, 薄遊長安, 尚希識面, 因投宿逆旅. 有衆客方酣飮, 賦〈木蘭花〉詩, 就呼與坐, 不知爲商隱也. 後成一篇云:「洞庭波冷曉侵雲, 日日征帆送遠人. 幾度木蘭船上望, 不知元是此花身.」客問姓名, 大驚稱罪. 時白樂天老退, 極喜商隱文章, 曰:「我死後, 得爲爾兒足矣.」白死數年, 生子, 遂以「白老」名之. 旣長, 殊鄙鈍, 溫飛卿戲曰:「以爾爲侍郎後身, 不亦忝乎?」後更生子, 名「袞師」, 聰俊. 商隱詩云:「袞師我嬌兒, 英秀乃無匹.」此或其後身也. 商隱文自成一格, 後學者重之, 謂「西昆體」也. 有《樊南甲集》二十卷, 《乙集》二十卷, 《玉溪生詩》三卷. 初自號「玉溪子」. 又賦一卷, 文一卷, 竝傳於世.

171

〈梅〉 ··· 王淇

매화

티끌세상 먼지라고는 반점도 받지 않아,
대나무 울에 오막살이집도 기꺼이 여기는데,
다만 나 매화가 임포의 아내인 줄 잘못 알고서,
야단스럽게 시인들이 이제껏 화제로 삼네.

不受塵埃半點侵,　　　　　　불수진애반점침,

竹籬茅舍自甘心.　　　　　　죽리모사자감심.

只因誤識林和靖,　　　　　　지인오식림화정,

惹得詩人說到今.　　　　　　야득시인설도금.

【塵埃】 티끌. 인간 속세를 비유함.

【竹籬茅舍】 대나무로 울타리를 삼고 띠로 지붕을 이은 소박한 집.

【誤識】 자신이 林逋의 아내라고 잘못 알고 있음. 혹 '매화 자신이 임포와
잘못 사귀는 바람에'라는 뜻으로도 봄.

【林和靖】 송대 시인 林逋(967~1028)를 가리킴. 자는 君復, 錢塘 사람으로
西湖에 은거하며 평생 梅花와 鶴을 벗 삼아 살던 은사. 흔히 그를 두고
'梅妻鶴子'라 부름.《宋史》隱逸傳에 전이 있음. 본《千家詩》220 참조.

原註(王相)

林和靖, 神宗之末, 隱於孤山之嶺梅上. 放鶴湖中, 不婚不宦, 蕭然自適, 人稱梅爲妻而鶴爲子. 王洪此詩, 蓋咏梅之爲物, 淸瑩皎潔, 不受塵埃半點之侵. 從不生於雕欄畫棟之下, 而甘心於竹籬茅舍之間. 意謂君子不覺繁華富貴之鄉, 而樂淸幽隱逸之趣也. 惟林和靖知梅之佳致, 而種樹孤山, 以梅鶴自樂, 其咏梅有疏影橫斜暗香浮動之句 深得梅之神趣, 故人有梅妻鶴子之稱. 予謂梅本自淸閒幽雅, 何以得嫁林和靖, 惹詩人談笑至今以爲佳話乎?

참고 및 관련 자료

1. 매화를 의인화하여 읊은 시이다. 韻脚은 '侵·心·今'이다.
2. 왕기(王洪) 124 참조.

172

〈早春〉 ⋯⋯⋯⋯⋯⋯⋯⋯⋯⋯⋯⋯⋯⋯⋯ 白玉蟾

이른 봄

남쪽으로 뻗은 가지 두세 송이 꽃이 피니,
눈 속에 핀 그 꽃향기 시로 지으려 애를 쓰네.
담담함은 연기를 피워놓은 듯하고 짙기는 달빛을 붙여놓은 것 같은데,
짙은 색 물에 씌우니 얕은 내의 하얀 모래 같네.

南枝纔放兩三花,　　　　남지재방량삼화,
雪裏吟香弄粉些.　　　　설리음향농분사.
淡淡著煙濃著月,　　　　담담착연농착월,
深深籠水淺籠沙.　　　　심심롱수천롱사.

【南枝】 남쪽으로 뻗은 가지.
【吟香弄粉】 꽃을 제재로 하여 시를 읊음. 꽃이 작아 가루처럼 보임을 말함.
【些】 語氣辭. 의미는 없음.
【籠】 덮어씌움. '罩'와 같음.

南枝, 向南之枝, 近日而煖, 得氣之先, 故花先放. 纔放, 兩三花, 言初開也. 花初放而遇雪, 雪方見而見花, 故詩人吟香弄粉, 徘徊其下. 但見煙霧霏微, 香風淡蕩, 月光靉靉疎影濛籠, 映溪而深深照水, 映月而淺淺籠沙, 其淸香瘦影之佳妙如此, 可謂極於描寫者矣.

○白玉蟾, 字羽士.

1. 매화의 아름다운 모습을 읊은 시이다. 韻脚은 '花·些·沙'이다.

2. 백옥섬(白玉蟾)

송대 인물. 원래 성명은 葛長庚이며 자는 如晦, 호는 海瓊子이다. 뒤에 白氏 집안 양자로 들어가 성명을 白玉蟾으로 고쳤으며 자도 白叟로 바꾸었다. 남송 閩淸(지금의 福建 閩淸縣) 사람으로 생몰 연대는 알려져 있지 않으며 입산하여 도사가 되어 寧宗 嘉定 연간에 詔勅을 받아 關館의 太乙宮에 들어가 紫淸明道眞人으로 봉을 받았다. 시와 그림(梅竹)에 뛰어났으며 《海瓊集》이 있다.

173

〈雪梅〉(其一) ⋯⋯⋯⋯⋯⋯⋯⋯⋯⋯⋯⋯⋯⋯⋯ 盧梅坡
눈 속의 매화(1)

매화와 눈이 봄을 다투며 서로 지지 않겠다네.
시인은 붓을 멈추고 평가하기에 바쁘다네.
매화는 눈에 비해 희기가 삼 푼分쯤 모자라고,
눈은 매화에 비해 향기가 한 단段 정도 모자라지.

梅雪爭春未肯降,　　　　　매설쟁춘미긍항,
騷人閣筆費評章.　　　　　소인각필비평장.
梅須遜雪三分白,　　　　　매수손설삼분백,
雪却輸梅一段香.　　　　　설각수매일단향.

【爭春】 봄에 매화와 눈이 서로 '누가 희고 향기가 나는가' 등의 아름다움을
다툼.
【降】 항복함. 굴복함. 졌음을 인정함.
【騷人】 시인을 뜻함. 屈原의 〈離騷〉에서 비롯된 말.
【閣筆】 일부본에는 '擱筆'로 되어 있으며 붓을 정지함을 뜻함.
【評章】 문장의 성취 고하를 평론함.
【遜】 그만 못함. 그에 미치지 못함.
【輸】 짐 '敗', '負'와 같은 뜻.

此評較梅雪之詩, 梅飄香而送暖, 雪六出以知春. 故云爭春未肯降. 二者俱佳,
未知孰優也. 騷人, 詩客也. 欲評題, 而閣筆思索, 評論未定也. 言梅雖白, 較之
於雪, 則不及雪之色; 雪雖淸, 較之於梅, 則不及梅之香矣. 上二句, 作梅雪相爭;
下二句, 作詩人判斷之意, 玩三分一段, 遜輸似差勝于雪矣.

○盧梅坡, 宋人, 爵里未考.

참고 및 관련 자료

1. 이는 대표적인 詠物詩로써 매화를 주제로 하면서 눈을 곁들여 아름답게
읊은 것이다. 韻脚은 '降·章·香'이다.

2. 노매파(盧梅坡)

宋나라 때 시인으로 생몰 연대는 알 수 없다.

174

〈雪梅〉(其二) ·· 盧梅坡

눈 속의 매화(2)

매화만 있고 눈이 없다면 신정한 맛이 전혀 없고,
눈만 있고 시가 없다면 저속하기 그지없지.
해지고 시가 완성되자 하늘에 다시 눈발,
시와 눈이 매화와 함께 하니 완벽하다, 이 봄이여.

有梅無雪不精神,　　　　　유매무설불정신,
有雪無詩速了人.　　　　　유설무시속료인.
日暮詩成天又雪,　　　　　일모시성천우설,
與梅幷作十分春.　　　　　여매병작십분춘.

【精神】 기력, 활력, 정성의 알맹이. 神情한 정취.
【俗了人】 저속하여 견딜 수 없도록 함. 격조가 높지 않음을 말함.
【十分】 부사로 '매우, 어느 정도 완벽하게'의 뜻

> **原註(王相)**

精神, 筆韻也. 此詩人旣評梅雪之後, 又作此以解之. 言梅雖淸香若無雪以襯之, 其丰韻則不精神矣. 有雪有梅, 無詩以評之, 不亦居然俗了哉! 日既暮而詩成, 天又雪矣. 故香映色點染新春, 共作十分春色也.

참고 및 관련 자료

1. 《千家詩》 원본에 제목이 〈又〉로 되어 있어 앞의 〈雪梅〉시의 두 번째 수임이다. 韻脚은 '神·人·春'이다.
2. 노매파(盧梅坡) 앞장(173) 참조.

175

〈答鍾弱翁〉 ·· 牧童

종약옹에게 답함

풀 덮여 가로 뻗은 예닐곱 리里 들.
저녁 바람 맞으며 피리 서너 곡.
돌아와 배불리고 황혼이 진 뒤,
도롱이도 벗지 않고 누워 달구경.

草鋪橫野六七里,　　　초포횡야륙칠리,

笛弄晚風三四聲.　　　적농만풍삼사성.

歸來飽飯黃昏後,　　　귀래포반황혼후,

不脫蓑衣臥月明.　　　불탈사의와월명.

【鍾弱翁】 鍾傅. 송나라 때 인물. 작자란을 볼 것.
【橫野】 온 들을 가로질러 펼쳐져 있음.
【笛弄晚風】 피리소리가 저녁 바람을 타고 들려옴.
【蓑衣】 도롱이. 고대 짚이나 종려나무 잎으로 만들어 몸에 덮어쓰는 雨衣.

原註(王相)

綠草橫鋪於野, 晚風弄笛數聲, 歸來飽飯, 臥於明月之下; 不脫蓑衣, 而蕭然自得. 出有可樂, 入有可足, 以淡人名利之心也.

　○弱翁, 宋人.

참고 및 관련 자료

1. 이는 목동이 종약옹에게 비유로 읊어 건네 준 시이다. 韻脚은 '聲·明'이다.

2. 목동(牧童)

이는 목동이 지어 鍾弱翁에게 전한 것으로 되어 있다. 당연히 목동은 이름이
밝혀지지 않은 초야의 은자이며 누구인지 알 수 없다. 呂洞賓의 神仙故事에
견강부회하기도 한다. 한편 종약옹은 이름은
부(鍾傅)이며 북송 때 인물로 集賢殿編修, 龍圖
閣直學士였는데 邊方(平涼)에서 공을 세웠노라

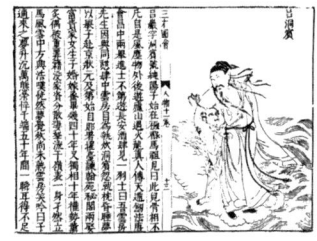

거짓 보고한 것이 드러나 귀양을 간 인물이다.
이에 목동이 이 시를 주었다는 것이다. 한편
《宋詩紀事》(90)에도 이 시가 실려 있으며 제목
은 〈絶句〉로 되어 있고 작자는 '呂仙牧童'이라

呂洞賓《三才圖會》

하였다. 呂仙이란 바로 여동빈을 가리키며 그 가까이 있던 어떤 목동이라는
뜻이다. 아울러 《송시기사》에는 《西淸詩話》를 인용하여 종약옹이 군사를
거느리고 平涼을 토벌할 때 한 어떤 방사가 목동 하나를 데리고 와서 뵙기를
청하였는데 그 목동이 누런 색 송아지 한 마리를 끌고 그 정원에 와서 이 시를
지어 주고 떠났다는 것이다. 그 뒤 알아보았더니 그 방사가 바로 여동빈이었
다는 것이다.

그 외에 《전당시》(858)에는 이 시를 '呂巖'의 작으로 싣고 있으며 제목은
〈牧童〉으로 되어 있다. 여암은 바로 여동빈이며 호는 純陽子, 唐 德宗 建中
(780~784) 때의 인물로 長安 京兆 사람(혹 蒲州 永樂 사람)으로 禮部侍郎
呂渭의 손자이다. 두 번 과거에 실패한 뒤 각지를 떠돌다가 終南山에서 수도
하여 득도한 도사로 알려져 있다. 《전당시》에 그의 시 4권이 수록되어 있다.

176

〈秦淮夜泊〉 ·· 杜牧

밤중에 진회에 배를 대고

연기 자욱 찬물에 달빛은 모래사장에 덮였는데,
밤이 되어 진회의 술집 곁에 배를 댔더니,
노래 파는 여인은 망국한도 모른 채,
강 너머 저쪽에서 '후정화'를 부르네.

煙籠寒水月籠沙,	연롱한수월롱사,
夜泊秦淮近酒家.	야박진회근주가.
商女不知亡國恨,	상녀불지망국한,
隔江猶唱後庭花.	격강유창후정화.

【秦淮】 물 이름. 秦淮河. 秦始皇이 方山을 파서 서쪽 長江으로 흘러들어 가도록
하였다 함. 南京을 거쳐 북쪽 장강으로 흘러 들어가며 남경의 귀족 문인
들이 이곳에 가무와 뱃놀이를 즐기던 곳.
【商女】 술집에서 노래를 팔고 사는 여인.
【亡國恨】 陳나라 後主가 '後庭花'라는 노래로 즐기다가 隋나라에게 망한 것을
말함.
【隔江】 강을 사이에 두고 술집에서 흘러나오는 노랫소리를 말함.
【後庭花】 唐나라 때 教坊歌辭 이름. 원래 〈玉樹後庭花〉이며 南朝 陳나라

後主(陳叔寶)가 작곡하였음. 아주 애절한 노래로서 말세·망국의 노래였음. 후주는 음악과 환락에 빠져 결국 隋나라에게 망하였으며 이에 따라 〈후정화〉를 음란한 말세의 음악이라 여겼음.

原註(王相)

秦淮, 在金陵桃葉渡. 後庭花, 陳後主宮詞. 夜泊秦淮, 聞鄰舟商女, 隔溪而唱後庭花, 蓋不知乃金陵亡國之詞, 不宜於此地唱之也.

참고 및 관련 자료

1. 제목은 〈泊秦淮〉로 널리 알려져 있다. 韻脚은 '沙·家·花'이다.
2. 두목(杜牧) 102 참조.

177

〈歸雁〉 ··· 錢起

돌아가는 기러기

기러기는 무슨 일로 소상에서 되돌아가나?
물은 푸르고 모래는 밝은데 양 언덕에 푸른 이끼.
이십오현 거문고로 달밤을 노래하니,
맑고 슬픈 그 곡조 이기지 못해 되돌아가는 걸까?

瀟湘何事等閒回?	소상하사등한회?
水碧沙明兩岸苔.	수벽사명량안태.
二十五絃彈夜月,	이십오현탄야월,
不勝淸怨却飛來?	불승청원각비래?

【瀟湘】瀟水와 湘水. 湖南省 경내를 흐르며 衡山 근처 아름다운 경치를 이루고 있음. 여기서는 형산 回雁峰을 가리키며 회안봉은 형산 72봉의 하나로 그 형세가 나는 기러기가 되돌아오는 것 같아 고래로 가을 기러기가 이 봉우리에서 더 남쪽으로 내려가지 못하고 소상에 앉아 쉬었다가 더 날아갈 생각을 하지 않았다고 함.
【水碧沙明】소상 일대의 아름다운 경치를 표현한 것. 물은 푸르고 모래는 반짝임.
【二十五絃】湘靈, 즉 舜임금의 아내 娥皇과 女英이 이곳에 이르러 湘水의

신이 되었다는 고사를 인용한 것. 屈原《楚辭》遠遊에 "使湘靈鼓瑟兮, 令海
若無馮夷"라 하였고,《史記》封禪書에 "太帝使素女鼓五十弦瑟, 悲, 帝禁不止,
故破其瑟爲二十五弦"이라 함. '絃'은 弦과 같음.
【淸怨】거문고 연주 소리에 의해 처량하게 느끼는 哀怨.
【卻】'且'와 같음. '도리어'의 뜻.

原註(王相)

瀟湘, 衡陽之地. 所有雁南來至此卽北回. 二十五絃, 瑟也. 湘靈之神, 鼓瑟
瀟湘之水. 言歸寓聞瑟聲之怨, 想不勝其淸怨而悲來也.
○唐, 錢起, 字仲文, 天寶進士.

참고 및 관련 자료

1. 瀟湘의 기러기와 관련된 전설을 중심으로 가을 서정을 읊은 것이다. 韻脚은
'回·苔·來'이다.
2. 전기(錢起) 018 참조.

178

〈題壁〉 ··· 無名氏

벽에 쓴 시

한 무더기 띠풀이 뒤엉켜 있더니,
갑자기 하늘로 불길이 솟아 홀연히 붉어지네.
마치 화로 가득 옹이가 불길을 다투듯이,
넘쳐나게 불길은 등등, 온 주위가 더워지며 활활.

一團茅草亂蓬蓬,	일단모초란봉봉,
驀地燒天驀地空.	맥지소천맥지공.
爭似滿爐煨榾柮,	쟁사만로외골돌.
漫騰騰地煖烘烘.	만등등지난홍홍.

【茅草】白茅. 띠 풀, 억새의 일종으로 고대 이 잎으로 제사용 음식을 싸는데
사용하기도 하였으며, 짚 대신 엮어 지붕을 잇기도 함. 여기서는 땔감으로
이용하고 있음을 말함.

【蓬蓬】무성한 모습.

【驀地】'갑자기, 홀연히'의 뜻. '맥지'로 읽으며 '地'는 부사형 어미.

【空】原詩에는 '紅'으로 되어 있음. 원시에 따라 해석하였음.

【榾柮】'골돌'로 읽으며 나무뿌리의 옹이. 이를 숯으로 사용함. 疊韻連綿語의
物名.

【漫】넘쳐남. '慢'으로도 표기함.
【騰騰】불길 등이 기세가 등등함을 말함.
【地】語氣辭. 뜻은 없음. 부사형 어미로 쓰인 것임.

原註(王相)

　此言安分之詩也. 燒茅草以禦寒. 驀地而烈焰燒天, 傾刻而滅. 蓋茅草虛而不實, 比人非道以干富貴, 忽興而忽滅也. 榾柮, 樹根, 堅而耐久, 可以禦寒, 火漫騰而足易暖, 强求富貴爭如, 安穩之爲快乎!

참고 및 관련 자료

1. 이 시는 고관대작의 화려한 삶이 아무런 의미가 없이 순간 다 타 없어지는 것과 같음을 비유하여 崇山 벽에다 써 붙인 것이라 한다. 韻脚은 '蓬·空·烘'이다.
2. 무명씨(無名氏)
《津逮祕書》집일의 南宋 張端義《貴耳集》(上)에 "嵩山極峻, 法堂壁上有一詩, 曰: '一團茅草亂蓬蓬, 驀地燒天驀地紅. 爭似滿爐煨榾柮, 漫騰騰地煖烘烘.' 字畫老草, 旁有四字: '勿毁此詩'."라 하였다. 따라서 이 시는 숭산 법당 벽에 누군가가 써 놓았던 시이다. 당연히 작자는 알 수 없다.

卷四. 七律(七言律詩)

《增補重訂千家詩註解》

〈白瓷雙腹龍柄傳瓶〉(隋) 1957 陝西 西安 李靜訓묘 출토

179

<早朝大明宮> ·· 賈至

대명궁의 이른 아침 조회

이른 새벽 조회 가는 길 달빛이 장안에 길게 비추고
궁궐의 춘색은 새벽길에 푸르고 푸르도다.
천 갈래 버들가지 궁궐 문에 드리웠고,
온갖 소리 꾀꼬리는 건장궁을 돌고 돈다.
신하들의 검과 패옥 계단 걸음 따라 소리 내고,
그들의 의관에 온통 궁궐 향로 향이 밴다.
함께 입는 임금 은혜 봉황지의 물결처럼
아침마다 문서 작성 군왕들을 모시네.

銀燭朝天紫陌長,	은촉조천자맥장,
禁城春色曉蒼蒼.	금성춘색효창창.
千條弱柳垂青鎖,	천조약류수청쇄,
百囀流鶯繞建章.	백전류앵요건장.
劍佩聲隨玉墀步,	검패성수옥지보,
衣冠身惹御爐香.	의관신야어로향.
共沐恩波鳳池上,	공목은파봉지상,
朝朝染翰侍君王.	조조염한시군왕.

【早朝】이른 아침의 조회. 신하가 卯時(아침 5시)에 천자를 뵙는 것을 말함.

【大明宮】唐 太宗 貞觀 8년(634)에 세운 궁궐로 처음 永安宮이라 하였다가 이듬해 대명궁으로 바꾸었으며 조회를 여는 正宮이었음. 뒤에 高宗이 증축하여 蓬萊宮으로 하였으며 사다리 형태의 궁원으로 성을 두르고 북쪽을 玄武門, 남쪽은 丹鳳門으로 하고, 북쪽에 太液池, 중앙에 紫宸殿, 그 앞에 宣政殿, 含元殿을 두었으며, 그 서쪽에 麟德殿을 두었음. 원 제목에서 말하는 兩省은 門下省과 中書省을 가리킴.

【銀燭】원래 촛불을 말하나 여기서는 달빛을 가리킴.

【朝天】천자를 뵘.

【紫陌】서울 장안의 거리를 말함.

【禁城】궁궐. 禁衛가 삼엄하여 금궐이라 함.

【靑鎖】궁문. 문에 푸른색의 자물쇠 무늬를 그려 청쇄라 함.

【百囀】꾀꼬리 울음소리가 여러 가지로 들림을 말함.

【繞】일부본에는 '滿'으로 되어 있음.

【建章】원래 한나라 때 궁궐 이름. 여기서는 대명궁을 말함.

【劍珮】武臣(劍)과 文臣(珮)의 의장을 말함.

【玉墀】옥을 만든 계단. 궁궐을 지칭함.

【惹】젖어듦. 일부본에는 '染'으로 되어 있음.

【鳳池】鳳凰池. 궁궐 안에 있는 연못으로 魏晉 이래 中書省이 禁苑 안에 있으며 국가의 중요한 기밀을 다루고 아울러 임금을 가장 가까이 할 수 있는 곳이어서 흔히 中書省을 鳳凰池라 불렀음. 唐나라 때는 宰相을 대신하는 말로도 쓰였음.

【上】일부본에는 '裏'로 되어 있음.

【染翰】붓을 들고 글을 지음. 翰은 毛筆을 뜻함.

（原註(王相)）

銀燭, 月光也. 紫陌, 御墀也. 靑鎖, 宮門刻爲靑鎖之形. 建章, 宮名. 柳千條鶯百囀, 皆春時也. 鳳池, 中書省, 居宮禁嚴密之地. 舍人, 掌制誥者. 居之以比天上鳳凰池染翰, 謂以文章事君也.

○唐, 賈至, 字幽鄰, 洛陽人, 官至中書舍人.

1. 제목은 〈早朝大明宮呈兩省僚友〉로 되어 있다. 이 시는 賈至가 肅宗 乾元
원년(758)에 지은 것으로 당시 中書省의 舍人을 하고 있었으며 이 시를 지어
杜甫, 王維, 岑參 등 동료에게 나누어준 것이다. 그에 따라 이 세 사람의
화답시가 뒤에 차례로 실려 있다. 韻脚은 '長·蒼·章·香·王'이다.

2. 가지(賈至. 718~772)

당대 시인이며 정치가. 자는 幼鄰, 당 洛陽 사람으로 玄宗 開元 6년에 태어나
代宗 大曆 7년에 죽었다. 향년 55세. 明經科 출신으로 처음 선보(單父)尉를
거쳐 안록산 난 때 玄宗을 모시고 蜀으로 가서 起居舍人, 知制誥가 되었다.
그 부친 賈曾 역시 지제고를 거쳐 조정에서 동시에 높은 명성을 얻기도 하였다.
肅宗 至德 초에 中書舍人이 되었으나 죄를 범하여 岳州司馬로 좌천되었다가
代宗 寶應 초에 다시 불려와 右散騎常侍가 되었다. 《전당시》에 시 1권, 총
46수가 수록되어 있다. 《신·구당서》에 전이 있다.

3. 《唐才子傳》(3) 賈至

至, 字幼幾, 洛陽人, 曾之子也. 曾, 開元間與蘇晉同掌制誥. 至, 天寶十年, 明經
擢第, 累官起居舍人, 知制誥. 從幸西川, 當撰傳位肅宗冊文, 旣進藁, 玄宗曰:
「先天誥命, 乃父所爲; 今玆大冊, 爾又爲之. 兩朝盛典出卿家父子, 可謂繼美矣.」
大曆初, 遷京兆尹, 以散騎常侍卒. 初, 嘗以事謫守巴陵, 與李白相遇, 日酣盃酒,
追憶京華舊遊, 多見酬唱. 白贈詩, 有云:「聖主恩深漢文帝, 憐君不遣到長沙.」
至特工詩, 俊逸之氣, 不減鮑照·庾信, 調亦清暢, 且多素辭, 蓋厭於漂流淪落
者也. 有集三十餘卷, 今傳.

180

〈和賈舍人早朝〉 ··· 杜甫

가사인의 조조 시에 화답함

이른 새벽 자격루 소리 효전을 재촉하고,
구중궁궐 봄기운은 도화꽃에 취하도다.
깃발의 용사 그림 따뜻한 날씨에 펄럭이고,
궁궐 바람 잔잔하니 제비와 참새가 높이 난다.
조회가 파하니 온 몸에 향기가 묻어 배고,
주옥같은 시구들이 붓끝에서 쏟아진다.
부자 대대로 임금 조칙 아름답게 처리하니,
봉황지에 지금 봉모가 있다 하리.

五夜漏聲催曉箭,　　　　　오야루성최효전,

九重春色醉仙桃.　　　　　구중춘색취선도.

旌旗日暖龍蛇動,　　　　　정기일난룡사동,

宮殿風微燕雀高.　　　　　궁전풍미연작고.

朝罷香煙攜滿袖,　　　　　조파향연휴만수,

詩成珠玉在揮毫.　　　　　시성주옥재휘호.

欲知世掌絲綸美,　　　　　욕지세장사륜미,

池上於今有鳳毛.　　　　　지상어금유봉모.

【賈舍人】賈至를 가리키며 당시 가지는 中書舍人이었다.

【五夜】五更. 새벽 3시부터 5시 사이.

【漏聲】自擊漏의 물 떨어지는 소리. 시간이 흘러감을 말함.

【曉箭】曉籌라고도 하며 箭(籌)은 자격루에 화살처럼 생긴 기구를 띄워 시간을 가리키도록 한 것. 요즈음의 시계바늘과 같은 역할을 함. '曉箭'은 새벽을 알리는 방향의 箭을 말함.

【九重】구중궁궐. 황제가 거처하는 깊은 궁궐.

【龍蛇】깃발에 그려진 용무늬와 뱀 무늬의 그림.

【香煙】조정의 향불에서 나는 연기.

【珠玉】시 문장의 아름다운 구절.

【世掌】대를 이어 이러한 일을 맡아 관장함. 賈曾과 賈至 부자가 모두 中書舍人을 지내며 천자의 조서 작성을 임무를 관장하였음을 말함.

【絲綸】絲綸은 임금의 조칙을 뜻하는 말.《禮記》緇衣에 "王言如絲, 其出如綸"이라 하였고 疏에 "王言初出微細如絲, 及其出行於外, 言更漸大如似綸也"라 함.

【池上】봉황지, 즉 중서성을 말함.

【有】일부본에는 '得'으로 되어 있음.

【鳳毛】선대 조상의 풍모를 가지고 있으며 문채가 뛰어남을 비유함.《南齊書》謝超宗傳에 "王母殷淑儀卒, 超宗作誄奏之, 帝大嗟賞, 曰: '超宗殊有鳳毛.'"라 하였으며 여기서 謝超宗은 謝靈運의 손자로 조부의 풍모를 그대로 가지고 있음을 말한 것. 아울러 본문에서는 賈至의 문재가 아버지를 이어받았음을 비유한 것임.

原註(王相)

　　五夜, 卽五更. 漏, 更漏也. 催曉箭, 言漏聲催曉, 如箭之速也. 九重, 天子所居. 春色, 比天子之容. 天顔有喜, 春色盎然, 旣如仙桃而紅色, 見於顔也. 朝將退時, 日初出而映旌旗之影, 如動龍蛇. 風色微而見燕雀之飛翔于宮殿, 朝旣罷矣. 御香沾於滿袖, 公餘無事揮毫, 成珠玉之詩. 末聯則言舍人之父曾, 爲翰禁之臣, 掌朝廷之制誥, 書天子之絲綸, 鳳毛池上, 父子濟美其在. 于今不羨謝客之鳳毛矣.

○賈至, 前有大明宮之作, 故子美和之. 後二首, 皆和題也. 至父賈曾, 中宗之朝, 亦爲中書舍人, 明皇謂賈至曰:「先皇制明, 乃爾父爲之, 兩朝盛典, 俱出卿家, 可謂繼美矣.」故子美和其詩, 而發贊其家風之盛.

○謝鳳, 子超宗. 父子文章繼美. 梁武帝謂之曰:「超宗殊有鳳毛.」言其有父風也. '鳳毛'二字本此.

참고 및 관련 자료

1. 이는 賈至가 앞의 〈早朝大明宮〉시를 지어 동료들에게 나누어주자 이를 받은 두보가 답시를 쓴 것으로 《全唐詩》에는 〈奉和賈至舍人早朝大明宮〉으로 되어 있다. 韻脚은 '桃·高·毫·毛'이다.

2. 《杜詩諺解》

다숯 바밋 漏刻 소리는 새볏 사를 뵈아ᄂᆞ니 九重엣 봄 비츤 仙桃ㅣ 醉ᄒᆞ얫는 둣ᄒᆞ도다

旌旗예 히 덥게 뙤니 龍과 비얌괘 뮈오 宮殿에 ᄇᆞᄅᆞ미 잢간 부니 져비와 새왜 노피 ᄂᆞ놋다

朝會 뭇고 香爐ㅅ 니를 ᄉ매예 ᄀᆞ득기 가져가ᄂᆞ니 詩句를 일우니 구스리 붇 두루튜메 잇도다

世世로 絲綸 ᄀᆞ숨아로미 아름다오믈 알오져 홀뎬 뭇 우희 이제 鳳의 터리 잇도다(초간본 6)

3. 두보(杜甫) 051 참조.

181

〈和賈舍人早朝〉 .... 王維

가사인의 조조 시에 화답함

붉은 머리띠 두른 계인雞人이 새벽이 왔음을 알려오니,
상의尙衣는 바야흐로 취운구를 바치도다.
천자의 궁궐 문을 하나씩 열어 놓으니
만국 사신의 의관들이 면류관 황제에게 절을 한다.
해가 비치자 선인장 옥로반玉露盤이 움직이고,
향기로운 연기는 임금께로 다가가고자 하네.
조회가 끝나면 모름지기 오색 글씨의 조칙을 결재하고,
패옥 소리 짜랑짜랑 봉황지로 돌아온다.

絳幘雞人報曉籌,　　강책계인보효주,

尙衣方進翠雲裘.　　상의방진취운구.

九天閶闔開宮殿,　　구천창합개궁전,

萬國衣冠拜冕旒.　　만국의관배면류.

日色纔臨仙掌動,　　일색재림선장동,

香烟欲傍袞龍浮.　　향연욕방곤룡부.

朝罷須裁五色詔,　　조파수재오색조,

佩聲歸到鳳池頭.　　패성귀도봉지두.

【絳幘】붉은 머리띠. 고대 아침을 알리는 일을 맡은 계인의 복장을 말함.

【雞人】소리를 질러 아침 시간이 되었음을 알리는 일을 맡은 사람.《周禮》 春官 雞人 참조.

【曉籌】曉箭과 같음. 앞장(180) 참조.

【尙衣】관직 이름. 임금의 의상을 관리하는 임무를 맡음.

【翠雲裘】비취색의 구름무늬를 넣은 외투. 皮裘.

【閶闔】궁문.

【冕旒】임금이 쓰는 모자. 冕旒冠.

【仙掌】궁중에서 사용하는 큰 부채.

【欲傍】곁에 가까이 가고 싶어 함.

【袞龍】임금의 곤룡포.

【五色詔】다섯 가지 색깔의 종이에 쓴 임금의 조서.

【到】일부본에 '向'으로 되어 있음.

【鳳池】중서성의 별칭. 앞장 주 참조.

原註(王相)

　周禮雞人, 掌朝廷之夜呼曉唱. 漢制儀衛之上, 候曉於朱雀門外, 著絳幘. 專傳雞唱以待朝曉. 籌, 唱更之籌也. 宮中唱更以銅籤擲地, 鏗然有聲, 五色 之籌, 改爲曉籌. 尙衣, 宮人. 掌朝廷之服. 九天, 卽九重天子之所居也. 仙掌, 註見前言. 舍人, 旣同萬國衣冠, 朝於天子, 以獨侍於仙掌之間, 身倚傍袞龍 之制, 新承天子之命令, 歸於中書省中, 而裁制誥, 則見其朝服, 雍容佩聲, 鏘然 于鳳池之上也.

참고 및 관련 자료

1. 이 역시 賈至가 앞의 〈早朝大明宮〉시를 지어 동료들에게 나누어주자 이를 받은 왕유가 답시를 쓴 것으로《全唐詩》에는 〈和賈舍人早朝大明宮之作〉으로 되어 있다. 韻脚은 '籌·裘·旒·浮·頭'이다.

2.《杜詩諺解》
블근 곳갈 슨 鷄人이 새뱃 漏籌를 보내ᄂᆞ니 尙衣ㅅ 마ᅀᆞ리 보야ᄒᆞ로 프른

구룸 ᄀ튼 갓오슬 進上ᄒᄂ·다

九天엣 門은 宮殿을 열오 萬國ㅅ 衣冠ᄒᄂᆫ 冕旒를 절ᄒᅀᆞᆸ놋다

힛비츤 仙掌애 ᄀᆞᆺ 비취여 뮈오 香ᄉᄂᆫ 袞龍袍를 바라 쎗도다

朝會 뭇고 모로매 五色詔書를 지슬ᄉᆡ 佩玉 소리 鳳池 머리로 니르러 가놋다

(초간본 6)

3. 왕유(王維) 013 참조.

王維 〈漢江臨汎〉 如初 金膺顯(현대)

182

〈和賈舍人早朝〉 ·· 岑參

가사인의 조조 시에 화답함

닭 우는 장안 거리 새벽빛이 차가운데,
온갖 소리 꾀꼬리에 서울 춘색 늦었구나.
궁궐의 새벽종에 만호 백성 문을 열고,
옥 계단 의장대는 모든 관리 옹호한다.
꽃은 검과 옥을 찬 고관을 맞이하고 별은 차츰 사라지고,
버들가지는 깃발을 쓸어주니 이슬 아직 덜 말랐네.
나 홀로 봉황지의 높은 객이 되었으니,
양춘곡 따라하기 힘들 듯이 그처럼 훌륭하네.

雞鳴紫陌曙光寒,	계명자맥서광한,
鶯囀皇州春色闌.	앵전황주춘색란.
金闕曉鐘開萬戶,	금궐효종개만호,
玉堦仙仗擁千官.	옥계선장옹천관.
花迎劍佩星初落,	화영검패성초락,
柳拂旌旗露未乾.	류불정기로미건.
獨有鳳凰池上客,	독유봉황지상객,
陽春一曲和開難.	양춘일곡화개난.

【紫陌】장안 거리를 일컫는 말.

【皇州】임금이 거처하는 도시. 도읍 장안을 말함.

【色】일부본에는 '欲'으로 되어 있음.

【闌】봄날이 이미 늦어져 감을 말함.

【仙仗】궁중에서의 儀仗을 말함.

【鳳凰池】中書省의 별칭. 앞장 참조.

【陽春】고대 곡조 이름.《文選》宋玉 對楚王問에 실려 있는 고사를 말함. 따라 부르기 매우 어려운 곡조였음. 王相의 注에 "宋玉云:「客有歌於郢中者, 其始唱下里巴人之歌, 國中和者千餘人. 繼唱陽阿薤露之歌, 和者數十人而已. 其後爲陽春白雪之調, 和者方數人耳.」"라 함. 여기서는 賈至 시의 고아함이 〈양춘〉곡처럼 남이 따라하기 어려울 정도라는 뜻.

原註(王相)

　此亦和前題. 言鷄鳴於紫禁而曙色日光, 鶯啼於皇州, 而三春將暮, 曉鐘動而萬戶齊開, 仙扙齊而千官肅靜, 百花迎乎劍佩; 星光初落, 綠柳迎于旌旗, 露濕未乾. 斯時也, 獨羨鳳凰池上之舍人, 退朝從容草詔, 方畢而賦詩爲樂. 才調之高, 如陽春白雪, 使人欲和而未能也.

　○陽春, 古曲名. 宋玉云:「客有歌於郢中者, 其始唱下里巴人之歌, 國中和者千餘人. 繼唱陽阿薤露之歌, 和者數十人而已. 其後爲陽春白雪之調, 和者方數人耳.」蓋其調愈高而和者愈寡也.

　○唐, 岑參, 河內人. 官至戶部員外·嘉州刺史.

참고 및 관련 자료

1.《千家詩》원본에는 제목이 〈賀賈舍人早朝〉라 하여 '和'자가 '賀'자로 되어 있다. 이 역시 賈至가 앞의 〈早朝大明宮〉시를 지어 동료들에게 나누어주자 이를 받은 잠삼이 답시를 쓴 것으로《全唐詩》에는 〈奉和中書舍人賈至早朝大明宮〉으로 되어 있다. 韻脚은 '寒·闌·官·乾·難'이다.

2.《杜詩諺解》

둙 울오 紫陌애 새볏 비치 서늘ᄒ니 곳고리 우는 皇州에 봆비치 다ᄋ놋다

金闕엣 새뱃 부픈 萬人의 집 門을 열오 玉堦엣 儀仗은 千官을 삐롓도다
고지 갈콰 佩玉과를 맛거늘 벼리 처엄 디고
버드리 旌旗를 다이즈니 이스리 ᄆᆞᄅᆞ디 아니ᄒᆞ얫도다
ᄒᆞ올로 잇ᄂᆞᆫ 鳳凰 못 우희 잇ᄂᆞᆫ 소니 陽春ㅅ ᄒᆞᆫ 놀애를 和答호미 다 어렵도다
(초간본 6)

3. 잠삼(岑參) 033 참조.

183

〈上元應制〉 ·· 蔡襄

정월 대보름 임금의 명에 응해 글을 지음

높이 줄을 선 천봉의 횃불이 삼엄한데,
남문에 바야흐로 황제의 취화가 임하셨네.
궁궐놀이는 삼원야만 아니지만,
오늘 이 즐거움은 만백성과 함께 하네.
하늘 위의 맑은 달빛 오늘 저녁 머물렀고,
인간 세상 화목함은 봄 냉기를 막아준다.
화봉인의 축하 말씀 누구나 해 드리니,
사십여 년 입은 은혜 오늘 더욱 깊도다.

高列千峯寶炬森,   고렬천봉보거삼,
端門方喜翠華臨.   단문방희취화림.
宸遊不爲三元夜,   신유불위삼원야,
樂事還同萬衆心.   락사환동만중심.
天上淸光留此夕,   천상청광류차석,
人間和氣閣春陰.   인간화기각춘음.
要知盡慶華封祝,   요지진경화봉축,
四十餘年惠愛深.   사십여년혜애심.

【上元】 음력 정월 대보름. 元宵節.

【應制】 應制詩. 황제의 명령을 받아 짓는 시를 말함.

【千峰】 고대 궁중에서 명절 때 높은 산과 수풀 형태를 마련하여 장식한 것을
　山棚이라 하며 이를 천여 개 산처럼 만들어 놓았음을 말함.

【寶炬】 산붕 위에 수없이 많이 켜 놓은 촛불이나 횃불.

【端門】 황궁의 남문. 午門.

【翠華】 翠羽로 장식한 기치. 천자의 儀仗. 황제를 지칭하기도 함.

【宸遊】 제왕의 유람. 신은 北斗星을 말하여 흔히 임금의 거소를 상징함.

【三元夜】 元旦은 그 해의 시작이며 정월은 봄의 시작, 元宵는 밤의 시작.
　이에 따라 이를 '三元'이라 함. 혹은 원소절 밤을 가리키는 말이라고도 함.

【淸光】 달빛을 말함.

【閤春陰】 '閤'은 '攝'과 같음. 춘음은 봄날의 쌀쌀함을 말함. 《천가시》 원문
　에는 '藹春陰'으로 되어 있음.

【華封祝】 '華封三祝'의 줄인 말. 華는 華州(지금의 陝西 華縣), 封은 封人, 즉
　그 지역에 봉해진 사람. 堯임금이 화주에 이르자 그 화 땅에 봉해진 사람이
　요임금에게 多壽, 多富, 多子의 세 가지로써 축하해 주었음.

【四十年】 宋 仁宗의 재위가 40년이었음을 말함.

原註(王相)

　千峯, 謂鰲山. 登上峯巒之多. 寶炬, 燭光森列也. 端門, 卽午門. 翠華, 御駕也.
天子出遊謂宸遊. 三元, 夜春爲歲之元, 正月春之元. 元宵, 夜之元也. 言天子
宸遊於午門而觀燈, 非爲慶賞三元, 其實與萬民同樂也. 惟君有與民同樂之心,
故天心應之而淸光普照也. 萬衆樂君恩感天心之應, 而和氣藹散於春月之陰,
故畢集於端門, 效華封之人, 祝天子無疆之壽. 要知此祝也, 非一月之祝,
今天子在位四十餘年, 重熙累洽沛澤宏深, 而萬民仰戴之久也.

　○宋, 蔡襄, 字君謨, 仙遊人. 仕仁宗朝官端明學士·禮部尙書. 諡忠惠.

참고 및 관련 자료

1. 이는 上元節(元宵節) 신하가 임금의 명에 의해 지은 應制詩이다. 韻脚은

'森·林·心·陰·深'이다.

2. 채양(蔡襄. 1012~1067)

북송 시인이며 서예가. 자는 君謨, 福建 仙遊 사람으로 北宋 眞宗 大中祥符 5년에 태어나 英宗 治平 4년에 죽었다. 향년 56세. 소년 시절 聰敏하여 19세에 북송 天聖 8년 진사에 등제한 뒤 開封, 福州, 泉州, 杭州 등의 知府가 되었으며 泉州에 있을 때 萬安渡에 洛陽橋라는 특이한 다리를 세운 것으로 유명하다. 慶曆 3년 知諫院을 거쳐 端明殿學士를 역임하였다. 시호는 忠惠이다. 그는 서법 중에 小楷와 草書에 뛰어나 당대 제일이었으며 시문 역시 이름을 날렸다. 《茶錄》,《荔枝譜》,《蔡忠惠集》 등이 있으며 《송사》에 전이 있다.

184

〈上元應制〉 ·· 王珪

정월 대보름 임금의 명에 의해 글을 지음

눈은 녹고 달빛은 선대에 가득한데,
만 개의 촛불 누대에 밝고 임금 일산 펴졌도다.
두 마리 봉황새는 구름 속에서 임금 수레를 잡고 내려오고
여섯 자라 형상은 바다에서 산을 등에 지고 나타나도다.
주 무왕이 호경에서 신하들과 봄 술로 잔치를 하듯 하고,
분수에서 한 무제가 당시 신하 재주 없다 여기듯 하는구나.
한 곡조 승평의 노래 우리들은 즐거움을 한껏 누리는데,
군왕은 또 다시 자하배를 올리네.

雪消華月滿仙臺,	설소화월만선대,
萬燭當樓寶扇開.	만촉당루보선개.
雙鳳雲中扶輦下,	쌍봉운중부연하,
六鰲海上駕山來.	륙오해상가산래.
鎬京春酒霑周宴,	호경춘주점주연,
汾水秋風陋漢才.	분수추풍루한재.
一曲昇平人盡樂,	일곡승평인진락,
君王又進紫霞杯.	군왕우진자하배.

【華月】 아름다운 달빛.

【仙臺】 신선 세계처럼 아름다운 궁궐 누대.

【鳳】 깃발에 그려진 용의 형상.

【輦】 사람이 끄는 수레. 천자 전용의 수레를 말함.

【六鰲】 상원절 자라가 바다에서 또 오르는 형상을 산으로 만들어 오색 彩燈으로 꾸며놓은 것.

【鎬京】 지명, 西都라고도 하며 周 武王이 건설한 주나라 때의 수도. 지금의 陝西 長安 서쪽 灃水의 동쪽에 있었음.

【霑】 나누어 줌. 즐거움을 함께 함.

【汾水】 물 이름. 지금의 山西省 경내를 흐르는 물로 黃河 2대 지류 중의 하나.

【秋風】 漢 武帝가 河東을 행차하여 后土에게 제사를 지내고 나서 분수에 뱃놀이를 하면서 지은 〈秋風辭〉를 말함.

【陋漢才】 한나라 때 군신들이 재주가 없음. 당나라 임금과 신하들이 재주가 뛰어남을 상대하여 빗댄 것.

【昇平】 태평성대를 이르는 말.

【君王】 황제의 아들 등 여러 郡國에 왕으로 봉을 받은 왕과 제후들.

【紫霞杯】 신선이 사용하는 술잔. 여기서는 좋은 술을 말함.

原註(王相)

此上元天子觀燈賜宴之詩也. 首聯言春雪已消, 而明月滿臺, 萬燭森列, 御扇雙開, 得見天顔也. 二聯言燈之華麗, 雙鳳排雲, 而駕仙人之輦; 六鰲出水, 而駕海上之山. 三聯言君臣同樂之盛, 事指周漢之君, 以美之詩曰:「王在在鎬, 宜樂飮酒.」周武王在鎬京, 晏羣臣以比今之諸臣, 沾君之晏. 汾水, 在山西. 武帝游幸于此, 君臣歌秋風之詩, 以比今之君臣, 宴樂賦詩, 有勝於漢也. 末聯言朝廷與民同樂, 而民亦樂其樂也. 故樂官奏昇平之樂, 而君王樂甚, 又進紫霞之觴也.

○宋, 王淇, 字禹玉, 官至翰林學士.

1. 역시 상원절 임금의 명에 의해 지은 應制詩로써 제목은 혹 〈依韻恭和御制
上元觀燈〉이다. 韻脚은 '臺·開·來·才·杯'이다.

2. 왕규(王珪. 1019~1085)

송대 인물.《천가시》원본에 '王淇'로 되어 있으나 王珪의《華陽集》에 이 시가
수록되어 있어 왕규의 작이라 보고 있다.

왕규는 자가 禹玉이며 華陽(지금의 四川) 사람으로 北宋 眞宗 天禧 3년에
태어나 神宗 元豐 8년에 죽었다. 향년 67세. 仁宗 慶曆 2년(1042)에 진사에
올라 神宗 때 尙書左僕射, 兼門下侍郎을 역임하였으며 岐國公에 봉해졌고
시호는 '文'이다.《華陽集》60권이 있다.

185

〈侍宴〉 .... 沈佺期

잔치를 모시면서

황가의 귀한 공주 신선을 좋아하여,
은하수 가에다 처음 별장을 지었다네.
산의 형상은 모두가 저 명봉령과 같고,
인공 연못은 음용천에 뒤질 것 없네.
잘 꾸민 누각에 비취 장막은 봄을 머물게 하고,
춤추는 누각의 금으로 장식한 문은 해의 형상을 매단 것일세.
시종을 데리고 수레로 이곳에 이르러,
술잔을 들고 축수하시니 균천의 음악이 울리네.

皇家貴主好神仙,   황가귀주호신선,

別業初開雲漢邊.   별업초개운한변.

山出盡如鳴鳳嶺,   산출진여명봉령,

池成不讓飲龍川.   지성불양음룡천.

粧樓翠幌敎春住,   장루취황교춘주,

舞閣金鋪借日懸.   무각금포차일현.

侍從乘輿來此地,   시종승여래차지,

稱觴獻壽樂鈞天.   칭상헌수락균천.

【別業】별장. 別墅. 唐 中宗 景龍 3년(709) 11월 安樂公主의 별장이 낙성되었음.

【雲漢】은하수. 詩經 大雅 雲漢에 "倬彼雲漢, 昭回于天"이라 하였고 箋에 "雲漢, 謂天河也"라 함.

【鳴鳳嶺】고개 이름. 지금의 陝西 鳳翔縣에 있음. 弄玉의 고사와 관련이 있는 곳임. 044 주 참조.

【池成】안락공주의 별장에 못을 파면서 昆明池보다 더 훌륭하게 하고자 이름을 定昆池라 하였음. 이 연못이 완성됨을 말함.

【飮龍川】渭水를 가리킴.

【翠幌】비취색의 장막.

【金鋪】문 위에 나선형으로 만든 장식을 말하며 금색을 칠하였음.

【乘輿】郡國이나 제후의 왕이 타는 수레.

【稱觴】술잔을 들어 경의를 표함.

【鈞天】음악 이름. 천상의 음악. '鈞天·廣樂'이라고도 함.《史記》趙世家에 "趙簡子疾, ……居三日半, 簡子寤, 語大夫曰: '我之帝所甚樂, 與百神游於鈞天, 廣樂九奏萬舞, 不類三代之樂, 其聲動人心.'"이라 함.

原註(王相)

此明皇妹樂安公主山庄新第, 帝幸之而命儒臣賦詩也. 首聯言其築此宅第, 以事神仙, 而高出於山嶺也. 鳴鳳嶺, 在鳳翔. 飮龍川, 卽渭水. 言山水之佳, 勝於二處也. 翠幌, 卽翠幙. 金鋪, 闔門環上之飾. 言翠幌留春, 金鋪映日也. 乘輿, 天子所駕. 言侍駕而至此, 稱擧也. 均天, 黃帝之樂也. 言侍宴之臣, 奉觴而上壽, 而奏其均天之樂也.

○唐, 沈佺期, 字雲卿, 內黃人, 官禮部員外郎.

참고 및 관련 자료

1. 이는 安樂公主가 새 별장을 짓고 벌어진 축하연에 참석하여 지은 것으로 제목은 혹 〈侍宴安樂公主新宅應制〉로 되어 있다. 韻脚은 '仙·邊·川·懸·天'이다.

2. 심전기(沈佺期. 656?~714)

당대 시인. 자는 雲卿, 相州 內黃(지금의 河南 內黃縣) 사람으로 高宗 上元

2년(675) 진사에 올라 武后 때 協律郎을 거쳐 通事舍人이 되어《三敎珠英》의 편찬에 참여하였다. 뒤에 給事中, 考功員外郎이 되었다. 그러나 탐욕을 부리며 張易之에게 아부하였다가 驩州로 귀양을 갔다. 뒤에 다시 기용되어 臺州錄事 參軍이 되었으며 中宗 때 起居郎, 兼修文館直學士가 되었다. 뒤에 中書舍人, 太子詹事를 역임하기도 하였다. 당시 沈佺期는 宋之問과 병칭되어 그 시풍을 '沈宋體'라 하였으며 初唐 시풍의 기초를 다진 인물로 널리 거론된다.《沈佺 期集》이 있었으나 사라졌고 명대 집일본이 있다.《전당시》에 시 3권이 수록 되어 있으며《신·구당서》에 전이 있다.

3.《唐才子傳》(1)

沈佺期:

佺期, 字雲卿, 相州人. 上元二年, 鄭益傍進士. 工五言. 由協律考功郎受賕, 長流驩州. 後召拜起居郎, 兼修文館直學士. 常侍宮中, 旣侍宴, 帝詔學士等爲 《回波舞》, 佺期作弄辭悅帝, 詔賜牙緋. 歷中書舍人. 佺期嘗以詩贈張燕公, 公曰:「沈三兄詩淸麗, 須讓居第一也.」詩名大振. 自魏建安迄江左, 詩律屢變. 至沈約·鮑照·庾信·徐陵, 以音韻相婉附, 屬對精緻. 及佺期·之問, 又加靡麗. 迴忌聲病, 約句準篇, 著定格律, 遂成近體, 如錦繡爲文, 學者宗尙. 語曰:「蘇· 李居前, 沈·宋比肩.」謂唐詩變體, 始自二公, 猶漢人五字詩始自蘇武·李陵也. 有集十卷, 今傳於世.

宮女(唐) 永泰公主墓 벽화

186

〈答丁元珍〉 ·· 歐陽修

정원진에게 답함

봄바람은 이 먼 벽지까지 이르지 않았는지,
이월의 이 이릉에는 아직 꽃을 볼 수 없소.
잔설이 가지를 누르고 있는데도 오히려 귤은 달려 있고,
겨울 우레에 놀란 죽순은 싹을 내밀려 하오.
한 밤중 기러기 소리 고향 생각 문득 솟고,
아픈 몸 새해를 맞으며 만물의 변화에 온갖 느낌.
그대와 일찍이 낙양의 봄 꽃구경하던 이 몸,
먼 이곳 꽃이 비록 늦는다 해도 한탄할 일은 없소이다.

春風疑不到天涯,　　　춘풍의불도천애,
二月山城未見花.　　　이월산성미견화.
殘雪壓枝猶有橘,　　　잔설압지유유귤,
凍雷驚笋欲抽芽.　　　동뢰경순욕추아.
夜聞啼雁生鄕思,　　　야문체안생향사,
病入新年感物華.　　　병입신년감물화.
曾是洛陽花下客,　　　증시락양화하객,
野芳雖晩不須嗟!　　　야방수만불수차!

【丁元珍】이름은 寶臣, 자는 元珍. 당시 峽州判官이었음. 宋 仁宗 景祐 3년 (1036) 구양수가 司諫 高若訥의 뜻을 어겨 湖北 峽州 夷陵縣(지금의 湖北 宜昌)의 縣令으로 폄직되어 그곳의 정보신과 친하게 지내었으며 문집에 그와 수답한 시들이 많이 있음.

【天涯】하늘 끝. 먼 벽지를 말함.

【二月】仲春의 계절. 꽃이 피는 계절을 말함. 杜牧의 〈山行〉에 "楓葉紅於 二月花"라 함.

【山城】夷陵은 산세에 맞추어 성을 쌓은 곳으로 그 때문에 '산성'이라고도 불렸음.

【笋】'筍'과 같음. 죽순.

【物華】자연 풍경의 화려함을 말함.

【洛陽】둘 모두 일찍이 낙양에서 함께 봄나들이를 하며 꽃을 구경한 적이 있음을 말함.

此思友人謫去邊臣小邑, 因其寄贈而答詩以慰之也. 首聯言二月無花, 言春, 春不到邊城也. 二聯言橘, 經雪而結實, 猶凍雷驚笋而萌芽欲出. 三聯言其聞 雁而思鄕, 因病而感物, 何其悲也? 末聯乃慰之曰:「吾與爾, 曾住洛京, 同爲 洛陽花下之客, 多歷春光. 今雖暫謫山城, 荒春野徑, 芳菲雖晩, 復何嘆哉!」

○宋, 歐陽修, 字永叔. 盧陵人, 仕至參知政事, 諡文忠公.

참고 및 관련 자료

1. 제목은 혹 〈戲答元珍〉, 혹은 〈花時久雨之什〉으로 되어 있으며 구양수 31세 때 작품이다. 韻脚은 '涯·花·芽·華·嗟'이다.

2. 구양수(歐陽修. 1007~1072)

송대 문장가이며 시인. '歐陽脩'로도 표기하며 자는 永叔, 吉州 盧陵(지금의 江西 吉安縣) 사람으로 北宋 眞宗 景德 4년에 태어나 神宗 熙寧 5년에 죽었다. 향년 66세. 仁宗 天聖 8년(1030) 진사에 올라 慶曆 3년(1043)에 知諫院이 되었다가 右正言을 거쳐 知制誥가 되었다. 당시 韓琦, 富弼 등이 계속 재상직에서 파면되자 이에 반대하여 간언을 올렸다가 미움을 받아 滁州(지금의 安徽 滁縣)로 폄직되었다. 그곳에서 스스로 호를 '醉翁'이라 하였다. 元和 원년(1054) 다시 돌아와 翰林學士, 兼史館修撰이 되었으며 嘉祐 2년(1057) 知貢擧가 되었다. 실용성 있는 古文運動을 주장하여 曾鞏, 蘇軾 등이 모두 그의 문하에서 나왔다. 唐宋八大家의 수령급이다. 神宗 초 신법을 비난하여 王安石과 대립하자며 太子少師 벼슬을 그만두고 穎州(지금의 安徽 阜陽)로 낙향하여 만년에 호를 '六一居士'라 하였다. 일생 古文에 심취하여 송초 西崑體를 반대하였으며 唐代 韓愈의 뒤를 이어 北宋 古文家의 맹주 역할을 하였다. 시호는 文忠. 《歐陽文忠公集》, 《新五代史》, 《毛詩本義》, 《集古錄》 등이 있으며 《송사》에 전이 있다.

歐陽脩(永叔) 《三才圖會》

187

<挿花吟> ·· 邵雍

머리에 꽃을 꽂으며

머리에 꽂은 꽃가지 술동이에 비치니,
술동이 속 술에 좋은 꽃가지 있구나.
이 몸 한평생을 태평성세 누렸으며,
눈으로는 네 임금의 전성기를 보았네.
하물며 근골이야 그런대로 건강하니,
그 어찌 좋은 이 봄 꽃향기를 감당하랴!
술 속에 꽃 그림자 붉은 빛을 찰랑이니,
어찌 꽃 앞에서 취하지 않고 돌아갈 수 있겠는가?

頭上花枝照酒卮,   두상화지조주치,
卮酒中有好花枝.   치주중유호화지.
身經兩世太平日,   신경량세태평일,
眼見四朝全盛時.   안견사조전성시.
況復筋骸粗康健,   황부근해조강건,
那堪時節正芳菲!   나감시절정방비!
酒涵花影紅光溜,   주함화영홍광류,
爭忍花前不醉歸?   쟁인화전불취귀?

【酒卮】술잔, 술동이, 혹 술 주전자.

【兩世】일세는 30년. 따라서 60년을 말함. 한평생을 말함.

【四朝】宋 眞宗, 仁宗, 英宗 神宗을 말하며 이때가 송나라 태평성대였음.

【那堪】'하물며 ~함에랴'의 뜻.

【筋骸】근육과 골격. 여기서는 몸을 뜻하는 말로 쓰임.

【溜】流動함. 흘러 움직임.

【爭忍】'어찌 참을 수 있겠는가?'의 뜻. '爭忍'은 시어에 쓰이는 용법으로 지금의 '怎忍'과 같음.

原註(王相)

此言盛世芳春之樂也. 首聯言花枝映酒, 酒卮涵花. 此言身經兩世之太平, 眼見四朝之全盛, 三十年爲一世, 年已六十. 眞宗·仁宗·英宗·神宗爲四朝, 皆宋朝太平全盛之時也. 而且身軀康健, 時節芳菲, 爭忍坐對名花美酒, 而不醉歸也.

○宋, 邵雍, 字堯夫. 尊諡爲康節先生.

참고 및 관련 자료

1. 이는 이학가 邵雍이 태평성대를 누리면서 임금의 고마움을 읊은 것이다. 韻脚은 '卮·枝·時·菲·歸'이다.

2. 소옹(邵雍. 1011~1077)

송대 理學家. 자는 堯夫, 范陽(지금의 河北 涿縣) 사람으로 北宋 眞宗 大中祥符 4년에 태어나 神宗 熙寧 10년에 죽었다. 향년 67세. 어릴 때부터 뜻한 바가 있어 洛陽 共城의 蘇門山에 농사짓고 살면서 종신토록 벼슬하지 아니하였다. 그리고 사는 집을 '安樂窩'라 하며 스스로 '安樂先生'이라 하였다. 북송의 가장 안정된 시기인 眞宗, 仁宗, 英宗, 神宗 4朝를 살면서 태평을 고맙게 여겼다. 富弼, 司馬光, 呂公著 등이

邵雍(康節先生)《三才圖會》

퇴임하여 낙양에 살 때 소옹을 공경하여 함께 교유하기도 하였다. 시호는
'康節'이며《易》에 조예가 깊어 송대 易學의 독보를 이루었다.《皇極經世書》,
《觀物內外篇》,《漁樵問答》등이 있으며 시집으로는《伊川擊壤集》이 있다.
《송사》에 전이 있다.

188

〈寓意〉 ·························· 晏殊

뜻에 붙여

귀부인 멋진 수레 다시 만날 기약 없고,
무협 구름 흔적 없이 동서남북 정처 없네.
이화원 구석엔 동실동실 흐르는 달빛,
버들 솜 흩날리는 못 가엔 살랑살랑 봄바람.
그 몇 날 적막하게 홀로 술로 지새운 뒤,
어느덧 훌쩍 쓸쓸한 한식이 되었네.
사랑 편지 보내려 하나 어느 길로 부치리?
물 멀고 산 아득, 곳곳마다 험하긴 마찬가진 걸.

油壁香車不再逢,	유벽향거불재봉,
峽雲無跡任西東.	협운무적임서동.
梨花院落溶溶月,	리화원락용용월,
柳絮池塘淡淡風.	류서지당담담풍.
幾日寂寥傷酒後,	기일적료상주후,
一番蕭索禁煙中.	일번소삭금연중.
魚書欲寄何由達?	어서욕기하유달?
水遠山遙處處同.	수원산요처처동.

【寓意】 '뜻에 맡기다'의 의미.

【油壁香車】 기름을 묻혀 그림을 그린 수레, 여인의 수레를 말함.

【峽雲】 巫峽의 구름. 흔히 남녀사이의 애정 행위를 말함. 宋玉 〈高堂賦〉에 楚 襄王이 고당에 놀면서 꿈에 신녀가 나타나 무산의 남쪽에 살고 있다고 하며 함께 애정을 나누었음. 뒤에 헤어질 때 신녀는 낮에는 구름, 저녁에는 비가 되어 남이 자신들을 볼 수 없다고 말함. 이에 남녀 애정을 일컫는 말로 '巫山之雨', '雲雨之情'이라 함.

【梨花院落】 이화원의 구석. 이화원은 배꽃이 핀 정원. 落은 角落, 즉 구석을 말함.

【溶溶】 달빛이 흘러내리는 모습.

【淡淡】 바람이 가볍게 부는 상태.

【蕭索】 바람이 쓸쓸함을 표현하는 쌍성연면어. 〈삼민본〉이는 '蕭瑟'로 되어 있음.

【禁煙】 禁火. 불을 피우지 못하도록 함. 寒食의 고사를 말함. 105 참조.

【魚書】 편지를 뜻함. 漢 樂府詩 〈飮馬長城窟行〉에 "客從遠方來, 遺我雙鯉魚, 呼兒烹鯉魚, 中有尺素書"라 한데서 유래됨.

【水遠山長】 길이 멀고 아득함을 말함.

原註(王相)

此有所思之詩也. 油壁香車, 美人所乘. 峽雲, 神女行雲行雨. 任西東, 不定之意. 梨花月下, 楊柳風前, 有所遇之處, 今杳然不可見也. 寂寥於酒, 後蕭條淸明, 傷春不際也. 魚書欲到, 而無由水遠山長而無人可托, 徒有憂思, 感嘆而已.
○宋, 晏殊, 字同叔, 臨川人. 官參知政事, 諡贈魯國元獻公.

참고 및 관련 자료

1. 이는 일종의 情詩로써 여인의 심정을 대신하여 읊은 것이다. 韻脚은 '逢·東·風·中·同'이다.

2. 안수(晏殊. 991~1055)

송대 시인이며 詞作家. 자는 同叔, 臨川(지금의 江西 臨川縣) 사람으로 북송

太宗 淳化 2년에 태어나 仁宗 至和 2년에 죽었다. 향년 65세. 7세에 능히 문장을 지었으며 眞宗 景德 2년(1005) 神童으로 응시하여 진사로 인정을 받았다. 仁宗 때 刑部尙書로 集賢殿學士가 되었으며 同平章事兼樞密使를 겸하였다. 인재 장려하기를 좋아하여 일시에 范仲淹, 歐陽修, 王安石 등이 그 문하에 나왔다. 그 뒤 知永興軍이 되어 河南으로 옮겼으나 병을 얻어 서울로 돌아왔다. 시호는 元獻. 詩詞에 모두 뛰어났으며 풍격이 婉麗하였다. 그는 구양수와 더불어 북송 초 문단의 영수였으며 《臨川集》, 《紫微集》 등이 있었으나 모두 실전되었고 지금은 《珠玉詞》 1권과 《蘿軒外集》이 전하고 있다. 《송사》에 전이 있다.

范仲淹(希文) 《三才圖會》

189
〈寒食〉 ······································ 趙鼎
한식

적적한 사립문 촌구석에도,
버드나무 꽂아 새로운 해의 화려함을 기념하네.
불을 금하는 풍속 이 월粤 땅까지 이르지는 않았지만,
조상 무덤 찾는 것은 역시 방공龐公의 유래를 지켜가고 있네.
한나라, 당나라 제왕의 능묘엔 보리밥 한 그릇 올려 주는 이 없고,
산길 들길엔 배꽃만 한창일세.
술 한 동이 다 마시고 푸른 이끼 깔고 누우니
저 성 아래서 들리는 저녁이 호가胡笳 소리 관심 없다.

寂寂柴門村落裏,   적적시문촌락리,
也敎插柳紀年華.   야교삽류기년화.
禁煙不到粵人國,   금연불도월인국,
上塚亦攜龐老家.   상총역휴방로가.
漢寢唐陵無麥飯,   한침당릉무맥반,
山谿野徑有梨花.   산계야경유리화.
一樽竟藉靑苔臥,   일준경자청태와,
莫管城頭奏暮笳.   막관성두주모가.

【寒食】105의 주를 참조할 것.

【柴門】사립문. 貧寒한 집을 말함.

【揷柳】고대 한식날 문에 버들가지를 꽂아 놓고 일면 봄이 시작되었음을 반기는 습속이 있었음. 南宋 吳自牧의 《夢梁錄》(2) 淸明節에 "淸明交三月, 節前兩日謂之寒食, 京師人從冬至後數起至一百五日, 便是此日, 家家以柳條揷于門上, 名曰明眼"이라 함.

【禁煙】역시 한식을 말함. 앞장 참조.

【粵人國】고대 백월(百粵)로 불리던 지역. 지금의 廣東, 廣西 일대.

【塚】죽은 이의 무덤.

【龐老家】東漢 때의 龐公(龐德公)을 가리킴. 襄陽 사람으로 峴山의 남쪽에서 농사를 짓고 살던 은자. 諸葛亮과 司馬徽, 徐庶 등과 교유하였음. 劉表가 荊州에 있을 때 그를 불러 벼슬을 주려하자 거부하고 처자를 데리고 鹿門山으로 들어가 약초를 캐며 뒤에 그 종적을 알 수 없었다 함. 《後漢書》逸民傳 참조. 이에 따라 사람들이 청명절이 되면 가족을 데리고 조상의 묘를 찾아 성묘하기 시작하였다 함.

【漢陵】한나라 제왕들의 陵墓.

【唐陵】당나라 제왕들의 무덤.

【笳】胡人들이 즐겨 사용하던 악기. 그 음색이 지극히 구슬펐다 함.

原註(王相)

　此邊方寒食之詩也. 古者, 寒食揷柳于門, 言雖殊方村陋之處也. 不妨揷柳以紀歲華也. 禁烟之節, 粵中未聞, 故兩廣之地, 不知禁煙. 淸明時, 龐德公, 携家上塚. 而此地亦知. 携家上塚, 如龐德公之事也. 因意小民之家, 遠方僻地, 亦如上塚, 而漢朝之寢墓, 唐代之山陵. 今雖有存有不存, 更何人捧一盃麥飯而祭之乎? 傷帝王之墓, 坵墟也. 古帝王尙如此, 而小民復何問乎? 不如一樽濁酒, 醉臥蒼苔, 取一時之樂, 一任城頭畫角, 雖催而不顧也.

　○元鎭, 宋人, 爵里未詳.

1. 적막한 시골에 폄직되어 광동의 작은 마을에서 한식을 맞으며 그 감회와 풍속을 읊은 것이다. 韻脚은 '華·家·花·笳'이다.

2. 조정(趙鼎. 1085~1147)

송대 인물. 자는 元鎭, 호는 得全居士. 解州 聞喜(지금의 山西 聞喜縣) 사람으로 北宋 神宗 元豊 8년에 태어나 熙宗 皇統 7년에 죽었다. 향년 63세. 崇寧 5년(1106)에 진사에 올라 殿中侍御史, 御史中丞, 尙書右僕射, 同中書門下平章事, 樞密使 등을 역임하였다. 岳飛를 중용하였다가 秦檜의 배척을 받아 秦國軍節度使로 폄직되었으며 湖州에서 5년간 유배생활을 하던 중 진회의 핍박으로 결국 음식을 끊고 자결하였다. 그리고 자신의 銘旌에 "身騎箕尾歸天上, 氣作山下壯本朝"라 하였다. 孝宗이 즉위하여 '忠簡'이라는 시호를 추증하였다.《忠正德文集》이 있으며《송사》에 전이 있다.

190

〈清明〉 ··· 黃庭堅

청명

좋은 절기 청명일에 복사꽃, 배꽃이 웃음 한창,
그러나 들밭 묵은 무덤을 보니 쓸쓸함만 감도누나.
봄 우레에 겨울잠 자던 천지의 용과 뱀이 놀라고,
교외 들녘 초목들은 봄비 맞아 움을 트네.
제사 남은 음식 구걸로 첩과 아내에게 교만했던 제나라 선비나,
선비로서 기꺼이 타죽을지언정 공후 벼슬 마다한 개자추라 해도,
똑똑하고 어리석은 자 천년 두고 어찌 알까?
눈앞 가득 쑥대밭에 함께 무덤으로 가는 것을.

佳節淸明桃李笑,　　　　가절청명도리소,

野田荒塚只生愁.　　　　야전황총지생수.

雷驚天地龍蛇蟄,　　　　뢰경천지룡사칩,

雨足郊原草木柔.　　　　우족교원초목유.

人乞祭餘驕妾婦,　　　　인걸제여교첩부,

士甘焚死不公侯.　　　　사감분사불공후.

賢愚千載知誰是?　　　　현우천재지수시?

滿眼蓬蒿共一坵!　　　　만안봉호공일구!

【淸明】 24절기의 하나. 102 참조.

【荒塚】 황폐해진 무덤. 세월이 흘러 주인이 없는 무덤.

【龍蛇蟄】 겨울잠을 자던 뱀 등 파충류. 오랫동안 엎드려 활동을 하지 않던 이들이 청명이 되어 모두 깨어나 활동을 시작함을 말함.

【人乞祭餘驕妾婦】 남의 제사지내고 남은 음식을 구걸해 먹으면서도 도리어 자신의 아내와 첩에게는 교만하게 굶.《孟子》離婁(下) 齊人章의 내용을 말함.《맹자》에 "齊人有一妻一妾而處室者, 其良人出, 則必饜酒肉而後反. 其妻問所與飮食者, 則盡富貴也. 其妻告其妾曰:「良人出, 則必饜酒肉而後反; 問其與飮食者, 盡富貴也, 而未嘗有顯者來, 吾將瞯良人之所之也.」蚤起, 施從良人之所之, 徧國中無與立談者. 卒之東郭墦閒, 之祭者, 乞其餘; 不足, 又顧而之他, 此其爲饜足之道也. 其妻歸, 告其妾曰:「良人者, 所仰望而終身也. 今若此.」與其妾訕其良人, 而相泣於中庭. 而良人未之知也, 施施從外來, 驕其妻妾. 由君子觀之, 則人之所以求富貴利達者, 其妻妾不羞也, 而不相泣者, 幾希矣."라 함.

【士甘焚死不公侯】 선비로서 기꺼이 불에 타 죽으면서도 공후의 벼슬을 바라지 않음. 介子推의 죽음을 말함. 105 참조.

【蓬蒿】 들풀.

【坵】 '丘'와 같음. 언덕. 여기서는 무덤을 뜻함.

原註(王相)

　桃李遇淸明而盛開. 故曰笑荒塚. 遇寒食祭墦而生悲, 故曰愁斯時也. 春雷發而龍蛇起蟄, 春雨足而草木皆新, 因祭祀而憶, 齊人乞食于墦間; 見禁烟而哀子推之焚死. 蓋介子推割股以救晉文公, 文公卽位而賞不及, 故子推恥言功而隱於綿谷. 文公思而求之不得, 使人召之不出, 乃焚其山, 意其必出, 子推終不肯出而焚死. 晉人哀之以其死, 於淸明前三日. 故於此三日, 皆禁火不擧, 至淸明乃祀之. 禁烟之節, 蓋本於此. 然子推之廉, 齊人之貪, 皆何在哉! 往古來今, 蓬蒿滿眼, 荒塚纍纍. 惟黃土一坵而已. 人生於世, 何不及時而行樂乎!

　○宋, 黃庭堅, 字魯直, 江西分寧人, 仕至侍講學士, 諡文節.

1. 청명 시절에 한식 고사를 떠올리며 감회를 읊은 것이다. 韻脚은 '愁·柔·侯·坵'이다.

2. 황정견(黃庭堅) 139 참조.

黃山谷(魯直, 庭堅)《三才圖會》

191

〈清明〉 ……………………………………………………………… 高翥

청명

남산 북산 언저리에 많기도 한 저 무덤들,
청명날 성묘객이 각기 몰려드는구나.
태운 종이 재는 흰 나비가 되어 날고,
피를 토한 두견화는 온 산천을 물들인다.
해 지자 여우와 삵은 무덤 위에 잠을 자고,
성묘에서 돌아온 아녀자들 등불 앞에 깔깔 웃음.
사람으로 태어나 술 있으면 의당 취할 일,
그 술 한 방울 일찍이 구천에 닿은 적 있었는가!

南北山頭多墓田,   남북산두다묘전,
清明祭埽各紛然.   청명제소각분연.
紙灰飛作白蝴蝶,   지회비작백호접,
漏血染城紅杜鵑.   루혈염성홍두견.
日落狐狸眠塚上,   일락호리면총상,
夜歸兒女笑燈前.   야귀아녀소등전.
人生有酒須當醉,   인생유주수당취,
一滴何曾到九泉!   일적하증도구천!

【祭埽】 무덤을 찾아 제사 지내고 청소함. 성묘와 같음. '埽'는 '掃'의 본자.

【紛然】 매우 많은 모습.

【紙灰】 종이를 태운 재.

【蝴蝶】《莊子》齊物論에서 말한 蝴蝶夢. 삶이 덧없고 세월이 빠름을 말함. '蝴蝶'은 일부본에는 '蝴蜨'으로 표기되어 있음.

【杜鵑】 여기서는 杜鵑花를 말함.

【狐狸】 여우나 살쾡이. 흔히 무덤 주위에 굴을 파고 사는 들짐승을 뜻함.

【九泉】 지하. 죽은 뒤에 땅에 묻힌 상태를 말함.

原註(王相)

　言淸明之時, 紛紛然祭埽於南北山頭, 紙灰飛作白如蝴蝶飛, 泪灑郊原, 若杜鵑之血. 日落而狐兔穿眠于塚上; 祭埽回家, 兒女歡笑於燈前, 竟忘死者長眠於塚矣. 則紙灰與淚, 有何益哉? 人生於世, 遇酒則宜痛飮, 莫待死時空眠狐塚, 三牲五鼎, 徒爲虛設, 雖一滴之酒, 安能到于九泉之下哉?
　○高菊磵, 宋人, 名爵未詳.

참고 및 관련 자료

1. 청명 시절 풍습과 인생무상의 감회를 읊은 것이다. 韻脚은 '田·然·鵑·前·泉'이다.

2. 고저(高翥)

송대 인물.《천가시》원본에 고국간(高菊磵)으로 되어 있다.(〈삼민본〉에는 '高菊卿'으로 되어 있다고 하였음) 菊磵은 高翥의 호이다. 고저는 자는 九萬이며 호는 菊磵이다. 남송 餘饒(지금의 浙江 餘饒縣) 사람으로 생애는 알 수 없으며 평생 은거하며 벼슬을 하지 않았다 한다. 宋末 江湖詩派의 하나이며《菊磵小集》이 있다.

192

〈郊行卽事〉 ⋯⋯⋯⋯⋯⋯⋯⋯⋯⋯⋯⋯⋯⋯⋯ 程顥

교외 나들이

꽃핀 들녘 푸른 들을 마구 쏘다니는 이 시절,
봄은 먼 산까지 들어가 사방이 푸르구나.
흥에 겨워 붉은 꽃 흩트리며 버드나무 골목도 들어가 보고,
피곤하면 흐르는 물가에 임하여 이끼 낀 바위에 앉아도 본다.
잔 들어 실컷 취하는 일 절대로 사양 마소,
다만 봄이 곧 가고 꽃잎 질까 안타깝소.
하물며 이 좋은 청명절 날씨이니,
이리저리 쏘다니다 돌아가기 잊어도 방해될 일 없지 않소!

芳原綠野恣行時,　　　방원록야자행시,
春入遙山碧四圍.　　　춘입요산벽사위.
興逐亂紅穿柳巷,　　　흥축란홍천류항,
困臨流水坐苔磯.　　　곤림류수좌태기.
莫辭盞酒十分醉,　　　막사잔주십분취,
祇恐風花一片飛.　　　지공풍화일편비.
況是淸明好天氣,　　　황시청명호천기,
不妨遊衍莫忘歸!　　　불방유연막망귀!

【恣行】제멋대로 행동함.

【遙山】遠山. 멀리 보이는 산.

【苔磯】물가로 솟은 바위나 언덕, 절벽. 그 위에 이끼가 난 상태.

【辭】사양함.

【盞】量詞. 한 잔 두 잔의 뜻.

【醉】일부본에는 '勸'로 되어 있음.

【風花】바람에 흩날려 떨어지는 꽃잎.

【遊衍】이리저리 다니며 구경함. 雙聲連綿語.

　　此明道春日郊行之作. 恣行, 任意而遊也. 言春日恣行於芳原綠野, 曠春色于
遠山, 四圍蒼翠, 逐亂紅於柳巷, 流水皆能坐對一觴, 莫辭深飮, 祇恐風吹花落,
則春色凋零矣. 況當此佳節, 又値風日淸和, 亟宜玩賞, 但不可樂而忘返矣.

참고 및 관련 자료

1. 이학가가 봄이 되어 모처럼 교외로 봄나들이를 하고 그 느낌을 시로 읊은
것이다. 韻脚은 '時·圍·磯·飛·歸'이다.

2. 정호(程顥) 085 참조.

《천가시》 원본에는 '程灝'로 잘못 표기되어 있다.

193

〈鞦韆〉 ·· 僧 惠洪

그네

그림으로 장식한 시렁에 두 비취 끈을 비껴 묶고,
아름다운 여인이 누각 앞에서 봄날을 즐기누나.
바람은 붉은 색 치마를 땅에 끌리게 들쳐 올리고,
옥 같은 여인을 하늘 위로 밀어 보내네.
꽃 모양 발판은 홍행우紅杏雨에 젖어 있고
손을 잡은 끈은 비껴 녹양 안개에 걸려 있다.
이윽고 그네에서 내려 다소곳이 서 있는 모습,
어쩌면 달나라 선계에서 죄를 짓고 내려온 선녀인가 하더라.

畫架雙裁翠絡偏,   화가쌍재취락편,

佳人春戲小樓前.   가인춘희소루전.

飄揚血色裙拖地,   표양혈색군타지,

斷送玉容人上天.   단송옥용인상천.

花板潤霑紅杏雨,   화판윤점홍행우,

綵繩斜挂綠楊煙.   채승사괘록양연.

下來閒處從容立,   하래한처종용립,

疑是蟾宮謫降仙.   의시섬궁적강선.

【鞦韆】그네. 雙聲連綿語의 物名.

【畫架】그림을 그려 장식한 그네 매는 나무 시렁.

【雙裁】그네 양끝을 묶어 맴. 일부본에는 '雙懸'으로 되어 있음.

【翠絡】파란 색 실로 엮은 그넷줄.

【斷送】宋元代 詩詞나 曲에 쓰이는 상투어로 손으로 밀어 보냄을 뜻함.

【花板】꽃 무늬로 장식한 그네 발판.

【杏雨】살구꽃 피는 청명절 전후에 내리는 비. 淸明雨, 寒食雨라고도 함.

【綵繩】오색 실로 엮어 만든 그넷줄.

【從容】'조용.' 원래 쌍성첩운어.

【蟾宮】월궁. 姮娥가 사는 달나라, 하늘나라 仙界를 말함.

【謫降仙】하늘 나라 선계에서 죄를 짓고 인간 세계로 귀양 온 선녀.

原註(王相)

此咏鞦韆女子之美也. 首言畫架精工, 而高聳翠繩, 雙墜而偏斜佳人春日哉! 旣於小樓之前, 佳人戲於架上, 紅裙飄揚而飛揚, 推送之間, 玉貌佳人, 挽索昇空, 如上靑天之樂, 紅杏如雨霑落於鞦韆, 花瓣之上. 綠楊苔烟, 繚繞于綵繩間, 須臾戲畢, 而下從容佇立於幽閒之處, 翩翩佳麗如蟾宮謫降之仙子也.

○宋, 洪覺範, 洪皓之孫, 鄱陽人, 官至祕閣侍制.

참고 및 관련 자료

1. 宮體詩로써 봄날 미녀가 그네를 차는 한적한 모습을 그림처럼 읊은 것이다. 韻脚은 '偏·前·天·煙·仙'이다.

2. 혜홍(惠洪. 1071~1128)

《천가시》 원본에는 '洪覺範'으로 되어 있으나 이는 승려 혜홍의 법명과 자를 뒤섞어 표기한 것이다. 《宋詩抄》에 의하면 혜홍의 《石門詩抄》에 실려 있는 시이다.

혜홍은 송대 승려로 본성은 彭, 자는 覺範이며 筠州(지금의 江西 高安縣) 사람이다. 北宋 神宗 熙寧 4년에 태어나 南宋 高宗 2년에 죽었다. 향년 58세. 의술에 뛰어나 張天覺과 친하였으며 大觀 연간에 서울로 들어와 승려가

되기를 자청하였다. 그리고 郭天信의 문하에 왕래하였다. 혜홍은 시에 능하여
宋 吳曾의 《能改齋漫錄》(11) 浪子和尙시에 "洪覺範有〈上元宿嶽麓寺〉詩,
蔡元度夫人, 王氏荊公女也. 讀至「十分春瘦緣何事, 一搊鄕心未到家」, 曰:
'浪子和尙耳.'"라 하였다. 이처럼 혜홍은 승려이면서 일반인의 사랑과 정서를
잘 읊어 '浪子和尙'으로 불린 것 외에도 '情僧'이라 불렸다. 《石門詩抄》, 《石門
文字禪》, 《筠溪集》, 《天廚禁臠》, 《冷齋夜話》 등이 있으며 《宋詩紀事》에
小傳이 실려 있다.

194

〈曲江對酒〉(一) ·· 杜甫

곡강에서 술을 마주하며(1)

한 조각 흩날리는 꽃잎 때문에 봄이 가는가 놀라고,
바람에 온갖 꽃 흔들리니 안타깝기 그지없네.
그래도 그 꽃 다 지도록 이 눈으로 보리라.
많은 술 입술에 적시면서 슬프다 생각 아니하리.
강가 작은 초당 파랑새가 둥지 틀고,
정원 가의 높은 무덤 기린 석상이 누워 있다.
세상 만물 이치 살피며 모름지기 즐거움을 놓치지 않으리.
어찌 뜬구름 같은 명예에 이 몸을 묶어두리!

一片花飛減卻春,	일편화비감각춘,
風飄萬點正愁人.	풍표만점정수인.
且看欲盡花經眼,	차간욕진화경안,
莫厭傷多酒入唇.	막염상다주입순.
江上小堂巢翡翠,	강상소당소비취,
苑邊高塚臥麒麟.	원변고총와기린.
細推物理須行樂,	세추물리수행락,
何用浮名絆此身!	하용부명반차신!

【曲江】曲江池라는 연못으로 지금의 陝西 西安 남쪽 5리쯤에 있음. 원래 漢武帝가 건설한 인공 연못으로 秦나라 때 宜春苑이었으며 漢나라 때는 樂遊苑이 있던 곳. 唐 開元 연간에 다시 준설하여 그 물을 굽어 흐르도록 하여 曲江이라 불렸음. 그 곁에 紫雲樓, 杏園, 慈恩寺 등의 건물을 세웠으며 芙蓉苑, 樂遊苑 등의 승지가 있음. 새로 진사에 오른 사람들에게 임금이 잔치를 열어주던 곳으로 유명함.

【減却】減損, 덜어냄. 손해를 끼침.

【且看欲盡花經眼】'且看花經眼欲盡'의 도치구. '그래도 보도다. 비록 눈앞의 꽃이 지고 있다 해도'의 뜻. '經'은 일부본에는 '驚'으로 되어 있음.

【莫厭傷多酒入脣】'莫厭酒入脣傷多'의 도치구. '입술에 술을 많이 먹어 슬퍼하는 일이 너무 많음을 두려워하지 말라'의 뜻. '脣'은 '脣'과 같음.

【翡翠】비취새. 파랑새.

【麒麟】무덤 가에 조각하여 설치한 누운 기린의 형상.

【物理】만물의 이치.

【何用】일부본에는 '何事'로 되어 있음.

【浮名】뜬 구름과 같은 명예, 명성.

【絆】얽어맴. 얽매임.

原註(王相)

言花飛一片, 已減却春光, 何況風飄萬點, 豈不動人之愁乎? 且看欲盡之花, 當飮入脣之酒, 江上小堂, 無人居止, 而翡翠來巢, 苑邊高塚, 貴人所葬, 而石麟自臥, 物理遷移, 變幻如此. 仔細推之, 人生自當行樂, 又何用浮名牽絆哉!

참고 및 관련 자료

1.《全唐詩》와《分類集注杜工部詩》에 모두 〈曲江〉으로 되어 있다. 이는 두보가 肅宗 乾元 원년(758) 늦은 봄 左拾遺에 임명되었을 때의 시이다. 韻脚은 '春·人·脣·麟·身'이다.

2.《杜詩諺解》
흔낫 고지 ᄂᆞ라도 봆비츨 더ᄂᆞ니 ᄇᆞᄅᆞ매 萬点이 불이니 正히 사ᄅᆞ믈 시름케

ᄒᄂ다

다ᄋ고져 ᄒᄂ 고지 누느로 디나가ᄆᆯ 보아셔 너무 해 수리 이베 드로ᄆᆯ 아쳗디
마롤 디니라

ᄀᆞᄅᆞᆷ 우횟 져고맛 지븨 翡翠ㅣ 깃ᄒᆞ얫고 苑邊ㅅ 노폰 무더멘 麒麟이 누엇도다
物理ᄅᆞᆯ 子細히 推尋ᄒᆞ야 모로매 行樂홀 디니 엇뎨 ᄠᅳᆫ 일후믈 ᄡᅥ 이 모믈 ᄆᆡ야
두리오(초간본 11)

3. 두보(杜甫) 051 참조.

195

〈曲江對酒〉(二) .... 杜甫

곡강에서 술을 마주하며(2)

조회하고 오는 길에 날마다 봄옷을 전당 잡히고,
매일 강가에서 술에 취하여 돌아오노라.
술 빚은 언제나 가는 곳마다 있거니와,
사람이 일흔을 살기는 고래로 드물도다.
꽃을 헤치고 다니는 나비는 들락날락 보이고,
꼬리를 적시는 잠자리는 까딱까딱 물을 찬다.
이러한 풍광이 함께 유전流轉함을 일러주고 있으니
잠시 서로 완상하며 어긋남이 없도록 할 것이니라.

朝回日日典春衣,　　　　　조회일일전춘의,

每日江頭盡醉歸.　　　　　매일강두진취귀.

酒債尋常隨處有,　　　　　주채심상수처유,

人生七十古來稀.　　　　　인생칠십고래희.

穿花蛺蝶深深見,　　　　　천화협접심심견,

點水蜻蜓款款飛.　　　　　점수청정관관비.

傳與風光共流轉,　　　　　전여풍광공류전,

暫時相賞莫相違.　　　　　잠시상상막상위.

【朝回】조회를 마치고 돌아오는 길.

【典】전당을 잡힘. 물건을 맡기고 그 값으로 술을 사서 먹음.

【尋常】늘, 항상, 어느 때나. 원래 길이를 재는 단위로 尋은 8척, 그 곱절을 常이라 하였으나 뒤에는 '평상시'라는 뜻으로 쓰임.

【隨處有】두시 원전에는 "行處有"로 되어 있음.

【蛺蝶】나비. 疊韻連綿語의 곤충 이름.

【深深見】'見'은 '현'으로 읽으며 나비가 꽃 속 깊이 들어가 드러나 보이기도 하고 보이지 않기도 함을 말함.

【蜻蜓】잠자리. 역시 첩운연면어의 곤충 이름.

【款款飛】떠서 날다가 물을 차는 가벼운 모습을 형용한 것.

【傳與】일부본에는 '傳語'로 되어 있고 《杜詩諺解》에는 '傳言'으로 되어 있음.

原註(王相)

言居官貧無以爲樂, 惟是退朝常典衣沽酒, 盡醉江頭耳. 酒錢不足, 常負而未償, 然酒債乃尋常之事, 人生自古稀有七十之年. 吾雖未七十, 而光景無多矣. 況穿花之蛺蝶, 點水之蜻蜓, 景物風光, 洵足爲樂, 宜暫時相賞, 不可相違也.

참고 및 관련 자료

1. 역시 《全唐詩》와 《分類集注杜工部詩》에 모두 〈曲江〉으로 되어 있다. 특히 시구 중 "人生七十古來稀"는 아주 널리 알려져 '古稀'의 어원이 되기도 하였다. 仇兆鰲의 《杜詩詳註》(6)에 王嗣奭의 評語를 인용하여 "初不滿此詩, 國方多事, 身爲諫官, 豈人臣行樂之時? 然讀其沉醉聊自遣一語, 恍然悟此二詩, 蓋憂憤而託之行樂者. 公雖授一官, 而志不得展, 直浮名耳, 何用以此絆身哉? 不如典衣沽酒, 日遊醉鄕, 以送此有限之年. 時已暮春, 至六月, 遂出爲華州掾. 其詩云「移官豈至尊」, 知此時已有譖之者, 二詩乃憂讒畏譏之作也"라 하였다. 韻脚은 '衣·歸·稀·飛·違'이다.

2. 《杜詩諺解》

朝會ᄒ고 도라와 나날 보밋 오ᄉᆞᆯ 볼모드리·고
每日에 ᄀᆞᄅᆞᆷ 그테셔 ᄀᆞ장 술 醉코 도라오노라

숲비든 샹녜 간 듸마다 잇거니와 人生이 닐흐늘 사로몬 녜로 오매 드므니라
고줄 들워 드는 나비는 기피 보리로소니 므레 다히는
준자리는 즈조 느놋다
ㅂ룺맷 봆비치 다뭇 흘러 올마가믈 傳語ᄒᆞ야 아니 한 덜 서르 賞玩호믈 서르
어그릋디 마롤 디니라(초간본 11)

3. 두보(杜甫) 051 참조.

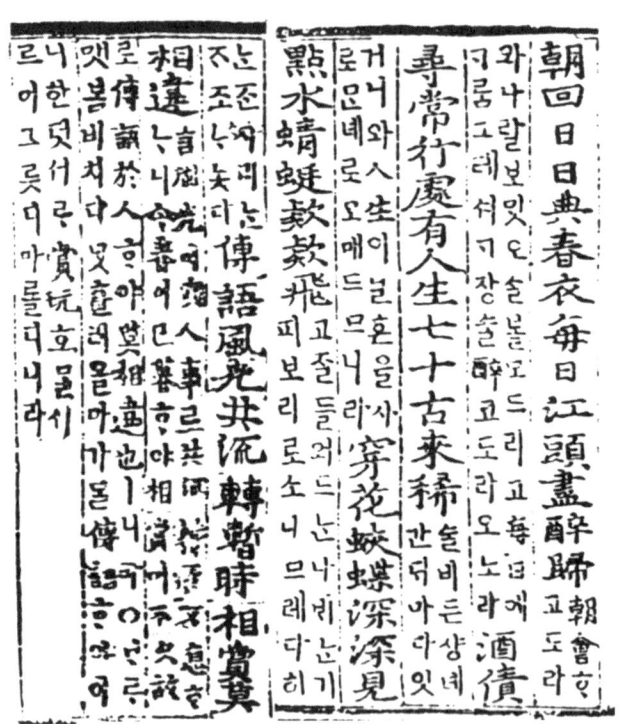

《杜詩諺解》〈曲江〉시 부분

196

〈黃鶴樓〉 .... 崔顥
　黃학루

옛 사람이 이미 황학을 타고 날아갔는데,
이곳엔 헛되이 황학루만 남았네.
황학은 한 번 가고 다시는 되돌아오지 않고,
흰 구름만 천년을 두고 하늘에 유유히 떠가네.
맑게 갠 날씨라 강물 저쪽 한양의 가로수가 뚜렷이 보이고,
꽃다운 풀은 앵무주에 푸릇푸릇 하구나.
해 지는 지금 내 고향이 어디쯤인고?
내와 파도 아련한 강물이 이 나그네 향수에 젖게 하네.

昔人已乘黃鶴去,　　　　　석인이승황학거,
此地空餘黃鶴樓.　　　　　차지공여황학루.
黃鶴一去不復返,　　　　　황학일거불부반,
白雲千載空悠悠!　　　　　백운천재공유유!
晴川歷歷漢陽樹,　　　　　청천력력한양수,
芳草萋萋鸚鵡洲.　　　　　방초처처앵무주.
日暮鄕關何處是?　　　　　일모향관하처시?
烟波江上使人愁!　　　　　연파강상사인수!

【黃鶴樓】 누대 이름. 지금의 湖北 武昌市 서쪽 蛇山에 있음. 蛇山은 일명
　黃鶴山이라고도 하며 서북쪽 강가에 돌출된 절벽 黃鶴磯 위에 누각이 있음.

《南齊書》州郡志(下)에 의하면 선인 子安
이 황학을 타고 이 누대를 지났다 하여
그 이름이 생겼다 하며《太平寰宇記》江南
西道 鄂州에는 蜀 費文褘가 신선이 되어
매번 황학을 타고 이 누대에 와서 쉬어
그 이름이 생겼다 하였음. 이 황학루는
三國 吳 黃武 2년(223)에 세워졌으며 여러
차례 중수를 거쳐 오늘에 이름.

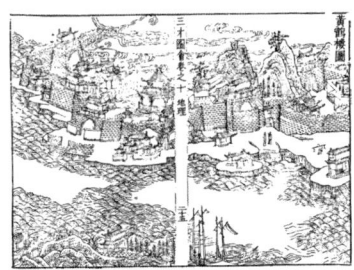
〈黃鶴樓〉《三才圖會》

【昔人】 옛사람. 선인을 말함.

【黃鶴】 누런 색이 나는 학으로 고대 신선들이 타고 다니던 일종의 仙鶴이라
　함.《천가시》 원본에는 ‘白雲’으로 되어 있음.

【漢陽】 옛날 이 현 이름. 지금의 湖北 동부로 漢水 下流의 남안 지역이었음.
　동쪽으로 武昌과 강을 사이에 두고 있었으며 북쪽은 漢口와 한수를 사이로
　마주 대하고 있었음.

【萋萋】 꽃이나 잎이 무성한 모습.《천가시》 원본에는 ‘凄凄’로 되어 있음.

【鸚鵡洲】 모래톱 이름. 지금의 호북 한양 서남 長江 가에 있으며 東漢 말
　江夏太守 黃祖의 장자 黃射가 이곳에서 연회를 열 때 어떤 이가 앵무를
　바치자 예형(禰衡)이 〈鸚鵡賦〉를 지어 이름이 지어졌다 함.

【鄕關】 고향의 관문. 여기서는 고향을 뜻함.

【烟波】 ‘煙波’로도 표기하며 내와 파도. 강의 아득한 물결 모습을 말함.

原註(王相)

　世傳: 武昌費文褘登仙, 駕黃鶴而返憩, 故建樓于此, 漢陽在武昌. 江北中有
鸚鵡洲, 皆樓中所望之景, 但鄕關迢隔, 惟看江上之烟波, 動人愁思而已.

　○唐, 崔灝, 開元進士, 汴州人, 李白欲題黃鶴樓, 見灝詩而止, 自以爲不及也.

1. 널리 알려져 애송되는 시이며 특히 李白이 이곳에 올라 이 시를 보고 붓을 꺾고 대신 金陵(남경)으로 가서 〈登金陵鳳凰臺〉를 지었다는 일화를 남기기도 하였다. 韻脚은 '樓·悠·洲·愁'이다.

2. 최호(崔顥) 015 참조.

《천가시》에 '崔灝'로 잘못 표기되어 있다.

197

〈旅懷〉 .... 崔塗

나그네 회포

물은 흐르고 꽃은 지면서 무정하긴 마찬가지.
봄바람 다 보내고 초나라 땅을 지나도다.
호접몽 속에 고향은 만리 먼 곳,
두견새는 가지 위에 삼경 달을 울고 있네.
옛 고향 소식은 한 해 넘도록 끊어졌고,
세월은 재촉하여 귀밑머리 희어졌네.
스스로 안 가는 것, 간다면야 갈 수 있지.
오호 그 아름다운 풍경, 누구라고 못 오게 하리?

水流花謝兩無情,   수류화사량무정,

送盡東風過楚城.   송춘동풍과초성.

蝴蝶夢中家萬里,   호접몽중가만리,

杜鵑枝上月三更.   두견지상월삼경.

故園書動經年絕,   고원서동경년절,

華髮春催兩鬢生.   화발춘최량빈생.

自是不歸歸便得,   자시불귀귀편득,

五湖烟景有誰爭?   오호연경유수쟁?

【旅懷】旅愁와 같음. 여행 중 나그네로서의 감회를 읊은 것임.

【花謝】꽃이 짐. '謝'는 동사로 꽃 등이 지거나 시듦을 말함.

【楚城】고대 초나라 지역이었던 땅. 장강 남부 湘鄂 지역을 말함.

【蝴蝶夢】《莊子》齊物論에 실려 있는 '호접지몽'을 뜻함. 이 세상의 삶이 환몽과 같다는 뜻. "昔者莊周夢爲胡蝶, 栩栩然胡蝶也, 自喩適志與! 不知周也. 俄然覺, 則蘧蘧然周也. 不知周之夢爲胡蝶與, 胡蝶之夢爲周與? 周與胡蝶, 則必有分矣. 此之謂「物化」."라 함.

【杜鵑】새 이름. 子規, 子雟, 鶗鴂, 催歸, 杜宇 등의 이름이 있으며 봄날의 감회를 읊을 때 흔히 쓰이는 詩材.

【故園書】고향집에서 오는 편지. 家書.

【動】'매번'의 뜻.

【華髮】백발.

【催】일부본에는 '惟'로 되어 있음.

【五湖】지금 江蘇 吳縣에 있는 太湖 및 그 부근의 네 개 호수. 滆湖, 洮湖, 射湖, 貴湖 등. 옛날 越나라 대부 范蠡가 吳나라를 멸한 뒤 이 호수에 배를 띄워 멀리 사라졌음. 王相 주에 "蘇州太湖, 一名五湖, 又名震澤, 又名雷溪"라 함.

【煙景】내가 끼어 자욱한 경치.

原註(王相)

無情去而不能復留也, 水流花謝, 送盡春光, 過楚城而去, 莊周夢蝴蝶, 于夢則萬里之遙; 杜鵑啼血泪, 于醒則三更之月. 因憶故園音信, 經年絶少, 兩鬢班白, 入春更多. 又言予自是不能歸耳. 若歸則五湖烟景, 逍遙自得, 有誰爭景乎!

참고 및 관련 자료

1. 일부본에는 제목이 〈春夕〉, 혹은 〈春夕旅懷〉로 되어 있다. 韻脚은 '情·城·更·生·爭'이다.

2. 최도(崔塗)

당대 시인. 《천가시》에 '崔顥'로 되어 있으나 이는 오류이다.

최도는 자는 禮山이며 당 江南 사람으로 생몰 연대 등은 미상이다. 다만 《全唐詩》小傳에 "崔塗爲唐僖宗光啓四年(888)進士"라 되어 있다. 그의 시를 통해 보면 그는 巴蜀, 湘鄂, 秦隴 일대를 유랑하며 승려, 은자, 도사들과 교유한 인물로 보인다. 《전당시》에 시 1권 100수가 수록되어 있다.

3.《唐才子傳》(9) 崔塗

塗, 字禮山. 光啓四年, 鄭貽矩榜進士及第. 工詩, 深造理窟, 端能竦動人意, 寫景狀懷, 往往宣陶肺腑. 亦窮年羈旅, 壯歲上巴蜀, 老大遊隴山. 家寄江南, 每多離怨之作. 警策如:「流年川暗度, 往事月空明.」〈巫娥〉云:「江山非舊主, 雲雨是前身.」又如:「病知新事少, 老別故交難.」〈孤雁〉云:「渚雲低暗度, 關月冷相隨.」〈山寺〉云:「夕陽高鳥過, 疏雨一鐘殘.」又:「谷樹雲埋老, 僧窗瀑照寒.」〈鸚鵡洲〉云:「曹瞞尙不能容物, 黃祖何因解愛才.」〈春夕〉云:「蝴蝶夢中家萬里, 杜鵑枝上月三更.」〈隴上〉云:「三聲戍角邊城暮, 萬里歸心塞草春.」〈過峽〉云:「五千里外三年客, 十二峰前一望秋」等聯, 作者於此斂衽. 意味俱遠, 大名不虛. 有詩一卷, 今傳.

198

〈答李儋〉 ·························· 韋應物

이담에게 답함

지난 해 봄 그대를 만났다가 헤어지고 나서,
지금 꽃 피는 이 날 벌써 일 년 지났구려.
세상일이란 망망하여 스스로도 헤아릴 수 없는 것,
이 봄 안타까움에 홀로 잠을 이룬다오.
내 몸 병이 많아 고향 생각뿐이지만,
이 읍에 흘러들어 부끄럽게 봉급을 받는 신세.
듣자하니 그대 내 소식을 묻는다지.
서루 저 달 몇 번이나 둥글었는지?

去年春裏逢君別,　　거년춘리봉군별,
今日花開又一年.　　금일화개우일년.
世事茫茫難自料,　　세사망망난자료,
春愁黯黯獨成眠.　　춘추암암독성면.
身多疾病思田里,　　신다질병사전리,
邑有流亡愧俸錢.　　읍유류망괴봉전.
聞道欲來相問訊,　　문도욕래상문신,
西樓望月幾回圓?　　서루망월기회원?

【李儋】위응물의 친구이며 侍御를 지냈던 것으로 보임. 자는 元錫. 구체적인 사적은 자세하지 않음.《천가시》원본에는 '李瞻'으로 잘못 표기하고 있음.

【又一年】일부본에는 '已一年'으로 되어 있음.

【思田里】시골 고향을 생각함. '田里'는 '故里, 鄕里'와 같은 뜻.

【邑】지금의 江西 蘇州를 가리킴.

【俸錢】관리로서 받은 봉록. 봉급.

【西樓】위응물이 蘇州刺史로써 시중의 서루는 蘇州府의 觀風樓를 가리킴.《淸一統志》(78) 蘇州府(2)에 "觀風樓, 在長洲子城西, 龔明之《中吳紀聞》: '唐時謂之西樓, 白居易有〈西樓命宴〉詩, 後更爲觀風, 今復爲西樓.'"라 함.

> **原註(王相)**

此蘇州在官, 因子瞻寄贈而答之也. 言去春花下, 一別忽已經年, 宦海茫茫, 升沈難定, 浮生黯黯, 惟喜長眠, 身多疾病, 而思歸未能. 邑有流離之民, 而食俸堪愧. 聞君欲命, 駕親來問, 訊于我使. 我幾回望月之圓, 不知何時方到也.

> **참고 및 관련 자료**

1. 제목《全唐詩》에〈寄李儋元錫〉으로 되어 있다. 이담은 자가 元錫이며 위응물을 친구이다.《전당시》에 이담의 시는 보이지 않으나 위응물이 그를 두고 읊은〈贈李儋侍御〉,〈贈李儋〉,〈送元錫楊凌〉,〈寄別李儋〉,〈酬李儋〉,〈同元錫題瑯琊寺〉등의 시로 보아 아주 친밀한 관계였음을 알 수 있다. 韻脚은 '年·眠·錢·圓'이다.

2. 위응물(韋應物) 020 참조.

199

〈清江〉 .... 杜甫

맑은 강

맑은 강물 한 구비 마을을 안아 흐르나니,
긴 여름 강 마을 일마다 한가롭도다.
절로 가며 절로 오는 것은 집 위의 제비요,
서로 친하며 서로 가깝기는 물 가운데의 갈매기로다.
늙은 아내는 종이를 그려 장기판을 만들고,
어린 아들은 바늘을 두드려 낚싯바늘을 만들도다.
많은 병에 오직 필요한 것은 약물일 뿐이니,
이 미약한 몸이 이것 외에 무엇을 구하겠는가?

淸江一曲抱村流,	청강일곡포촌류,
長夏江村事事幽.	장하강촌사사유.
自去自來梁上燕,	자거자래량상연,
相親相近水中鷗.	상친상근수중구.
老妻畵紙爲棋局,	로처화지위기국,
稚子敲針作釣鉤.	치자고침작조구.
多病所須惟藥物,	다병소수유약물,
微軀此外復何求?	미구차외부하구?

【江村】 두보의 成都 浣花溪 가의 草堂. 그곳 마을.

【自來自去】 일부본에는 '自來自歸'로 되어 있음.

【梁上燕】 일부본에는 '堂上燕'으로 되어 있음.

【爲棋局】 일부본에는 '成棋局'으로 되어 있음. '棋'는 '棊'와 같음. 바둑판, 혹 장기판을 말함.

【多病所須惟藥物】 일부본에는 '但有故人分祿米'라 하여 전혀 다른 표현도 있음.

【微軀】 미천한 몸. 미천한 신분. 약골의 몸. 평소 강건하지 못한 신체 조건.

【復何求】 일부본에는 '復無求', 혹은 '更何求'로 된 판본도 있음.

原註(王相)

此賦草唐之景也. 長夏之時, 鄕村景物, 事事幽雅. 燕與鷗, 言事物之幽; 局與釣, 言人事之幽. 燕子去來, 鷗相親近, 見與物相忘也. 妻與子, 各爲嬉戲之具, 見俯仰無累, 家室安樂也. 末言老年多病, 惟需藥物以治之, 此外並無一事也.

참고 및 관련 자료

1. 원제목은 〈江村〉이며 두보가 成都 浣花溪 草堂에 살 때인 肅宗 上元 원년(760), 당시 49세 때 작품이다. 그곳 여름의 한적함을 읊은 것으로 널리 애창되고 있다. 韻脚은 '流·幽·鷗·鉤·求'이다.

2. 《杜詩諺解》
물ᄀ 골ᇙ 호 고비 ᄆ슬홀 아나 흐르ᄂ니 긴 녀름 江村애 일마다 幽深ᄒ도다
절로 가며 절로 오ᄂ닌 집 우흿 져비오 서르 親ᄒ며 서르 갓갑ᄂ닌 믌 가온딧 굴며기로다
늘근 겨지븐 죠희를 그려 쟝긔파ᄂᆯ 밍글어늘 져믄 아ᄃ른 바ᄂᆯ를 두드려 고기 낫ᄀᆯ 낙슬 밍ᄀᄂ다
한 病에 얻고져 ᄒ논 바는 오직 藥物이니 져구맛 모미 이 밧긔 다시 므스글 求ᄒ리오(초간본 7)

3. 두보(杜甫) 051 참조.

200

〈夏日〉 ···················· 張未

여름

긴 여름 강 마을 바람과 햇빛 청량한데,
처마의 제비·참새는 이미 날개가 자랐구나.
나비의 날개는 꽃가지 위 한낮에 가루를 말리고,
거미는 구석진 맑은 하늘을 향해 그물을 짠다.
해지자 성긴 발은 달 그림자를 맞이하고,
빈 베개는 졸졸 개울물 소리 듣고 있다.
오랫동안 희끗희끗하던 귀밑머리 눈서리처럼 희어지니,
그저 나무꾼이나 어부처럼 이 삶을 살고 싶다.

長夏江村風日淸,	장하강촌풍일청,
簷牙燕雀已生成.	첨아연작이생성.
蝶衣曬粉花枝午,	접의쇄분화지오,
蛛網添絲屋角晴.	주망첨사옥각청.
落落疎簾邀月影,	락락소렴요월영,
嘈嘈虛枕納溪聲.	조조허침납계성.
久斑兩鬢如霜雪,	구반량빈여상설,
直欲樵漁過此生.	직욕초어과차생.

【簷牙】처마.

【蝶衣】나비의 날개.

【午】한낮. 午時. 가장 더운 한낮을 말함.

【落落】달빛 등이 희미한 상태.

【嘈嘈】개울 물이 졸졸 흐르는 소리를 표현한 것.

【斑】斑白, 머리가 희끗희끗함.《천가시》원본에는 '班'으로 되어 있음.

【漁樵】고기잡이 하는 사람과 나무하는 사람. 산림에 묻혀 은거하는 삶을 말함.

原註(王相)

言江村風日清和, 燕雀初離於簷牙之間, 蝴蝶停翅於和枝而曬粉, 蜘蛛添絲
於屋角補網. 天晚而月映, 疎簾欲暮而溪聲入枕, 洵可佳也. 末言年暮而鬢髮
如雪, 塵事可捐直欲樂隱漁樵, 而娛老景而已.

○宋, 張丰, 字文潛, 官翰林待制.

참고 및 관련 자료

1. 강촌의 여름날 한가로움을 읊은 시이다. 韻脚은 '淸·成·晴·聲·生'이다.

2. 장뢰(張耒. 1052~1112)

송대 시인.《천가시》에 '장봉(張丰)'으로 잘못 판각되어 있다.

장뢰는 자는 文潛이여 楚州 淮陰(지금의 江蘇 淸江縣) 사람으로 北宋 仁宗
皇祐 4년에 태어나 徽宗 政和 2년에 죽었다. 향연 61세. 13살에 능히 문장을
지었고 17세에〈函關賦〉를 지어 사람들이 즐겨 외울 정도였다. 20세 진사에
올라 臨淮主簿, 咸平縣丞을 거쳐 著作郎, 史館檢討가 되었다. 紹聖 연간에
潤州 知州가 되었으나 뒤에 元祐黨에 연루되어 귀양을 가기도 하였다. 휘종
때 다시 불려 太常少卿을 거쳐 潁州, 汝州 知州가 되었다가 다시 당쟁에 휘
말려 좌천되고 말았다. 그는 고문 시사에 능하여 蘇軾 문하에 공부하여 흔히
'蘇門四學士'로 널리 알려져 있다. 二蘇와 黃庭堅, 晁補之 등이 잇따라 세상을
떠나자 장문잠 만이 독보적인 문장가가 되었다. 만년에 문장이 더욱 평담하고
질박하여 白居易와 張籍의 문풍을 다시 진작시키기도 하였다.《苑丘集》,
《柯山集》이 있으며《宋史》에 전이 있다.

201

〈輞川積雨〉 ⋯⋯⋯⋯⋯⋯⋯⋯⋯⋯⋯⋯⋯⋯ 王維

망천의 오랜 비

오랜 비에 빈 숲 속에 연기 피어오르는 것도 느릿느릿.
콩잎 찌고 기장 밥 지어 들 일 하는 곳으로 날라가네.
아득한 논에는 백로가 날아가고,
어둑어둑 여름 숲 속엔 꾀꼬리 요란하다.
산중에서 배운 것은 고요함과 무궁화 관찰,
소나무 아래에서 이슬 먹은 아욱 따며 맑은 마음 묵상하기.
늙은이로서 남과 자리다툼 그만 두니,
바다 갈매기 어찌 서로 의심이나 하겠는가?

積雨空林烟火遲,　　　　적우공림연화지,
蒸藜炊黍餉東菑.　　　　증려취서향동치.
漠漠水田飛白鷺,　　　　막막수전비백로,
陰陰夏木囀黃鸝.　　　　음음하목전황리.
山中習靜觀朝槿,　　　　산중습정관조근,
松下清齋折露葵.　　　　송하청재절로규.
野老與人爭席罷,　　　　야로여인쟁석파,
海鷗何事更相疑?　　　　해구하사경상의?

【輞川】輞谷水. 시내 이름으로 지금의 陝西 藍田縣 남쪽 終南山의 골짜기로 이곳에 왕유는 별장을 지어 輞川莊이라 하였으며 30여 년을 살았음. 그 때문에 그의 시문집이 《輞川集》으로 명명되었음.

【積雨】오랫동안 내리는 비.

【蒸藜炊黍】여뀌 풀(혹 콩잎이라고도 함)로 국을 끓이고 기장으로 밥을 지음.《천가시》원본에는 '蒸梨'로 되어 있음.

【菑】원래는 개간한 지 1년이 되는 밭을 말하나 여기서는 농토를 뜻함.

【漠漠】논에 벼가 조밀하게 잘 자란 모습.

王維의 別業이 있던 輞川.《三才圖會》

【陰陰】나무가 잘 우거져 그늘을 이룸.

【習靜】고요한 마음을 갖기를 연습함. 잡념을 버리고자 함을 말함.

【朝槿】아침에 피어 저녁에 지는 무궁화. 흔히 인생무상을 상징하는 말로 쓰임.

【淸齋】깨끗하게 하여 재계함. 묵상하며 마음을 다스림.

【露葵】이슬을 머금고 있는 아욱.

【爭席】자리를 다툼.《莊子》雜篇 寓言에 실려 있는 고사로 楊朱가 老子에게 학문을 배우러 가는 길에 여관에 들렀을 때 모두 환영하며 자리를 내어 주었으나 그가 학문을 이루고 돌아올 때 같은 여관에 들러 사람들과 도리어 자리를 서로 차지하려 다투었음. 이는 양주가 이미 도를 얻어 그들과 아무런 격차를 두지 않게 되었음을 말하는 것이라 하였음. "其往也, 舍者 迎將, 其家公執席, 妻執巾櫛, 舍者避席, 煬者避竈. 其反也, 舍者與之爭席矣." 라 하였고, 郭象의 주에 "去其夸矜故也"라 함.

【海鷗】《列子》黃帝篇에 실려 있는 고사. 어떤 사람이 바닷가에 나가 늘 갈매기와 어울려 놀자 그 아버지가 그 중 한 마리를 잡아오도록 하였음. 이튿날 바닷가로 나가자 갈매기들이 하나도 가까이 다가오지 않았다 함. "海上之人有好漚鳥者, 每旦之海上, 從漚鳥游, 漚鳥之至者百住而不止. 其父曰: 「吾聞漚鳥皆從汝游, 汝取來, 吾玩之.」明日之海上, 漚鳥舞而不下也. 故曰: 『至言去言, 至爲無爲』齊智之所知, 則淺矣."라 함.

輞川, 地名, 摩詰所居. 因積雨而起遲蒸梨, 吹黍以餉犁田者, 水田白鷺之飛鳴, 朝槿露葵之把玩, 是與物相忘也. 末言野老已無爭席之心, 海鷗何相疑而不相狎乎? 莊子所謂海翁忘機而鷗不飛去卽用此意.

참고 및 관련 자료

1. 원제목은 〈積雨輞川莊作〉이다. 韻脚은 '遲·菑·鸝·葵·疑'이다.
2. 왕유(王維) 013 참조.

202

〈新竹〉 ································· 黃庭堅

새로 자란 대나무

가시나무 꽂아 울타리를 만들어 새로 난 대나무 보호한 것은,
어서 자라 푸른 대나무 물결에 비추는 걸 보고자 한 것.
맑은 바람 땅을 쓸고 가나 가을이 먼저 오고,
붉은 해는 하늘을 운행하되 한낮에도 더위를 모르겠네.
뜯어지는 죽순 마른 껍질 그 소리 사락사락,
대나무 끝 퍼져나니 그림자 어른어른.
고향에 돌아가면 내 자주 그 대나무에게 가리라.
가는 곳마다 대나무 베개와 대나무 자리를 가지고 다니면서.

插棘編籬謹護持,　　　삽극편리근호지,

養成寒碧映漣漪.　　　양성한벽영련의.

清風掠地秋先到,　　　청풍략지추선도,

赤日行天午不知.　　　적일행천오부지.

解籜時聞聲簌簌,　　　해탁시문성속속,

放梢初見影離離.　　　방초초견영리리.

歸閑我欲頻來此,　　　귀한아욕빈래차,

枕簟仍敎到處隨.　　　침점잉교도처수.

【挿棘編籬】 가시나무를 꽂아 울타리를 엮음. 극은 대추나무 등 가시가 있는
    나뭇가지를 말함.
【漣漪】 물결의 작은 파문.
【赤日行天】 한낮. 붉은 해가 하늘을 운행하고 있음. 매우 더운 날씨임에도
    대나무 그늘로 인하여 더위를 느끼지 않음.
【籜】 대나무가 자라면서 죽순을 덮고 있던 얇은 막의 껍질이 벗겨져 나간 것.
    筍殼.
【簌簌】 대나무가 서로 비비며 내는 소리를 형상화한 것임.
【放梢】 막 자라난 신죽의 꼭대기가 뾰족한 모습을 드러냄. 《천가시》에는
    '放稍'로 되어 있음.
【離離】 깨끗하게 펼쳐진 모습.
【枕簟】 베개와 竹席. 점(簟)은 대나무로 짠 자리.

  首言初種竹時, 編棘爲籬以棲之. 培養已成, 有寒碧漣漪, 映水之趣. 風掠
地而先來枝之高也. 日當午而不知寒之密也, 竹苞爲籜籜解而竹梢放其聲, 簌簌
其影, 離離洵可愛也. 安得閒暇頻來此地, 更携枕簟, 而偃卧以玩之耳.

참고 및 관련 자료

1. 새로 자란 대나무를 두고 읊은 詠物詩이다. 韻脚은 '持·漪·知·離·隨'이다.
2. 황정견(黃庭堅) 139 참조.

203

〈表兄話舊〉 ·· 竇叔向

이종 사촌과 옛이야기 나누며

야래향 꽃이 피니 정원 가득 향기로다.
밤은 깊어 보슬비 오니 취한 술이 깨어난다.
멀리서 온 편지 중하나 답장 보낼 길 막막하고,
옛 고생하던 이야기 처량하여 듣기조차 안타깝다.
지난 날 어린 아이 지금 모두 어른이 되었고,
그 시절 친하던 벗들 반은 이미 사라졌네.
내일 아침 다시 외로이 배를 타고 떠나면
하수 다리 옆 그 술집 푸른 휘장 내 어찌 볼 꺼나!

夜合花開香滿庭,	야합화개향만정,
夜深微雨醉初醒.	야심미우취초성.
遠書珍重何由答,	원서진중하유답,
舊事淒涼不可聽!	구사처량불가청!
去日兒童皆長大,	거일아동개장대,
昔年親友半凋零.	석년친우반조령.
明朝又是孤舟別,	명조우시고주별,
愁見河橋酒幔青!	수견하교주만청!

【表兄】姨從 사촌을 말함. 어머니 자매가 낳은 자식과의 관계 호칭.
【舊話】옛 이야기.
【夜合】夜來香, 夜合辛夷花, 夜香花 등으로도 불림. 木本 식물로 청백색의
　꽃이 피며 여름 밤 짙은 향기를 발함.
【何由答】일부본에는 '何由達', '何曾達' 등으로 되어 있음.
【凋零】조락. 시들어 사라짐. 죽음을 뜻함.
【酒幔靑】이별하던 河橋의 술집 장막이 푸른색이었음을 상기한 것.

原註(王相)

　　夜合朝開而暮合. 與表兄敍飮于花下, 微雨初醒之時, 言別後遠隔, 有書難
寄也. 舊日之事, 悽楚難言, 因憶別時, 鄕里之兒童, 今已長大. 昔年之親友,
半已凋零, 明朝兄又別去, 相送河橋, 見酒幔而不勝愁也.
　　○唐, 竇叔向, 字遺植, 扶風人.

참고 및 관련 자료

1. 일부 제목은 〈夏夜宿表兄舊話〉라 되어 있다. 韻脚은 '庭·醒·聽·零·靑'이다.
2. 두숙향(竇叔向)
당대 시인. 자는 遺直, 唐 京兆(陝西 西安) 사람이다. 생몰 연대는 미상이다.
代宗 때 常袞이 재상이 되자 그를 끌어들여 左拾遺, 內供奉으로 삼아주었다.
뒤에 상곤이 폄직되자 溧水令으로 밀려나고 말았다. 다섯 아들 竇羣, 竇常,
竇牟, 竇庠, 竇鞏 등도 모두 詩詞에 뛰어나 《聯珠集》이 전한다. 두숙향은 원래
문집 7권이 있었으나 이미 사라지고 말았다. 《전당시》에 시 9권이 실려 있다.
3. 《唐才子傳》(4)
竇叔向:
叔向, 字遺直, 扶風, 平陵人也. 有卓絶之行, 登第於大曆初, 遠振佳名, 爲文物
冠冕. 詩法謹嚴, 又非常格. 名流才子, 多仰飇塵. 少與常袞同燈火, 及袞相,
引擢左拾遺, 內供奉, 及坐貶, 亦出爲漂水令. 卒. 贈工部尙書. 五子常·牟·羣·庠·鞏,
俱能詩, 咄咄有跨竈之譽, 當時羨之. 《藝文志》載《叔向集》七卷, 今存詩甚寡,
蓋零落久矣.

204

〈偶成〉 ·························· 程顥

우연히 지음

한가하니 일마다 조용하지 않은 것이 없고,
잠에 깨어나니 해가 이미 동창에 붉구나.
만물을 조용히 관찰하니 모두가 자득하고,
사시의 좋은 흥취 사람과 똑같구나.
천지에 도가 통하니 형체 밖도 알 수 있고,
생각은 풍운의 변화 모습 속을 드나든다.
부귀에 마구하지 아니하며 빈천 속에 즐거움을 누리니,
사나이 이런 경지에 이르면 이것이 바로 영웅호걸.

閒來無事不從容,	한래무사부종용,
睡覺東窗日已紅.	수각동창일이홍.
萬物靜觀皆自得,	만물정관개자득,
四時佳興與人同.	사시가흥여인동.
道通天地有形外,	도통천지유형외,
思入風雲變態中.	사입풍운변태중.
富貴不淫貧賤樂,	부귀불음빈천락,
男兒到此是豪雄.	남아도차시호웅.

【從容】 '조용히.' 원래 疊韻連綿語였으나 한국 음에서 바뀐 것임.

【睡覺】 잠에서 깨어남.

【富貴不淫】《孟子》滕文公(下)에 있는 대장부의 정의에 대한 말을 원용한 것.
"孟子曰: ……「居天下之廣居; 立天下之正位; 行天下之大道. 得志, 與民由之;
不得志, 獨行其道, 富貴不能淫; 貧賤不能移, 威武不能屈. 此之謂大丈夫.」"라
하였으며 朱子의 注에 "廣居, 仁也. 正位, 禮也. 大道, 義也. 與民由之, 推其
所得於人也; 獨行其道, 守其所得於己也. 淫, 蕩其心也. 移, 變其節也. 屈,
挫其志也"라 함. 한편《論語》學而篇에는 "子貢曰:「貧而無諂, 富而無驕,
何如?」子曰:「可也; 未若貧而樂, 富而好禮者也.」"라 함.

【男兒到此】 일부본에는 '男兒到處'로 되어 있음.

【豪雄】 호걸이나 영웅의 기질. 그러나 도량.

原註(王相)

言淸閒無事而從容臥起之時, 東方之日已紅矣. 靜觀萬物已思得於心, 佳景
四時, 興與人同. 適道體之大, 天地形影, 風雲變態, 無所不至, 莫有不通,
處富貴而不淫, 安貧賤而自樂, 兒男於此處立得定, 豈不豪雄之丈夫乎!

참고 및 관련 자료

1.《二程全書》에는 〈秋日偶成〉으로 되어 있으며 역시 說理詩이다. 韻脚은
'紅·同·中·雄'이다.

2. 정호(程顥) 085 참조.

205

〈遊月殿〉 ⋯⋯⋯⋯⋯⋯⋯⋯⋯⋯⋯⋯⋯⋯⋯⋯⋯⋯⋯⋯ 程顥

달밤 전각에 노닐며

달 밝은 제방에 사방을 배회하니,
북쪽엔 하늘 높이 백 척 누각이 있었지.
만물은 이미 가을 기운을 따라 모든 것이 변해가고,
한 동이 술로써 애오라지 늦은 저녁 회포를 열어보자.
물 가운데 구름 구름은 한가롭게 비추고,
수풀 아래 샘물 소리 고요 속에 들려온다.
세상 일 단서 없으니 어찌 족히 계산하랴?
다만 좋은 계절 만나면 다시 만날 것을 약속할 뿐.

月坡堤上四徘徊,　　　월파제상사배회,
北有中天百尺臺.　　　북유중천백척대.
萬物已隨秋氣改,　　　만물이수추기개,
一樽聊爲晚涼開.　　　일준료위만량개.
水心雲影閒相照,　　　수심운영한상조,
林下泉聲靜自來.　　　림하천성정자래.
世事無端何足計?　　　세사만단하족계?
但逢佳節約重陪.　　　단봉가절약중배.

【徘徊】 어슬렁거리며 갈 곳을 정하지 못한 상태. 疊韻連綿語.

【百尺臺】 아주 높은 누대를 말함.

【聊爲】 '애써 ~으로 삼음'의 뜻.

【開】 속에 든 회포를 풀어 열어젖힘.

【閒相照】 《천가시》 원본에는 '間相照'로 되어 있음.

【無端】 아무런 단서나 이유가 없음.

【重陪】 거듭 모심. 다시 한번 친구가 되어줌.

原註(王相)

言登堤四望有中天之臺, 在北而最高也. 但見萬物逢秋而蕭然. 一樽向晚而可酌, 觀水面閒雲之影, 淸林下流泉之聲, 秋色猶可觀也. 末言世事多端, 何足計較? 但逢佳節, 不厭登臨, 重陪玩飮可也.

참고 및 관련 자료

1. 《二程全書》에는 〈遊月陂〉로 되어 있으며 역시 說理詩이다. 韻脚은 '徊·臺·開·來·陪'이다.

2. 정호(程顥) 085 참조.

206

〈秋興〉(一) ·· 杜甫

가을 감흥(1)

옥 같은 이슬 단풍 숲을 조락하게 하니,
무산의 무협은 한기로 쓸쓸하다.
강 사이 물결은 하늘 찬 기운을 겸하였고,
먼 이역 바람 구름 땅거미와 함께 하네.
떨기 국화 두 번 피니 지난해처럼 눈물짓고,
외로운 배 한 척 고향 생각 매어 있네.
겨울옷 장만하기 칼질·가위질을 재촉하고,
백제성 높은 곳에 저녁 다듬이 소리 급하구나.

玉露凋傷楓樹林,　　　　옥로조상풍수림,

巫山巫峽氣蕭森.　　　　무산무협기소삼.

江間波浪兼天湧,　　　　강간파랑겸천용,

塞上風雲接地陰.　　　　새상풍운접지음.

叢菊兩開他日淚,　　　　총국량개타일루,

孤舟一繫故園心.　　　　고주일계고원심.

寒衣處處催刀尺,　　　　한의처처최도척,

白帝城高急暮砧.　　　　백제성고급모침.

【玉露】이슬이 맺혀 구슬과 같음.

【凋傷】시들어 조락하게 함.

【巫山巫峽】長江 三峽(西陵峽, 巫峽, 瞿塘峽)의 하나이며 巴山山脈의 주봉. 그 아래 神女廟가 있음.

【蕭森】쓸쓸하면서도 음산한 수풀.《杜詩詳註》(17)에 "波浪在地而曰兼天, 風雲 在天而曰接天, 極言陰晦蕭森之狀"이라 함.

【兩開】국화가 두 번 핌. 2년이 되었음을 말함. 두보가 夔州에 있은 지 이미 2년이 되어 그 슬픈 심정을 말한 것임.《두시상주》(17)에 朱鶴齡의 말을 인용하여 "公至夔已經二秋, 時艤舟以俟出峽, 故再見菊開, 仍隕他日之淚; 而孤 舟乍繫, 輒動故園之心"이라 하였고, 다시 "他日, 言往時. 故園, 指樊川"라 함. 樊川은 지금의 陝西 長安 서쪽으로 당시 두보의 집이 그곳에 있었음.

【白帝城】장강 삼협 중간의 지금의 四川 奉節縣 동쪽 白帝山 위에 있는 성. 삼국시대 劉備가 최후를 마친 곳으로도 유명하며 李白의 〈早發白帝城〉의 시로도 널리 알려진 곳.

【暮砧】저녁 어스름 때의 다듬이 소리. 침(砧)은 다듬잇돌을 말함.

原註(王相)

此公在白帝城外, 舟居而言作. 玉露凋零, 江風葉落, 巫山巫峽, 秋氣蕭森, 兼天波浪接地, 風雲江間, 塞上兵阻, 而事亂矣. 孤舟寄此, 兩見菊開, 故園之思, 一心常繫, 斯時處處, 人家製寒衣, 而催刀尺, 白帝高城, 惟聞響暮砧聲.

참고 및 관련 자료

1. 〈秋興〉은 모두 8수이며 당 代宗 大曆 2년(767) 나이 56세, 夔州에 있을 때 읊은 것이다. 韻脚은 '林·森·陰·心·砧'이다.

2.《杜詩諺解》

玉 ᄀᆞ튼 이스레 싣나못 수프리 뜯드러 히야디니 巫山과 巫峽엣 氣運이 蕭森
ᄒᆞ도다

ᄀᆞ롮 ᄉᆞᅴ옛 믌겨른 하늘해 兼ᄒᆞ야 솟고 邊塞ㅣ 우횟 ᄇᆞᄅᆞᆷ과 구루믄 ᄯᅡ해 니섬
어득ᄒᆞ도다

퍼기옛 菊花ㅣ 두 번 프거늘 다른 날브터 우노라 외ᄅᆞ윈 ᄇᆡᄅᆞᆯ ᄒᆞᆫ번 ᄆᆡ야
이쇼니 故園에 가고져 ᄒᆞᄂᆞᆫ ᄆᆞᅀᆞ미로다
치운 젯 오ᄉᆞᆯ 곧마다 ᄀᆞᆽ애와 자콰로 지ᅀᅩᄆᆞᆯ 뵈아ᄂᆞ니 白帝城ㅅ 노폰 ᄃᆡ셔
나죗 방하ᄅᆞᆯ ᄲᆞᆯ리 딘놋다(초간본 10)

3. 두보(杜甫) 051 참조.

《杜詩諺解》〈秋興〉시 부분

207

〈秋興〉(二) ··· 杜甫

가을 감흥(2)

온 마을 집집이 산으로 둘러싸여 아침 햇살 맑은데,
날마다 강가 누대에 앉아 비취색 산을 바라보도다.
이틀을 고기잡이로 밤을 새운 어부 배가 둥둥 떠가고,
맑은 가을 제비는 여전히 날아다니네.
광형은 상소로 인해 승진을 하였으나 나는 직언으로 쫓겨나고 말았고,
유향은 경을 연구하는 일을 할 수 있었으나 나는 그 일도 어긋나고 말았네.
젊을 때 함께 공부한 소년들 거의 부귀한 집 자제들,
오릉의 젊은이들 가벼운 옷에 살찐 말 타며 즐기고 있네.

千家山郭靜朝暉,　　　　천가산곽정조휘,

日日江樓坐翠微.　　　　일일강루좌취미.

信宿漁人還泛泛,　　　　신숙어인환범범,

淸秋燕子故飛飛.　　　　청추연자고비비.

匡衡抗疏功名薄,　　　　광형항소공명박,

劉向傳經心事違.　　　　류향전경심사위.

同學少年多不賤,　　　　동학소년다불천,

五陵裘馬自輕肥.　　　　오릉구마자경비.

【山郭】 산으로 금을 이은 성곽의 형상. 여기서는 夔州를 가리킴.

【日日】 일부본에는 '百處', 혹 '一日'로 되어 있음.

【翠微】 푸릇한 산색. 그러한 산의 기운.

【信宿】 이틀을 묵는 것을 말함.《左傳》莊公 3년에 "凡師一宿爲舍, 再宿爲信,
過信爲次"라 함.

【故飛飛】 아무 일 없다는 듯이 이리저리 날아가고 날아옴.

【匡衡】 서한 때의 經學者. 元帝 때 丞相을 지냈음. 그가 원제에게 항소하여
그 공을 인정받아 光祿大夫, 太子少傅로 승진되었으나 두보 자신은 房琯을
구하고자 임금에게 상소한 일로 멀리 쫓겨났음을 비유한 것.

【劉向】 漢나라 때의 학자. 역시 황제에게 여러 차례 건의하였으나 채용되지
못하고 낮은 벼슬로 五經을 교감하고 文獻을 정리하는 일로 살았음을 말함.

【五陵】 長陵(漢 高祖의 陵, 지금의 陝西 咸陽縣 동북), 安陵(惠帝, 함양현 동쪽),
陽陵(景帝, 섬서 高陵縣 서남), 茂陵(武帝, 섬서 興平縣 동북), 平陵(昭帝, 홍평현
동북) 등 다섯 능을 말함. 당시 능을 세울 때마다 외척과 부호를 그 근처로
옮겨 거주하게 하여 뒤에 흔히 오릉은 부호귀족이 모여 사는 곳을 뜻하는
말로 쓰였음.

原註(王相)

言山坡之下, 村落千家, 朝日初暉而人方靜之時, 一登江漢之上, 而坐望翠
微也. 信宿漁人, 仍泛泛水中, 淸秋燕子, 飛飛江上. 因憶漢匡衡疏歸直言, 時後
之作宰相, 而我亦直言而遭貶斥; 劉向傳經以明, 而後學而作九卿, 我欲傳經
以世亂而相違. 舊時同學諸少年, 俱已富貴, 輕裘肥馬于五陵之上, 不相聞問也.

참고 및 관련 자료

1. 〈秋興〉 8수 중 셋째 수이다. 韻脚은 '暉·微·飛·違·肥'이다.

2.《杜詩諺解》
즈믄 집 잇ᄂᆞᆫ 묏 城郭애 아ᄎᆞᆷ 힛비치 寂靜ᄒᆞ니 나날 ᄀᆞ롮 樓에 翠微예 안조라
이틄밤 잔 고기 잡ᄂᆞᆫ 사ᄅᆞ믄 도로 비를 ᄯᅴ오고 믈ᄀᆞᆫ ᄀᆞᆶ 져비 삿기ᄂᆞᆫ 부러
ᄂᆞ니놋다

匡衡이 抗疎호매 功名엷고 劉向傳經ᄒ야늘 ᄆᄉ맷 이리 어긔르체라
흔듸셔 글 빈호던 져믄 사ᄅ미 해 賤ᄒ디 아니ᄒ니 五陵에셔 옷과 ᄆᆯ왜 제
가비야오며 슬지도다(초간본 10)

3. 두보(杜甫) 051 참조.

208

〈秋興〉(三) ……………………………………………… 杜甫

가을 감흥(3)

봉래궁은 종남산을 마주 대하고,
이슬받이 구리 기둥 은하까지 뻗어 있네.
서쪽을 바라보니 요지의 서왕모가 내려오고,
동쪽에는 보랏빛 서기가 함곡관에 가득하다.
구름 같은 임금 일산 궁중에서 펼쳐지니,
해는 임금의 용 비늘 무늬를 감싸 안으니 황제 얼굴을 알아보네.
한 번 이 창강에 누워 세월이 이미 늦었음에 놀라고,
내 그 몇 번 궁궐 문 들어서 조회에 참석했던고?

蓬萊宮闕對南山,　　　봉래궁궐대남산,
承露金莖霄漢間.　　　승로금경소한간.
西望瑤池降王母,　　　서망요지강왕모,
東來紫氣滿函關.　　　동래자기만함관.
雲移雉尾開宮扇,　　　운이치미개궁선,
日繞龍鱗識聖顔.　　　일요룡린식성안.
一臥滄江驚歲晚,　　　일와창강경세만,
幾回靑鎖點朝班.　　　기회청쇄점조반?

【蓬萊宮】大明宮을 말함. 당 太宗 貞觀 8년(634)에 건축하여 永安宮이라 하였다가 高宗 龍朔 2년(662)에 증축하고 이름을 봉래궁으로 바꾸었음. 지금의 장안 남쪽에 있었음. 《唐會要》(30) 大明宮에 "貞觀八年十月, 營永安宮, 至九年正月, 改名大明宮. ……龍朔年, 高宗染風痺, 以宮內湫濕, 乃修舊大明宮, 改名蓬萊宮, 北據高原, 南望爽塏"라 함.

【南山】終南山.

【承露金莖】이슬을 받는 구리 기둥. 한 무제 때 건장궁에 승로반을 설치하여 이슬을 받아 신선수로 썼는데 그 높이는 12장, 둘레 일곱 아름의 구리 기둥으로 하였다. 그리고 그 위에 선인장 형상을 만들어 하늘의 이슬을 받아 장수에 도움이 되도록 하였다. 《三輔故事》참조. '金莖'은 구리 기둥.

【霄漢】하늘 높이 있는 雲漢. 은하수.

【瑤池】西王母가 사는 곳. 《漢武內傳》에 "七月七日漢武帝居承華殿, 西王母自瑤池來"라 하였으며 여기서는 唐 玄宗과 楊貴妃를 비유함.

【東來紫氣滿函關】동방에 길상의 징조가 있음. 《關尹內傳》에 "關令尹喜嘗登樓望見東極東紫氣西邁, 曰: '應有聖人經過.' 過見老君乘靑牛車來"라 하였음. 여기서는 天寶 元年 田同秀가 老君(老子)이 永昌街에 나타났다 하면서 靈寶의 부적을 函谷關 尹喜의 사당에 가져다 놓았다고 말하자 현종이 사람을 보내어 이를 구해오도록 한 일을 말함. 《杜詩詳註》(13) 참조.

【雲移雉尾】꿩의 꼬리 깃털로 장식한 큰 일산이 마치 구름이 움직이듯 함.

【龍鱗】임금의 곤룡포에 그려진 용 비늘 무늬의 장식.

【蒼江】파랗게 푸른 강.

【靑鎖】대궐의 대문에 푸른 색 자물쇠 도안을 그려 넣어 궁문을 대신하는 말로 쓰임.

【朝班】조정에서 반열을 이루어 회의를 함.

原註(王相)

因憶長安盛時, 築蓬萊宮于終南山, 北置承露盤于霄漢之間. 天子臨幸, 西望瑤池, 疑王母之欲降, 東瞻函谷, 迓紫氣之方, 盈寶扇開于雉尾. 日色映于袞龍. 甫也小臣, 會于此而識聖天子之顏焉. 豈期方棄以來, 一臥滄江暮年, 晚歲空懷故國之思, 幾回于靑鎖宮門, 會點朝班之上也?

1. 〈秋興〉8수 중 다섯 째 수이다. 韻脚은 '山·間·關·顔·班'이다.

2. 《杜詩諺解》

蓬萊宮闕이 南山을 相對ᄒᆞ얫ᄂᆞ니 이슬 받ᄂᆞᆫ 金莖은 하ᄂᆞᆳ ᄉᆞᅴ예 티와댓도다

西ㅅ녀그로 瑤池를 ᄇᆞ라니 王母ㅣ ᄂᆞ리고 東녀그로셔 오ᄂᆞᆫ 블근 氣ᄂᆞᆫ 函關애 ᄀᆞ득ᄒᆞ얫도다

구루미 ᄭᅰᆼ의 ᄭᅩ리예 올ᄆᆞ니 宮扇이 열오 ᄒᆡ 龍이 비느레 버므니 님긊 ᄂᆞ츨 알리로다

ᄒᆞᆫ번 蒼江애 누워셔 歲의 느저가ᄆᆞᆯ 놀라노니 몃 디위를 靑瑣門에 朝班을 혜아리가니오(초간본 6)

3. 두보(杜甫) 051 참조.

209

〈秋興〉(四) ··· 杜甫

가을 감흥(4)

곤명지는 한나라 무제의 업적이요,
무제의 그 깃발 눈앞에 뵈는 듯하네.
직녀의 베 짜는 형상의 조각품은 헛되이 빈 달을 마주하고 있고,
돌고래 비늘은 가을 바람에 흔들린다지.
파도에 흔들리는 고미 풀은 검은 구름 색으로 변하였고,
찬이슬의 연밥은 분홍 꽃대가 떨어져 나간 지 이미 오래되었네.
관문과 요새는 지극히 높아 새나 겨우 날아갈 정도인데,
이 넓은 강호에 나는 그저 하나의 늙은 어부와 같은 신세.

昆明池水漢時功,	곤명지수한시공,
武帝旌旗在眼中.	무제정기재안중.
織女機絲虛夜月,	직녀기사허야월,
石鯨鱗甲動秋風.	석경린갑동추풍.
波飄菰米沉雲黑,	파표고미침운흑,
露冷蓮房墜粉紅.	로랭련방추분홍.
關塞極天惟鳥道,	관새극천유조도,
江湖滿地一漁翁.	강호만지일어옹.

【昆明池】 한 무제 때 연독국(身毒國, 인도를 가리킴)으로 통하는 길을 개척하려
　하였으나 越嶲와 昆明(지금의 雲南)에서 길을 막자 元狩 3년(기원전 120)
　武帝가 장안 근교에 昆明의 滇池와 같은 형상의 인공 못을 만들어 水戰
　연습지로 사용하였음.(《西京雜記》참조) 北朝 때 물이 마르자 唐 德宗 貞元
　13년(797)에 다시 준설하여 灃水의 물을 끌어들여 못을 만들었으나 宋 이후
　다시 메워지고 말았음.

【織女機絲】 곤명지에 서로 마주보는 牽牛와 織女의 두 石人의 형상을 만들어
　세웠었음.《杜詩鏡銓》(13)에 曹毗의 《志怪》를 인용하여 "昆明池作二石人,
　東西相望, 象牽牛織女"라 하였으며 〈西都賦〉注에 "作牽牛織女於左右, 以象
　天河"라 함.

【石鯨鱗甲】 곤명지에 세운 돌로 물고기 형상을 만들었는데 우레가 치면 그
　지느러미와 꼬리가 흔들렸다 함.《西京雜記》(1)에 "昆明池, 刻玉石爲魚, 每至
　雷雨, 魚常鳴吼, 鬐尾皆動"이라 함.

【菰米】 茭白. 줄풀의 일종으로 그 중 일부 열매가 맺으며 이를 彫胡米라 불렀음.

【露冷】 이슬이 차가움.

【墜粉紅】 가을이 되어 이미 연꽃은 지고 열매가 맺음. 그 때문에 분홍의
　꽃대가 떨어져 나갔음을 말함.

【關塞極天惟鳥道】 현종이 安祿山의 난으로 蜀으로 피난하였으며 蜀地는
　산이 높고 험하여 겨우 새만 넘어 다닐 수 있음을 말함. '關塞'는《천가시》
　원본에는 '關寒'으로 잘못 표기되어 있음.

原註(王相)

　昆明池, 漢時所開, 武帝演水師之處也. 鑿石鯨于池中, 每至風雨時, 鱗甲
皆動. 又鑿牛郎, 牽牛織女, 當機之形, 長安道天寶祿山之亂, 宮闕空虛, 池上
瓜未蓮房, 皆飄墮於波中, 無人收拾也. 關塞極天, 惟鳥道一線之路可通.
故明皇避亂而幸蜀, 江湖滿地之廣, 一身飄泊無依, 如漁翁之泛於江中也.

참고 및 관련 자료

1. 〈秋興〉8수 중 8번째 수이다. 韻脚은 '功·中·風·紅·翁'이다.

2. 《杜詩諺解》

昆明 모샛 므른 漢時節ㅅ 功이니 武帝의 旌旗ㅣ 누네 이셔 뵈ᄂᆞ다
織女의 뵛트렛 시른 듨바미 부엿고 돌고래의 비느른 ᄀᆞ숤 ᄇᆞᄅᆞ매 움즈기놋다
믌겨레 菰米 ᄢᅥ시니 거믄 구루미 ᄃᆞ맷ᄂᆞᆫ ᄃᆞᆺ고 이스리 蓮ㅅ 고지 서늘ᄒᆞ니
粉紅이 듣놋다
關塞ㅣ 하ᄂᆞᆯ해 니르러 오직 새 ᄃᆞ니ᄂᆞᆫ 길히로소니 江湖ㅣ ᄀᆞ득흔 ᄯᅡ해 흔
고기 잡는 늘그니로라(초간본 6)

3. 두보(杜甫) 051 참조.

210

〈月夜舟中〉 ·· 戴復古

달밤 배 안에서

배안 가득 밝은 달, 마치 허공에 배가 뜬 것 같구나.
파란 물결 흔적 없고 밤 기운이 몰려온다.
시상은 돛대 그림자를 따라 물속을 부침하고,
꿈 속 몽상도 노 젓는 소리 따라 흔들리며 끌려간다.
별들은 차갑게도 푸른 물로 떨어지고,
기러기 슬픈 울음 붉은 여뀌에 부는 바람 소리와 함께 한다.
점점의 어부 등불 옛 언덕에 그대론데,
끊어진 다리 위로 이슬 젖은 오동잎 진다.

滿船明月浸虛空,   만선명월침허공,

綠水無痕夜氣沖.   록수무흔야기충.

詩思浮沉檣影裡,   시사부침장영리,

夢魂搖拽櫓聲中.   몽혼요예로성중.

星辰冷落碧潭水,   성진랭락벽담수,

鴻雁悲鳴紅蓼風.   홍안비명홍료풍.

數點漁燈依古岸,   수점어등의고안,

斷橋垂露滴梧桐.   단교수로적오동.

【浸虛空】《천가시》원본에는 '靜虛空'으로 되어 있음.

【詩思】시흥, 시상.

【浮沉】《천가시》원본에는 '浮沈'으로 되어 있음.

【檣】돛을 매달 수 있는 긴 장대. 돛대.

【紅蓼風】蓼花가 피는 때의 가을 바람. 蓼花는 식물 이름으로 紅蓼, 石龍
이라고도 하며 여뀌의 일종. 1년생 초본식물로 물가에 핌.

【斷橋】허물어 끊어진 채 방치된 낡은 다리.

言滿船載月, 承光夜氣之浮空, 詩興浮沈搖櫓下. 錦, 帆之錦. 而未定夢魂,
飄蕩于櫓槳之中, 而未寧驚醒, 而時星辰, 映水鴻雁, 鳴風碧潭, 紅蓼之間, 惟有
漁燈數點, 梧桐垂露, 滴斷橋之下而已. 極言秋夜之景也.

참고 및 관련 자료

1. 이는 寫景詩로써 대자연의 경색을 아름답게 읊은 것이다. 韻脚은 '空·沖·
中·風·桐'이다.

2. 대복고(戴復古) 138 참조.

211

〈長安秋望〉 ·· 趙嘏

장안의 가을

가을 경관 새벽이 되니 더욱 처량하고,
한나라 궁궐 이 가을에 높이 솟아 있네.
남은 별 몇 떨기 기러기는 가로질러 북방으로 날고,
긴 피리 한 소리 누각에 기대어 듣고 있네.
보랏빛 국화 울타리에 반쯤 피어 고요하고,
붉은 꽃잎 도랑 가에 다 지고 그 연꽃 수심에 찬 듯.
송강 농어 제 맛 날 때건만 돌아가지 못한 채,
한갓 남쪽 초나라 관을 쓴 채 포로 흉내내고 있네.

雲物淒涼拂署流,　　　　　　운물처량불서류,

漢家宮闕動高秋.　　　　　　한가궁궐동고추.

殘星幾點雁橫塞,　　　　　　잔성기점안횡새,

長笛一聲人倚樓.　　　　　　장적일성인의루.

紫艶半開籬菊靜,　　　　　　자염반개리국정,

紅衣落盡渚蓮愁.　　　　　　홍의락진저련수.

鱸魚正美不歸去,　　　　　　로어정미불귀거,

空戴南冠學楚囚.　　　　　　공대남관학초수.

【雲物】 세상 모든 만물의 풍경.

【拂署】 《천가시》 원문에 '拂署'로 되어 있으나 《全唐詩》에는 '拂曙'로 되어
있음. 새벽이 됨을 말함.

【紫艶】 보라색의 아름다운 국화.

【紅衣】 연꽃을 말함.

【鱸魚】 晉나라 때 張翰(자는 季鷹)이 洛陽에서 벼슬을 할 때 가을 바람이
불어 고향 吳中 松江의 菰菜와 순갱(蓴羹), 농어회(鱸魚膾)가 생각이 나자
불현듯 "고향을 떠나 천리 먼 곳에 벼슬이 뭐 그리 대단한 것이랴!"하며
고향으로 떠나버렸음. 《晉書》 文苑傳 張翰 참조. 한편 《世說新語》 識鑒篇
에도 "張季鷹辟齊王東曹掾, 在洛, 見秋風起, 因思吳中菰菜·蓴羹·鱸魚膾,
曰:「人生貴得適意爾! 何能羈宦數千里以要名爵?」遂命駕便歸. 俄而齊王敗,
時人皆謂爲見機"라 함.

【楚囚】 남쪽 초나라에서 잡혀온 포로. 《左傳》 成公 9년에 "晉侯觀于軍府,
見鍾儀, 問之曰: '南冠而絷者誰也?' 有司對曰: '鄭人所獻楚囚也.'"라 함.
여기서는 시인 자신이 장안에 벼슬하다가 돌아가지 못하고 남방에 묶여
이러한 꼴이 되지 않을까 여긴 것임.

原註(王相)

署, 官舍也. 言庭際當秋, 輕雲拂署, 望朝廷之宮闕, 高凌秋漢, 殘星猶在,
而雁塞橫空, 長笛一聲, 而危樓自倚. 籬菊半開, 紫艶初芳, 渚蓮凋落, 紅衣盡卸.
斯時也, 松江之鱸魚, 正美而不能歸, 空帶南冠如楚囚之繫於晉也.

○楚, 鍾儀被晉師所獲, 晉公見而問之曰:「南冠面繫者, 誰也?」疑其戴南人
之冠, 非晉人也. 命其奏樂儀操南音, 公以其不忘故國, 命釋放之.

○唐, 趙嘏, 字承祐, 仕至渭南尉.

참고 및 관련 자료

1. 이 시의 원래 제목은 〈長安晚秋〉, 혹 〈秋夕〉로 되어 있다. 韻脚은 '流·秋·
樓·愁·囚'이다.

2. 조하(趙嘏) 155 참조.

212

〈新秋〉 ··· 杜甫(?)

가을이 시작되어

불 같던 구름 아직 기이한 봉우리 거두지 아니하였으나,
베개에 기대었다가 잎 하나 지는 소리에 놀라도다.
원림 몇 곳 훑어보니 모두가 쓸쓸한 풍경으로 변해 가는데,
적막이 싸인 속에 그 어느 집 벌써 다듬이 소리인가?
매미 소리 남은 달빛 아래 이어졌다 끊어졌다 구슬프고,
반딧불은 저녁 하늘에 높고 낮게 떠다닌다.
부 한 편 지어 미앙궁에 다시 바치고자 하다가
밤이 깊어 머리만 긁으며, 흩날리는 쑥대 같은 내 신세를 한탄한다.

火雲猶未斂奇峯,	화운유미렴기봉,
欹枕初驚一葉風.	의침초경일엽풍.
幾處園林蕭瑟裡,	기처원림소슬리,
誰家砧杵寂寥中?	수가침저적료중?
蟬聲斷續悲殘月,	선성단속비잔월,
螢燄高低照暮空.	형염고저조모공.
賦就金門期再獻,	부취금문기재헌,
夜深搔首歎飛蓬!	야심소수탄비봉!

【奇峯】구름이 이루는 기이한 산봉우리 형상. 顧愷之의 〈神情〉 시(혹 陶淵明의 〈四時〉로 잘못 알려짐)에 "春水滿四澤, 夏雲多奇峯. 秋月揚明輝, 冬嶺秀孤松"이라 함.

【欹枕】베개에 비스듬히 기댐.

【一葉風】가을 바람이 불어오기 시작함. 당승의 시에 "山僧不解數甲子, 一葉落知天下秋"라 함.

【蕭瑟】가을 바람이나 풍경, 정취가 쓸쓸함을 나타내는 雙聲連綿語.

【砧杵】다듬잇돌과 다듬이 방망이. 여기서는 겨울옷 준비를 위해 다듬이질을 하는 것을 말함.

【螢燄】반딧불.

【金門】漢나라 때 未央宮의 궁문. 그 문 곁에 銅馬를 세워두어 金馬門이라 하였으며 줄여서 金門이라 함. 여기서는 당나라 궁문을 말함.

【再獻】다시 그 圖錄을 지어 바침.

【飛蓬】가을 바람에 이리저리 쓸려 다니는 쑥을 말함. 혹 그와 같은 나그네 신세를 형용하는 말.

原註(王相)

言火雲未收而涼風未收, 蕭瑟之氣, 入于園林, 砧杵之聲, 響于夜靜見人之, 因秋而備寒也; 蟬聲斷續, 螢燄高低見蟲煩, 隨時而飛鳴也. 末言欲獻策於金馬門, 以求進奈鬢髮如飛蓬流光易衰老, 時搔首而自嘆也.

참고 및 관련 자료

1. 두보의 작품인지 정확하지 않다. 두보의 어떤 시집에도 이 시가 수록되어 있지 않다. 韻脚은 '峰·風·中·空·蓬'이다.

2. 《千家詩》에 '杜甫' 작으로 되어 있으나 《두보집》에는 이 시가 들어 있지 않다. 그리고 劉克莊의 《後村千家詩》에는 이 시의 前半部 만을 싣고 '孫僅'의 작품이라 하였다. 손근은 송사에 그 형 孫何의 뒤에 부록으로 들어 있으며 北宋 太祖 開寶 원년(969)에 태어나 眞宗 天禧 원년(1017)에 향년 49세로 죽었음. 일생 유학에 힘써 咸平 원년(998)에 진사에 오른 뒤 형과 더불어 크게

중시를 받았던 인물이다. 문집 50권이 있다. 그러나 여기 이 시 역시 그의 작품도 아닌 것으로 보이며 구체적으로 누구의 작품인지 알 수 없다.

213

〈中秋〉 .... 李朴

중추

달이 허공에 당도하니 보경을 띄워놓은 것 같구나.
은하수 사이에서 적막하게 그 어떤 소리도 없이.
광활한 가을빛에 둥근 원을 가득 채운 채,
긴 밤을 구름 가는 길 함께하며 천리를 밝혀주네.
교활한 토끼는 그 모습 상하현 달 밖으로 몸을 감추고,
요사한 두꺼비는 눈앞에 나타나기를 그만두었구나.
영험한 뗏목을 타고 손잡고 함께 가 보려 했더니,
그래도 은하수 바닥까지 밝은 날을 기다려야 하겠네.

皓魄當空寶鏡升,　　　호백당공보경승,

雲間仙籟寂無聲.　　　운간선뢰적무성.

平分秋色一輪滿,　　　평분추색일륜만,

長伴雲衢千里明.　　　장반운구천리명.

狡兔空從弦外落,　　　교토공종현외락,

妖蟆休向眼前生.　　　요마휴향안전생.

靈槎擬約同攜手,　　　령사의약동휴수,

更待銀河徹底清.　　　경대은하철저청.

【皓魄】흰 달을 말함.

【寶鏡】둥근 달이 거울 같음.

【仙籟】신선 세계의 음악. 籟는 《莊子》의 天籟, 地籟, 人籟를 합하여 비유한 것.

【雲衢】구름이 흘러가는 길.

【狡兎】고대 전설에 토끼가 달 계수나무 아래에서 약을 찧고 있다 하였음.

【弦】상현달이나 하현달. 상현은 초승달로 매월 초 8일 전후 동쪽이 반쯤 보이지 않는 형태이며 하현은 매월 23일 전후 서쪽 반이 보이지 않아 마치 활을 굽혀놓은 것과 같음. 토끼는 달의 가운데 있지 않아 보름에는 그 모습이 보이지 않음을 말함.

【妖蟆】달에 사는 두꺼비. 蟾月의 다른 말. 중국에서는 이 두꺼비가 달을 먹어 월식이 생긴다고 믿었음. 따라서 여기서는 보름달에 그 두꺼비는 보이지 않음을 말함.

【靈槎】고대 신령스러운 뗏목을 타고 은하수에 다녀왔다는 고사를 말함. 王相 注에 "漢張騫乘槎以涉天河之事"라 하였으며, 《博物志》(10)에 "舊說云: 天河與海通. 近世有人居海渚者, 年年八月有浮槎, 去來不失期. 人有奇志, 立飛閣於查上, 多齎糧, 乘槎而去. 十餘日中, 猶觀星月日辰, 自後芒芒忽忽, 亦不覺晝夜. 去十餘日, 奄至一處, 有城郭狀, 屋舍甚嚴, 遙望宮中多織婦. 見一丈夫, 牽牛渚次飮之. 牽牛人乃驚問曰: 「何由至此?」 此人具說來意, 幷問此是何處. 答曰: 「君還至蜀郡, 訪嚴君平則知之.」 竟不上岸, 因還如期. 後至蜀, 問君平曰: 「某年月日, 有客星犯牽牛宿.」 計年月, 正是此人到天河時也"라 하여 은하수에 다녀온 사람이 있었다 함.

【銀河】天河, 天漢, 雲漢. 은하수, 미리내.

（原註(王相)）

皓魄以影, 言寶鏡以形, 言仙籟無聲, 言月靜風閒也. 狡兎妖蟆, 皆月中之形. 兎能生光, 蟆能蝕魄. 靈槎, 漢張騫乘槎以涉天河之事. 言如此明月平分秋色, 千里光明, 安得狡兎不虧其光, 妖蟆不蝕其魄? 舟泛天河之槎, 以玩銀河之淸澈乎! 有淸心克欲不移外誘之意.

○季朴, 唐人, 爵里未詳.

1. 이는 영물시로써 중추 만월을 두고 읊은 것이다. 韻脚은 '聲·明·生·淸'이다.

2. 이박(李朴. 1064~1128)

송대 인물. 《천가시》에 "季朴, 唐人, 爵里未詳"라 하여 '계박(季朴)'으로 되어 있으나 이는 판각의 오류이다. 《宋詩紀事》(34)에 의해 바로잡았다.

이박은 자는 先之, 章貢先生이라 불렸다. 虔州 興國(지금 江西) 사람으로 北宋 英宗 治平 원년에 태어나 南宋 高宗 建炎 2년에 죽었다. 향년 65세. 紹聖 원년(1094) 진사에 올라 虔州敎授, 著作郎을 역임하였다. 성품이 강직하고 불의에 굴하지 않아 程頤가 그를 대단히 아꼈다고 한다. 欽宗이 즉위하여 국자좨주(國子祭酒)에 올랐으나 병으로 나가지 못하였다가 고종 때 秘書監이 되었으나 얼마 뒤 죽고 말았다. 寶文閣待制로 추증을 받았으며 《章貢集》 20권을 남겼다. 《송사》에 전이 있다.

214

〈九日藍田會飮〉 ··· 杜甫

중양절 남전에서 함께 술을 마시며

늙어감에 가을에 대한 슬픔을 억지로 덜어 버리려,
흥이 다가오는 오늘 그대와 실컷 마시려 하네.
머리 짧아 바람에 모자가 날리는 실례를 부끄럽게 여겨,
빙긋이 웃으며 옆 사람 주워주는 모자 다시 바르게 쓰네.
남수는 멀리 천 골짜기 석간수가 떨어져 모여 흘러온 것이요,
옥산은 화산의 두 봉우리 찬 기운이 모여 그토록 높아진 것이지.
내년 이 모임에 누가 지금처럼 건강한 몸으로 다시 만날지?
취한 채 수유꽃을 자세히 살펴보네.

老去悲秋强自寬,　　　　로거비추강자관,

興來今日盡君歡.　　　　흥래금일진군환.

羞將短髮還吹帽,　　　　수장단발환취모,

笑倩旁人爲正冠.　　　　소천방인위정관.

藍水遠從千澗落,　　　　람수원종천간락,

玉山高並兩峯寒.　　　　옥산고병량봉한.

明年此會知誰健?　　　　명년차회지수건?

醉把茱萸仔細看.　　　　취파수유자세간.

【九日】음력 9월 9일 重陽節. 登高節. 국화주를 마시며 수유꽃을 머리에 꽂아 액을 물리치고 높은 곳에 오르는 습속이 있음.

【藍田】지명. 지금의 陝西 長安 동남쪽.

【强自寬】억지로라도 마음을 넓게 가지려 애를 씀. 고민이나 근심을 없애고자 함.

【吹帽】바람이 불어 모자를 날림. '落帽'의 고사를 말함. 《晉書》桓溫傳에 孟嘉가 桓溫의 征西參軍이었는데 9월 9일 환온을 따라 龍山에 이르러 좌우가 모두 모여 군복으로 갈아입자 갑자기 바람이 불어 맹가의 모자가 날아가고 말았으나 맹가는 이를 모른 채 있었음. 조금 뒤 맹가가 변소에 가고 없을 때 환온이 孫盛에게 명하여 맹가의 모자 날린 일을 조소하여 글을 짓도록 하고 그 글을 맹가의 자리에 놓아두었음. 맹가가 돌아와 이를 보고 그에 답문을 지었는데 두 작품 모두 훌륭하여 칭찬을 받았음. 杜甫는 이 일을 뒤집어 모자를 날리지 않은 것을 풍류로 여긴 것임.

【藍水】藍溪라고도 하며 陝西 商縣 서북 秦嶺에서 발원하여 藍田으로 흘러드는 물.

【玉山】藍田山. 고대 이 산에서 옥이 산출되어 玉山이라 함. 華山 근처에 함께 있음.

【茱萸】香草 이름으로 골짜기나 냇가에 나며 山茱萸, 吳茱萸, 食茱萸 3종이 있으며 중양절에 이 꽃을 머리에 꽂아 액을 제거함.

原註(王相)

自歎老年悲秋, 甚難自適. 今日飮酒之興, 與君盡歡, 不復悲矣. 然老來髮短, 恐效孟生之落帽. 故笑倩傍人, 爲正其冠也. 藍水玉山, 秋景堪玩. 今者, 與諸君歡飮, 明年此日, 吾輩之中, 未知誰人猶健乎? 故醉看茱萸以遣佳興也.

참고 및 관련 자료

1. 《全唐詩》(224)와 《杜詩詳註》(6), 《杜詩鏡銓》(5) 등에 모두 제목을 〈九日藍田崔氏莊〉이라 하였다. 두보가 肅宗 乾元 원년(758) 華州司功이었을 때 藍田의 崔氏 집에 이르러 지은 것으로 그 때 나이 47세였다. 韻脚은 '寬·歡·冠·寒·看'이다.

2.《杜詩諺解》

늘거 가매 구슬흘 슬허서 고들파 내 무슨물 어위키 ᄒ노니 興이 오거늘 오늜
나래 그듸와 歡樂호믈 다ᄋ노라

뎌른 머리터리를 가져 도로 頭巾에 불유믈 붓그려 웃고 겨틧 사ᄅ믈 비러
爲ᄒ야 冠을 고티이노라

藍水는 머리 즈믄 시내를 조차 디거늘 玉山은 노피 두 묏부리를 굴와 서늘
ᄒ얏도다

오는 ᄒᆡᆯ 이 會集에 아노라 뉘 健壯ᄒ야실고 醉코 茱萸를 자바셔 子細히
볼 디로다(초간본 11)

3. 두보(杜甫) 051 참조.

215

〈秋思〉 ··· 陸游

가을의 상념

이익과 욕망은 사람을 쇠꼬리에 불을 붙여 몰 듯하지만,
강호를 떠돌며 마치 갈매기같이 자유로운 내 모습.
하루가 마치 한 해처럼 길다는 것은 한가한 자만이 알게 되는 법,
하늘 아래 크다는 일 일단 취하면 역시 쉬어야 한다네.
겨울옷 준비 다듬이 소리 깊은 골목에 달은 져가고,
오동잎 휘돌아 떨어지는 고향의 가을일세.
늙은 눈 편히 두어 더 높은 곳 볼일 없으니,
어찌 원룡의 백척루 같은 고매함을 기대하랴!

利欲驅人萬火牛,	리욕구인만화우,
江湖浪跡一沙鷗.	강호랑적일사구.
日長似歲閒方覺,	일장사세한방각,
事大如天醉亦休.	사대여천취역휴.
砧杵敲殘深巷月,	침저고잔심항월,
梧桐搖落故園秋.	오동요락고원추.
欲舒老眼無高處,	욕서로안무고처,
安得元龍百尺樓!	안득원룡백척루!

【火牛】戰國 시대 燕나라가 齊나라 70여 개 성을 모두 함락하고 오직 莒와 卽墨만 남았을 때 田單이 소의 뿔에 칼을 달고 소꼬리에 불을 달아 내달리 도록 하여 연나라 군사를 물리친 고사.《史記》田單列傳 및《戰國策》참조. 여기서는 이익에 대한 욕심이 모든 사람을 마치 화우처럼 내몰고 있음을 비유한 것.

【休】그침. 생각하지 않음. 망각함.

【元龍】三國 시대 陳登을 말함. 자는 元龍. 呂布를 끌어들인 공으로 伏波將 軍에 봉해짐. 학문과 덕행에 뛰어나 당시 명성이 높았음. 劉表와 劉備가 천하 영웅을 거론할 때 곁에 있던 許汜가 "陳元龍湖海之士. 豪氣不除"라고 폄하하자 유비가 그 이유를 물었다. 이에 허사는 "昔遭亂過下邳, 見元龍. 元龍無客主意, 久不相與語, 自上大牀臥, 使客臥下牀"이라 대답하였다. 이에 유비는 "君有國士之名, 今天下大亂, 帝主失所, 望君憂國忘家, 有救世之意, 而君求田問舍, 言無可采, 是元龍所諱也, 何緣當與君語? 如大小, 欲臥百尺 樓上, 臥君於地, 何但上下牀之間邪?"라 함.

原註(王相)

　火牛, 田單破燕之事, 言功利嗜慾驅迫, 百勝于火牛, 江湖浪跡之人, 若沙 鷗之閒適也. 日長如年, 惟閒人方覺, 事大如天, 醉後亦休, 聽砧杵之聲, 至月 落而方止, 見梧桐之落, 知故園之先秋, 欲舒老眼看此秋光, 奈無高處, 安得 陳元龍百尺之樓, 以眺此秋光乎?

　○宋, 陸游, 字務觀, 號放翁, 平湖人, 官至轉運使.

참고 및 관련 자료

1. 육유의《劍南詩稿》에 〈秋思〉라는 제목의 시가 상당히 많다. 실제 송대 시인의 특유한 說理的 내용이 抒情的 감흥보다 많다. 韻脚은 '牛·鷗·休·秋· 樓'이다.

2. 육유(陸游. 1125~1210)
송대 애국시인. 자는 務觀, 호는 放翁, 越州 山陰(지금의 浙江 紹興) 사람으로 北宋 徽宗 宣和 7년에 태어나 南宋 寧宗 嘉定 3년에 죽었다. 향년 86.

육유가 태어날 때 마침 靖康之難이 일어나 아버지를 따라 피난하였다. 12세에 능히 시문을 지었으며 高宗 紹興 연간에 禮部 과거에 급제하였으나 秦檜에게 죄를 얻어 쫓겨나고 말았다. 38세에 孝宗이 그를 진사 신분으로 조정에 나올 것을 청하여 鎭江, 隆興通判이 되었다. 乾道 6년(1170) 蜀으로 들어가 夔州 通判, 四川制置使司參議官을 거쳐 嚴州知州가 되었다. 다시 서울로 돌아와 國史 修撰이 되었으며 寶章閣待制를 거쳐 渭南縣開國伯에 봉해졌다. 그의 시문은 거의 충군우국의 사상을 담고 있으며 동시에 아내에 대한 연민을 평생 떨치지 못하고 살았다. 애국시인으로 널리 알려졌으며 蜀의 풍광을 사랑하여 《劍南詩稿》를 남겼고 《渭南文集》이 있다. 詞에도 뛰어나 《放翁詞》(일명 《渭南詞》)를 남겼고 《南唐書》, 《老學庵筆記》, 《入蜀記》 등의 저술도 있다. 《송사》에 전이 있다.

216

〈與朱山人〉 ·· 杜甫

주산인에게

금리 선생의 오각건,
정원에서 우율을 수확할 수 있으니 아주 가난한 것은 아니지.
아이들도 그 빈객을 보면 이미 익은 얼굴이라 좋아하고,
계단 아래 새들도 먹이를 얻어먹으며 잘 길들여졌다네.
가을 물 겨우 4, 5척 깊이로 줄어들면,
들판 나서는 배는 그저 두세 명 태우기에 족한 크기.
흰 모래 푸른 대나무 강촌의 저녁,
사립문에서 서로 보낼 때 새롭게 밝아오는 하늘의 달빛.

錦里先生烏角巾,　　　　　금리선생오각건,

園收芋栗未全貧.　　　　　원수우률미전빈.

慣看賓客兒童喜,　　　　　관간빈객아동희,

得食堦除鳥雀馴.　　　　　득식계제조작순.

秋水纔深四五尺,　　　　　추수재심사오척,

野航恰受二三人.　　　　　야항흡수이삼인.

白沙翠竹江村暮,　　　　　백사취죽강촌모,

相送柴門月色新.　　　　　상송시문월색신.

【錦里先生】四川 成都 錦里에 사는 어떤 선생. 王相 주에는 朱希眞(《천가시》에는 朱希直)이라 함. 제목에서 말한 朱山人. 금리는 마을 이름으로 성도 남쪽에 있음. 고대 비단이 많이 나던 동네로 그 마을의 성이 錦官城이었으며 그 곳의 강을 錦江이라 하였음. 두보가 浣花溪에 살 때 그 남쪽 이웃에 朱隱士가 살았음. 晉 常璩의 《華陽國志》蜀志에 "其道西城, 古稱錦官也. 錦工織錦濯其中則鮮明, 濯他江則不好, 故命曰錦里也"라 함.

【烏角巾】검은 색 稜角의 네모진 모자. 은사들이 즐겨 쓰던 모자.

【芋栗】芋는 토란. 栗은 밤. 혹은 櫟樹에 달리는 과수 열매 橡栗. 도토리의 일종. 일부본에는 '芋粟'으로 되어 있음.

【野航】일부본에는 '野艇'으로 되어 있음.

【未全貧】일부본에는 '不全貧'으로 되어 있음. '全貧'은 아주 가난함을 말함.

【賓客】일부본에는 '門戶'로 되어 있음. 이웃 동네 아이들이 주산인이 나타나면 신기하게 여겨 모여듦을 말함.

【深】일부본에는 '添'으로 되어 있음.

【野航】일부본에는 '野艇'으로 되어 있음.

【江村暮】일부본에는 '江村路'로 되어 있음.

【相送】일부본에는 '相對'로 되어 있음.

【柴門】일부본에는 '籬南'으로 되어 있음.

原註(王相)

錦里, 卽錦江先生朱希直也. 言先生觀烏角之巾, 秋收芋栗之多, 未可爲貧也. 賓朋時至, 兒童欣喜, 果實盈堦, 鳥雀安馴, 秋水旣澄, 深者, 纔四五尺, 夜舟雖小, 渡者, 止二三人. 竹翠沙白, 江村暮矣. 山人送我於柴門, 看月色之方新也.

참고 및 관련 자료

1.《全唐詩》와 《杜詩詳註》,《杜詩鏡銓》 등에 모두 제목을 〈南鄰〉이라 되어 있으며 이는 두보가 成都 浣花溪 草堂에 살 때 그 남쪽 이웃으로 살던 처사 朱希眞을 두고 읊은 것이다. 韻脚은 '巾·貧·馴·人·新'이다.

2. 《杜詩諺解》

錦里예 사는 先生이 거믄 쓸 잇는 頭巾이로소니 위 안해 토란과 바늘 거두워 드릴식 오으로 가난티 아니ᄒ도다
손 보미 니거 아히 깃거ᄒ고 堦砌에 바블 어더 머거 새 질드렛도다
ᄀᆞᆾ 므른 애야ᄅᆞ시 너덧 자흔 깁고 미햇 빈는 마치 두서 사름만 바드리로다
힌 몰애와 프른 대 잇는 믌ᄀᆞᆺ 무슴 나조히 서르 柴門에셔 보내요매 듨비치 새ᄅᆞ외도다(초간본 7)
3. 두보(杜甫) 051 참조.

217

<聞笛> ·· 趙緞

젓대 소리 들으며

그 누가 그림 누각에서 피리를 부는 걸까?
그 소리 바람 따라 이어졌다 끊어졌다.
메아리 구름 끝 푸른 하늘 비껴가고,
맑고 온화함은 찬 달빛 되어 창문 발에 되돌아온다.
흥이 솟아나니 세 곡조 환이桓伊의 모습이요,
이를 글 한 편으로 지으니 마융馬融이 생각난다.
곡조가 끝났으나 그 사람 그대로 있는지 알 수 없네.
여음은 아직도 공중을 휘돌아 낭랑하게 들리는데.

誰家吹笛畫樓中?　　　　수가취적화루중?

斷續聲隨斷續風.　　　　단속성수단속풍.

響遏行雲橫碧落,　　　　향알행운횡벽락,

淸和冷月到簾櫳.　　　　청화랭월도렴롱.

興來三弄有桓子,　　　　흥래삼농유환자,

賦就一篇懷馬融.　　　　부취일편회마융.

曲罷不知人在否,　　　　곡파불지인재부,

餘音嘹喨尚飄空.　　　　여음료량상표공.

【斷續】끊어졌다 이어졌다 함.

【響遏行雲】그 소리가 저 흐르는 구름에서야 막힘.《列子》湯問篇에 "秦靑撫節悲歌, 聲振林木, 響遏行雲"이라 함.

【碧落】푸른 하늘.

【簾櫳】창문, 簾은 발, 櫳은 창의 格子.

【三弄】세 곡조.

【桓子】桓伊. 어릴 때 자는 野王, 淮南太守, 豫州刺史 등을 지냈으며 前秦苻堅이 군사를 이끌고 晉나라를 쳐들어오자 환이와 謝玄이 淝水에서 이들을 대파함. 그 공으로 永脩縣侯에 봉해졌음. 그는 피리와 아쟁 연주에 뛰어나 江左第一이라 하였으며 蔡邕의 柯亭笛을 가지고 있었다 함. 王徽之가 그를 서울로 불러 淸溪 곁에 배를 대자 환이가 마침 그 언덕을 지나고 있었는데 왕휘지가 그를 알아보지 못하고 단지 그 피리소리만 듣고 너무 좋아 사람을 보내어 그를 불러 피리소리 연주를 부탁함. 환이는 당시 이미 귀한 신분으로 게다가 이미 왕휘지의 명성도 듣고 있던 터라 즉시 수레에 내려 의자에 걸터앉아 피리 세 곡조를 불어주고 아무런 말도 없이 수레를 타고 떠나 버렸음.《晉書》桓宣傳 참조.

【馬融】東漢의 문학가. 자는 季長. 安帝 때 校書郎中을 지냈으며 桓帝 때 南郡太守가 됨. 문사에 밝아 제자가 천여 명이 되었으며 盧植, 鄭玄이 그의 문하에서 나왔음. 〈長笛賦〉를 지어 王褒의 〈洞簫賦〉와 함께 많은 사람들이 외웠음.《後漢書》馬融傳 참조.

原註(王相)

遏, 止也. 碧落, 靑天也. 晉桓伃善吹笛, 過淸溪王徽之, 泊舟如□曰: 「聞君善吹笛, 請爲我一奏.」 伊下馬據胡床, 三弄而去. 漢馬融作笛賦, 皆用笛事也, 此首言誰於樓上吹笛, 其聲悠悠, 隨風而至, 其響徹於淸霄, 其韻淸和透入, 簾櫳之內, 不減桓伊之興, 端稱馬融之賦也. 一曲已終, 其人不見, 惟聞飄空嘹唳之音而已.

1. 이는 月夜 閑笛을 듣고 그 감흥을 읊은 것이다. 韻脚은 '中·風·櫳·融·空' 이다.

2. 조하(趙嘏) 155 참조.
《分類千家詩選》에는 '劉克莊'(後村)의 작으로 되어 있고 통행본 《천가시》에는 '趙嘏'로 되어 있다. 《後村集》과 《後村先生大全集》에 이 시가 들어있지 않다.

조사(趙嘏) 시. 摩河 宣柱善(현대)

218

〈冬景〉 ⋯⋯⋯⋯⋯⋯⋯⋯⋯⋯⋯⋯⋯⋯⋯⋯⋯⋯ 劉克莊

겨울 풍경

맑게 갠 창문 일찍 깨니 이른 아침햇살이 사랑스럽구나.
대나무 밖 가을 소리 갈수록 거세도다.
노비 불러 전각에 불을 새로 지피라 하고,
아이 불러 겨울옷에 다림질을 시키도다.
여린 녹색 떠올라 새 술이 비로소 익어가고,
등자를 가른 듯이 살찐 게는 짙은 향에 노란 색이로다.
정원 가득 부용과 국화는 모두가 부럽도다.
이러한 정취 즐기는 내 마음 그 아름다움과 위배됨이 없기를.

晴窗早覺愛朝曦,　　　　청창조각애조희,
竹外秋聲漸作威.　　　　죽외추성점작위.
命僕安排新暖閣,　　　　명복안배신난각,
呼童熨貼舊寒衣.　　　　호동위첩구한의.
葉浮嫩綠酒初熟,　　　　엽부눈록주초숙,
橙切香黃蟹正肥.　　　　등절향황해정비.
蓉菊滿園皆可羨,　　　　용국만원개가선,
賞心從此莫相違.　　　　상심종차막상위.

【早覺】아침 일찍 잠에서 깨어남.
【作威】가을 바람의 기운이 위엄을 떨침. 점차 추워짐.
【暖閣】불을 지펴 따뜻하게 해 놓은 집.
【熨貼】다리미로 자리나 옷을 다려 따뜻하게 함.
【浮葉嫩綠】술이 발효가 되어 그 위에 대나무 잎의 여린 녹색이 떠오름.
【橙切香黃】등자(오렌지 류)를 가르면 향기가 나며 노란 색을 띰. 여기서는 가을 게를 갈라 그 모습을 비유한 것임.
【蓉菊】芙蓉과 菊花. 늦가을 이른 겨울까지 피는 남방의 꽃.
【賞心從此莫相違】‘從此賞心莫相違’의 도치형 문장.

原註(王相)

　曦日光, 言初日之光, 映晴窓, 早起而可愛, 竹外之風聲, 漸作寒威也. 于是呼童僕而安排, 暖閣熨貼寒衣之禦冬, 新釀之酒, 其色如嫩綠之竹葉, 初熟之時, 經霜之蟹, 其黃者, 旣剖之橙, 甘美頗佳, 芙蓉黃菊, 淸香滿園, 皆可玩羨而賞心, 樂事不可相違也.

참고 및 관련 자료

1. 계절의 변화를 두고 읊은 시이다. 韻脚은 ‘威·衣·肥·違’이다.
2. 유극장(劉克莊) 125 참조.

219

〈冬至〉 .... 杜甫

동지

하늘의 운행과 사람의 일은 한결같이 재촉하니,
동지에 양기가 생겨나면 봄이 다시 오겠지.
궁중 여인들 다섯 무늬 자수의 일이 날로 더해질 것이며,
육관의 갈대 재는 시절 알고 재를 날려 보내리라.
강 언덕은 납월을 기다려 장차 버들을 움트게 하고,
산은 한기를 뚫고 매화꽃을 터뜨리리.
만물은 다를 게 없으나 고향이 다를 뿐이리니,
아이 불러 술잔에 술 따라 다시 한 잔 들이키리.

天時人事一相催,　　　천시인사일상최,
冬至陽生春又來.　　　동지양생춘우래.
刺繡五紋添弱線,　　　자수오문첨약선,
吹葭六管動飛灰.　　　취가륙관동비회.
岸容待臘將舒柳,　　　안용대랍장서류,
山意衝寒欲放梅.　　　산의충한욕방매.
雲物不殊鄕國異,　　　운물불수향국이,
敎兒且覆掌中杯.　　　교아차복장중배.

【天時】자연 사계절의 운행. 계절의 순환.

【冬至】24절기의 하나. 대체로 양력 12월 22일 혹 23일쯤이 됨. 동지가 지나면 陽氣가 발동하기 시작한다고 여겼음.《史記》律書에 "日冬至則一陰下藏, 一陽上舒"라 함.

【刺繡五紋添弱線】동지가 지나면 날이 점차 길어져 여인들의 오색 실 자수가 날로 성과의 양이 많아짐.《杜詩鏡銓》(18)에《唐雜錄》을 인용하여 "宮中以 女工揆日之長短, 冬至後, 日晷漸長, 比常日增一線之功"이라 함.

【吹葭六管動飛灰】고대 절기를 측량하던 방법. 갈대 재를 태워 이를 律管의 내부 끝에 넣고 冬至 때 양기가 생기면 공기의 팽창으로 그 재가 관통에서 날아 나옴을 보고 절기를 결정하였다 함.《後漢書》律曆志 참조.

【臘】12월을 말함.

【欲放梅】일부본에는 '欲破梅'로 되어 있음.

【覆掌中杯】손 안에 들려 있는 잔을 모두 비움. 다 마심. 覆杯, 乾杯와 같음.

原註(王相)

添線者, 言冬至後, 日漸長以女工之當刺繡時, 多添一線之工夫也. 吹灰, 古者, 以葭莩之灰, 置管內吹之, 冬至而灰飛向東至後, 則葭莩向上也. 言冬至 一陽生, 天氣漸長, 陽氣漸舒, 岸柳山梅, 皆將舒放. 父子雖在異鄉, 而雲烟景 物不殊, 故國敎兒且進杯酒, 勿負此佳景也.

참고 및 관련 자료

1. 제목 〈冬至〉는 〈三民本〉이는 〈冬景〉으로 되어 있으며《全唐詩》와《杜詩 詳註》,《杜詩鏡銓》에는 모두 〈小至〉라 되어 있다. 小至는 동지 하루 전인 小冬 至를 말한다. 韻脚은 '催·來·灰·梅·杯'이다.

2.《杜詩諺解》

하ᄂᆞᆳ 時節와 사ᄅᆞ미 이리 날로 서르 뵈아ᄂᆞ니 冬至예 陽氣 나 보미 ᄯᅩ 오놋다

繡질호매 다숫 비츤 ᄀᆞᄂᆞ 시리 더으ᄂᆞ니 굴 ᄉᆞ론 지 불이ᄂᆞ 여슷 대롱앤 ᄠᅳᆫ 지 뮈놋다

두듥 양ᄌᆞᄂᆞ 臘日을 기들워 將次ㅅ 버드를 펴리라 ᄒᆞᄂᆞ니 묏 ᄠᅳ든 치위를

다딜어 梅花를 퓌우고져 ᄒ놋다

雲物이 다ᄅ디 아니ᄒᄃᆡ 鄕國은 다ᄅ니 아히를 히여 숪 가온딧 잔을 업텨 먹노라(초간본 11)

3. 두보(杜甫) 051 참조.

220

〈梅花〉 ·· 林逋

매화

모든 꽃 떨어져도 홀로 고움 자랑하고,
작은 정원 풍경과 흥취를 제 홀로 독차지했네.
성긴 그림자 맑은 물에 비껴 있고,
그윽한 향기는 살랑살랑 황혼의 달빛에 떠다닌다.
백학은 내려앉으려다 먼저 그 모습 훔쳐보고,
흰나비 매화 흰색을 보았다면 혼백을 잃었으리.
다행히 나는 시로써 그와 가까이 할 수 있으니,
단판을 두드리지 않고도 술 한 잔 함께 할 수 있다네.

衆芳搖落獨鮮妍,　　　　　중방요락독선연,
占斷風情向小園.　　　　　점단풍정향소원.
疏影橫斜水淸淺,　　　　　소영횡사수청천,
暗香浮動月黃昏.　　　　　암향부동월황혼.
霜禽欲下先偸眼,　　　　　상금욕하선투안,
粉蝶如知合斷魂.　　　　　분접여지합단혼.
幸有微吟可相狎,　　　　　행유미음가상압,
不須檀板共金樽.　　　　　불수단판공금준.

【衆芳搖落】모든 꽃이 다 시들어 꽃잎이 떨어짐. 추운 겨울을 가리킴.

【鮮姸】매화 꽃이 아름다움을 말함.

【占斷】홀로 모든 것을 다 차지하여 점유함. 壟斷과 같음.

【疏影】흩어져 성긴 그림자. 매화의 용태를 말함.

【暗香】흔히 매화의 그윽한 향기를 표현하는 말로 쓰임.

【浮動】향기가 떠서 흩어짐. 흔히 옛 사람들은 蘭香은 직선으로 퍼지는 線香이며 梅香은 떠서 퍼지는 噴霧香으로 여겼음.

【霜禽】白鳥. 白鶴을 말함.

【粉蝶】'粉蜨'으로도 표기하며 나비. 나비 날개에 가루가 묻어있음으로 해서 붙여진 이름.

【合】'의당, 마땅히'의 뜻.

【檀板】檀香 나무로 만든 拍板. 악기를 두드리는 기구. 음악을 말함.

【金樽】좋은 술잔. 술을 말함. 시끄럽게 음악을 두드리지 않고 조용히 매화를 두고 술 한 잔 마실 수 있는 한적함을 말함.

霜禽, 寒雀也. 檀板, 拍板而詠歌者也. 言衆芳已落, 而梅花獨姸, 可謂占斷紅紫之風, 禽而爲百花魁首也. 清淺之水, 映橫斜之疎影, 黃昏之月色照, 浮動之暗香, 霜禽欲下偸眠, 先窺粉蝶, 如知芳魂欲斷. 蓋此時向未有蝶也. 幸有微吟之詩, 可以相狎, 不須檀板, 金樽以賞之也.

○宋, 林逋, 字和靖, 孤山隱士.

참고 및 관련 자료

1.《林和靖先生詩集》에 〈山園小梅〉의 시가 2수 있으며 그 중 첫째 수이다. 林逋(和靖)은 중국 역대이래 매화와 학에 대한 고사를 많이 가진 시인이다. 韻脚은 '園·昏·魂·樽'이다.

2. 임포(林逋. 976~1028)

송대 隱逸詩人. 자는 君復, 錢塘(지금의 浙江 杭州) 사람으로 北宋 太祖 乾德 5년에 태어나 仁宗 天聖 6년에 죽었다. 향년 62세. 隱士로 널리 알려졌으며 일생을 西湖의 孤山에 살면서 자연과 매화, 그리고 학을 노래하였다. 20여 년을 한 번도 살던 곳에서 나오지 않았다고 하며 行書와 시에 심취하여 고일한 은사의 멋을 한껏 부린 인물이다. 끝내 결혼도 하지 않았으며 매화와 학을 기르는 것을 낙으로 삼아 '梅妻鶴子'라 불리기도 하였다. 죽은 뒤 시호를 '和靖先生'이라 하였으며 《林和靖先生詩集》 3권이 있다. 한편 桑世昌이 그의 일화를 모아 펴낸 《西湖紀逸》 1권이 전한다. 《송사》에 전이 있다.

〈松鶴圖〉(淸) 沈銓 四川美術館 소장

221

〈自詠〉 ·· 韓愈

스스로 읊음

아침에 한 통 간언서를 황제에게 올렸다가,
저녁에 장안에서 8천리 먼 곳으로 귀양을 가네.
본래 훌륭한 황제에게 폐정을 없애려 하였던 것이니,
어찌 감히 내 남은 삶을 아까워하랴!
구름 비낀 진령에 내 집은 어디인고?
눈 덮인 남관에 말은 더 가지 않는구나.
네가 먼 길 나서 이곳까지 온 뜻을 나는 아나니,
내 죽거든 뼈를 수습하여 저 남방 강가에 묻어주렴!

一封朝奏九重天,	일봉조주구중천,
夕貶朝陽路八千.	석폄조양로팔천.
本爲聖朝除弊政,	본위성조제폐정,
敢將衰朽惜殘年!	감장쇠후석잔년!
雲橫秦嶺家何在?	운횡진령가하재?
雪擁藍關馬不前.	설옹람관마불전.
知汝遠來應有意,	지여원래응유의,
好收吾骨瘴江邊!	호수오골장강변!

【一封朝奏】한유가 폄직된 사건. 元和 14년(819) 한유가 憲宗에게 〈論佛骨表〉를 올려 황제를 노하게 하여 刑部侍郞에서 潮州刺史(지금의 廣東 潮安縣)로 좌천되었음. 당시 52세였음. 그 귀양 가는 길에 조카 韓湘이 뒤따라 찾아오자 한유가 이 시를 주어 심경을 토로하고 뒷일을 부탁한 것임.

【朝陽】潮陽(潮州)이 아닌가 함.

【敢】일부본에는 '肯'으로 되어 있음.

【秦嶺】고개 이름. 이 산맥에서 이룬 산들로 南山, 太一山, 終南山이며 이를 통틀어 秦嶺이라 함.

【藍關】藍田關. 陝西 藍田縣 동남쪽에 있음.

【汝】한유의 조카 韓湘을 가리킴.

【瘴江】廣東 지역을 가리킴. 瘴癘(風土病)가 많은 남방 강가 지역이라는 뜻.

原註(王相)

此文公上佛骨表諫憲宗, 貶潮州刺史, 途遇姪韓湘而作也. 雲橫二句, 乃韓湘在長安時, 祝壽之聯, 至此而方應也. 言上書諫主, 朝奏而夕貶, 去京有八千之程. 本爲朝廷, 除異端之敎. 又敢辭遠謫, 以惜衰朽之殘年乎! 望秦嶺之雲, 有家難見, 過藍關而雪, 擁馬不能前. 吾姪冒雪而來, 知汝之意, 恐吾遠死遐荒, 好收吾骨於瘴癘之江邊也.

참고 및 관련 자료

1. 원래 제목은 〈左遷至藍關示姪孫湘〉으로 한유가 조카 韓湘에게 준 시이다. 韻脚은 '天·千·年·前·邊'이다.

2. 한유(韓愈) 090 참조.

222

〈干戈〉 .... 王中

전쟁

전쟁은 끝나지 않았는데 어디로 가겠는가?
아무 일도 성취한 것이 없이 양 귀밑머리 희어졌네.
내 살아온 길 생각하니 대체로 왕찬의 일생과 같고,
세상 물정 회포는 두보 시와 같구나.
노고지리 소리 천리 밖에서 끊어지고,
까마귀, 까치는 겨울 달 가지 하나에 둥지를 트네.
어찌 중산의 천일주를 얻어서
실컷 취한 뒤 곧바로 태평성대를 맞을 수 있을까?

干戈未定欲何之?　　　　간과미정욕하지?

一事無成兩鬢絲.　　　　일사무성량빈사.

踪跡大綱王粲傳,　　　　종적대강왕찬전,

情懷小樣杜陵詩.　　　　정회소양두릉시.

鶒鴒音斷人千里,　　　　척령음단인천리,

烏鵲巢寒月一枝.　　　　오작소한월일지.

安得中山千日酒,　　　　안득중산천일주,

酩然直到太平時?　　　　명연직도태평시?

【干戈】 원래는 방패와 창을 뜻하나 전쟁이라는 뜻으로 확대되어 쓰임.

【兩鬢】 귓가 양쪽의 머리카락. 늙어지면 이곳이 제일 먼저 세어 흔히 노년이 다가옴을 말함.

【王粲傳】 삼국 시대 王粲의 傳記. 왕찬(177~217)은 자가 仲宣이며 동한 말 山陽 高平(지금의 山東 鄒縣) 사람으로 박학다재하여 蔡邕에게 사랑을 받았음. 董卓의 난이 일어나자 長安으로 피신하여 荊州의 劉表에게 몸을 맡김. 뒤에 유표에게 중용되었으며 유명한 〈登樓賦〉를 지어 돌아가고 싶은 심정을 노래하였음. 뒤에 다시 曹操에게 의탁하여 侍中에 올랐음.《三國志》에 전이 있음.

【杜陵】 杜甫를 가리킴. 두보가 안사의 난을 만나 전쟁과 관련한 많은 시를 남겼음을 말함.

【鶺鴒】 노고지리. 兄弟를 비유함.《詩經》小雅 常棣에는 '脊令'으로 되어 있으며 "脊令在原, 兄弟急難"이라 하여 형제 사이에 위급함을 서로 구해줌을 말함.

【烏鵲巢寒】 까치와 까마귀가 차가운 나뭇가지에 둥지를 틀고 견뎌냄. 전쟁으로 인해 가족이 뿔뿔이 흩어져 고생함을 말함.

【月一枝】 달빛이 비치는 가지 하나. 어디 머물 곳이 없음을 말함. 曹操의 〈短歌行〉에 "月明星稀, 烏鵲南飛; 繞樹三匝, 何枝可依"라 함.

【千日酒】 中山 사람 狄希가 능히 천일주를 만들 줄 알았으며 이에 劉玄石이 그 술을 마시고 잠이 들어 가족들이 죽은 줄로 여겨 묻었으나 뒤에 적희가 날짜를 기억하고 찾아가 무덤을 열었더니 살아 깨어났다는 고사. 干寶《搜神記》(19)에 "狄希, 中山人也. 能造千日酒, 飲之千日醉. 時有州人姓劉, 名玄石, 好飲酒, 往求之. 希曰:「我酒發來未定, 不敢飲君.」石曰:「縱未熟, 且與一杯, 得否?」希聞此語, 不免飲之. 復索曰:「美哉! 可更與之.」希曰:「且歸, 別日當來, 只此一杯, 可眠千日也.」石別, 似有怍色. 至家, 醉死. 家人不之疑, 哭而葬之. 經三年, 希曰:「玄石必應酒醒, 宜往問之.」既往石家, 語曰:「石在家否?」家人皆怪之, 曰:「玄石亡來, 服以闋矣.」希驚曰:「酒之美矣, 而致醉眠千日, 今合醒矣.」乃命其家人, 鑿塚破棺看之, 塚上汗氣徹天, 遂命發塚. 方見開目張口, 引聲而言曰:「快哉! 醉我也.」因問希曰:「爾作何物也, 令我一杯大醉, 今日方醒? 日高幾許?」墓上人皆笑之, 被石酒氣衝入鼻中, 亦各醉臥三月"라 함. 한편 張華《博物志》(10)에도 "昔劉玄石於中山酒家酤酒, 酒家與千日酒, 忘言其節度. 歸至家大醉, 不醒數日, 而家人不知, 以爲死也, 具棺殮葬之. 酒家至

千日滿, 乃憶玄石前來酤酒, 醉當醒矣. 往視之, 云:「玄石亡來三年, 已葬.」於是 開棺, 醉始醒. 俗云:「玄石飮酒, 一醉千日.」라 함. 여기서는 천일주를 마시고 시간을 훌쩍 넘겨 곧바로 태평성대를 맞았으면 하는 염원을 말함.
【酩然】 아주 크게 취함을 말함.

原註(王相)

言干戈不定而無可避, 大事未成, 人已老也. 王粲當漢末賦詩, 感懷杜甫以 唐亂行吟, 自遣予之心跡, 迨大同小異也. 鶺鴒知有兄弟患難, 哀鳴以相救, 予有 兄弟, 則千里無音, 烏鵲南飛, 遶樹而無枝葉可棲, 予亦相似, 安得占中山仙人, 釀千日之酒乎!
○王中, 字積翁, 宋末詩人.

참고 및 관련 자료

1. 전란 속에 휩쓸린 상황을 절묘하게 묘사한 것이다. 韻脚은 '之·絲·詩·枝· 時'이다.
2. 왕중(王中)
자는 績翁, 南宋 말 시인으로 생몰 연대나 사적에 대하여는 자세하지 않다.

223

〈歸隱〉 .... 陳搏

은거하리라

십 년 행적 세상 홍진의 공명을 위해 내닫다가,
돌아보니 청산이 내 꿈속에 자주 나타나네.
자줏빛 도장 끈이 영화롭다 하나 경쟁에 잠이 오겠으며,
붉은 대문 비록 부유하나 가난할 때만큼 편치는 못하리라.
전쟁으로 위험한 임금 일으켜야 한다는 소리에 근심이 앞서고,
시끄러운 음악소리 들어주자니 취생몽사처럼 힘들게 하는구나.
옛 책을 싸들고 옛 은거하던 곳으로 돌아오니,
들꽃과 우는 새는 나와 똑같이 봄을 즐기누나.

十年踪跡走紅塵,	십년종적주홍진,
回首靑山入夢頻.	회수청산입몽빈.
紫綬縱榮爭及睡,	자수종영쟁급수,
朱門雖富不如貧.	주문수부불여빈.
愁聞劍戟扶危主,	수문검극부위주,
悶聽笙歌聒醉人.	민청생가괄취인.
攜取舊書歸舊隱,	휴취구서귀구은,
野花啼鳥一般春.	야화제조일반춘.

【十年踪跡】다른 본에는 ‘十年蹤跡’으로 되어 있음. 작자 진단(陳摶)이 五代 後唐 長興 연간 십여 년 동안 세속의 명리를 구하고자 進士에 응시하기도 하였으나 결국 낙방하고 말았음.

【紅塵】이 세상. 누런 티끌과 먼지로 덮인 세상이라는 뜻.

【紫綬】보랏빛 끈으로 엮은 도장 줄. 영화로운 높은 관직을 말함. 일부본에는 ‘紫陌’으로 되어 있으며,《천가시》에는 ‘綬紫’로 되어 있음.

【朱門】고관대작의 집 대문은 붉은 색으로 하여 부귀를 누리는 집을 말함.

【劍戟】고대의 병기. 여기서는 치열한 삶의 전투와 경쟁을 말함.

【聒】喧擾. 소리가 뒤섞여 남. 시끄럽고 짜증나는 소음.

【舊書】일부본에는 ‘琴書’로 되어 있음.

【一般】똑같음.

原註(王相)

先生於五代時, 會應進士擧, 旣而悔悟, 乃棄名, 歸隱而作是詩也. 言讀書而來, 爲功名而奔走紅塵, 回首故園, 惟有須入夢中而已. 況當干戈擾攘之秋, 紫綬金章, 朝榮而夕殘, 不知隱臥爲高; 甲第朱門, 夕煥而今傾, 不如安貧爲上. 且朝梁暮晉, 社稷頻移爲君者, 傾危而可憂, 錦瑟瑤瑟, 歡娛不久. 況溺者, 皆醉而可厭, 不如攜書歸隱, 閒玩野花啼鳥自有一般春色也.

○陳摶, 字圖南, 五代隱士.

참고 및 관련 자료

1. 五代 혼란기를 살면서 결국 歸隱의 뜻을 실현한 道人 陳摶의 시이다. 韻脚은 ‘塵·頻·貧·人·春’이다.

2. 진단(陳摶. ?~989)

송대 道人. 자는 圖南, 亳州 眞源(지금의 河南 鹿邑縣) 사람이다. 五代 後唐 長興 연간에 진사에 응시하였으나 실패하고 道人이 되어 산수에 뜻을 두고 武當山 九室巖에 은거하다가 뒤에 다시 陝西 華山의 雲臺觀으로 들어갔다. 한번 잠이 들면 백여 일을 깨어나지 않았다고 한다. 학문이 넓고 특히 易學에 뛰어났으며, 스스로를 扶搖子라 칭하였다.《先天圖》를 저술하여 象數易學을 개창하였다. 그 외《指玄篇》81장이 있다. 북송 太宗 때 '希夷先生'이라는 호를 하사하기도 하였다. 그의《三峰寓言》,《高陽集》,《釣潭集》등은 북송 理學家 邵雍, 周敦頤 등에게 깊은 영향을 주었다.《송사》에 전이 있다.

3.《唐才子傳》(10) 陳摶

摶, 字圖南, 譙郡人. 少有奇才經綸,《易·象》玄機, 尤所精窮. 高論駭俗, 少食 寡思. 擧進士不第, 時戈革滿地, 遂隱名, 辟穀煉氣, 撰《指玄篇》, 同道風偃. 僖宗召之, 封「淸虛處士」. 居華山雲臺觀, 每閉門獨臥, 或兼旬不起. 周世宗召 入禁中試之, 扃戶月餘始啓, 摶方熟寐齁齁, 覺卽辭去. 賦詩云:「十年蹤迹走 紅塵, 回首靑山入夢頻. 紫陌縱榮爭及睡, 朱門雖貴不如貧. 愁聞劍戟扶危主, 悶聽笙歌聒醉人. 攜取舊書歸舊隱, 野花啼鳥一般春」還山後, 因乘驢遊華陰市, 見郵傳甚急, 問知宋祖登基, 摶抵掌長嘆曰:「天下自此定矣!」至太宗徵赴, 戴華 陽巾, 草屨垂條, 與萬乘分庭抗禮, 賜號「希夷先生」. 時居雲臺四十年, 僅及百歲. 帝贈詩云:「曾向前朝出白雲, 後來消息杳無聞. 如今已肯隨徵召, 總把三峰乞 與君」眞宗復詔, 不起, 爲謝表, 署曰:「明時閒客, 唐室書生. 堯道昌而優容許由, 漢世盛而善從商皓. 況性同猿鶴, 心若土灰, 敗荷製服, 脫籜裁冠, 體有靑毛, 足無草屨, 苟臨軒陛, 貽笑聖朝. 數行丹詔, 徒敎彩鳳銜來; 一片野心, 已被白雲 留住. 詠嘲風月之淸, 笑傲煙霞之表, 遂性所樂, 得意何言?」後鑿石室於蓮華 峰下, 一旦坐其中, 羽化而去. 有詩集, 今傳. 如洛陽潘閬逍遙·河南种放明逸· 錢塘林逋君復·鉅鹿魏野仲先·靑州李之才挺之·天水穆修伯長, 皆從學先生. 一流高士, 俱有時名. 大節詳見之《宋史》云.

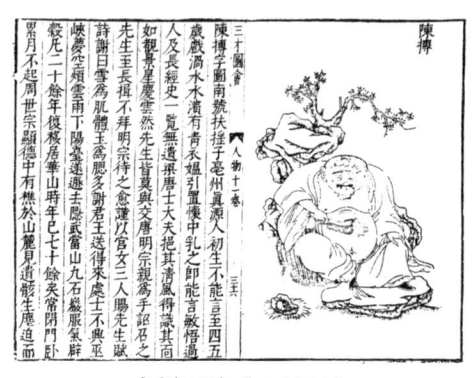

진단(陳摶)《三才圖會》

224

〈時事行〉 ⋯⋯⋯⋯⋯⋯⋯⋯⋯⋯⋯⋯⋯⋯⋯⋯⋯ 杜荀鶴

세태를 노래함

남편은 전쟁에 나가 죽고 과부된 아내가 오두막을 지키네.
거친 삼베옷에 머리는 그을린 채.
뽕나무밭 황폐했는데 그래도 세금은 부과되고,
전원은 황무한 데 청묘법으로 쓸어가네.
언제나 들나물과 풀뿌리를 삶아먹고,
돌아서선 생나무 푸른 잎 그대로 잘라 땔감으로 삼고 있네.
깊은 산 속 아무리 깊이 들어가도,
역시 징세와 요역은 피할 길이 없네.

夫因兵亂守蓬茅,　　　　부인병란수봉모,
麻苧裙衫鬢髮焦.　　　　마저군삼빈발초.
桑柘廢來猶納稅,　　　　상자폐래유납세,
田園荒盡尚徵苗.　　　　전원황진상징묘.
時挑野菜和根煮,　　　　시도야채화근자,
旋砍生柴帶葉燒.　　　　선감생시대엽소.
任是深山最深處,　　　　임시심산최심처,
也應無計避征徭.　　　　야응무계피정요.

【兵亂】일부본에는 '兵死'로 되어 있음.

【蓬茅】쑥이나 갈대로 대강 지은 집.

【麻苧】삼이나 모시풀로 만든 거친 옷. '苧'는 '紵'로 표기된 판본도 있음.

【桑柘】뽕나무와 자(柘, 산뽕나무). 잎으로 누에를 치며 나무는 활을 만드는데 사용함.

【納稅】누에를 쳐서 그것으로 세금 납부를 함.

【田園荒盡】일부본에는 '田園荒後'로 된 판본도 있음.

【徵苗】靑苗法을 말함. 당 代宗 廣德 2년(764) 아직 익지 아니한 곡물의 싹을 세어 그를 기준으로 세금을 부과하였음. 이를 靑苗稅라 함.

【斫】일부본에는 '작(斫)'으로 되어 있음.

【最深處】일부본에는 '更深處'로 되어 있음.

【征徭】徵稅와 徭役.

言田婦之夫, 因兵亂而困守蓬茅. 婦衣不充, 惟麻苧裙衫, 首不整鬢髮, 憔悴也. 桑柘枯廢, 猶供國稅, 田園荒蕪, 尙且徵糧. 三聯野菜生柴, 言困窮之極, 征徭不免, 雖深山之處, 無計可避, 極言其困也.

○唐, 杜荀鶴, 九華人, 大中進士.

참고 및 관련 자료

1. 《全唐詩》(692)에는 제목이 〈山中寡婦〉로 되어 있다. 晩唐 樂府詩의 표제이며 당시 두순학, 皮日休, 陸九蒙 등은 元積, 白居易의 新樂府 운동을 이어받아 시를 통해 백성의 고통을 대변하고자 하였다. 〈三民本〉에는 〈時世行〉으로 되어 있다. 韻脚은 '焦·苗·燒·徭'이다.

2. 두순학(杜荀鶴. 846~904)

당대 시인. 자는 彦之, 九華山에 살아 '九華山人'이라 스스로 호를 삼았다. 池州 石埭(지금의 安徽 太平縣) 사람으로 唐 武宗 會昌 6년에 태어나 昭宗 天祐 원년에 죽었다. 향년 59세. 昭宗 大順 2년(891) 장원으로 진사에 올랐는데 그때 이미 나이 46세였다. 뒤에 五代 後梁의 太祖(朱溫)에 의해 翰林學士知

制誥가 되었으나 닷새 만에 죽고 말았다. 皮日休, 陸龜蒙 등과 함께 元稹, 白居易의 新樂府 시풍을 이어받아 백성의 고통을 읊어 줄 것을 주장하여 만당의 '正樂府' 운동을 벌이기도 하였다. 그는 서예에도 뛰어나 《宣和書譜》 (19)에 실려 있으며 晉唐의 유풍을 이어받은 것으로 평가받고 있다. 시집 으로 《唐風集》이 있으며 《전당시》에 시 3권이 수록되어 있다. 《舊五代史》에 전이 있다.

3. 《唐才子傳》(9) 杜荀鶴

荀鶴, 字彦之, 牧之微子也. 牧會昌末, 自齊安移守秋浦時, 妾有姙, 出嫁長林 鄉正杜筠, 生荀鶴. 早得詩名, 嘗謁梁王朱全忠, 與之坐, 忽無雲而雨, 王以爲 天泣, 不祥, 命作詩, 稱意, 王喜之. 荀鶴寒畯, 連敗文場, 甚苦, 至是, 遣送名 春官, 大順二年, 裴贄侍郎下第八人登科, 正月十日放榜, 正荀鶴生朝也. 王希 羽獻詩曰:「金榜曉懸生世日, 玉書潛記上昇時. 九華山色高千尺, 未必高於第 八枝.」荀鶴居九華, 號「九華山人」. 張曙拾遺亦工詩, 又同年, 嘗醉謔曰:「杜 十五大榮, 而得與曙同年.」荀鶴曰:「是公榮. 天下只知有荀鶴, 若箇知有張 五十郎耶?」各大笑而罷. 宣州田頵甚重之, 常致箋問梁王, 立薦爲翰林學士, 遷主客員外郎. 頗恃勢侮慢縉紳, 爲文多主箴刺, 衆怒欲殺之, 未得. 天祐元年, 卒. 荀鶴苦唅, 平生所志不遂, 晚始成名, 況丁亂世, 殊多憂惋思慮之語. 於一觴 一詠, 變俗爲雅, 極事物之情, 足邱壑之趣, 非易能之者也. 與太常博士顧雲初隱 一山, 登第之明年, 寧親相會. 雲撰集其詩三百餘篇, 爲《唐風集》三卷, 且序以爲: 「壯語大言, 則決起逸發, 可以左攬工部袂, 右拍翰林肩, 吞賈·喩八九於胸中, 曾不芥蔕, 或情發乎中, 則極思冥搜, 神遊希夷, 形兀枯木, 五聲勞於呼吸, 萬象 貧於抉剔, 信詩家之雄傑者矣.」荀鶴嗜酒, 善彈琴, 風情雅度, 千載猶可想望也.

225

〈送天師〉 ·· 寧獻王

장천사를 보내며

서리 내린 지성 땅 버들 그림자 성긴데,
은근히 그대를 저 파양호로 보내네.
도사의 황금 갑옷에 우레 무늬 도장,
붉은 비단 칼집에 해와 달을 형상한 부적.
하늘 위의 새벽길 한 마리 학을 타고,
인간 세상에서는 밤이 오면 신을 벗고 잠을 자네.
총총히 저 신선의 관부로 돌아가시니,
묻노라, 그곳의 반도는 익었을까, 어떨까?

霜落芝城柳影疎,　　　　상락지성류영소,
殷勤送客出鄱湖.　　　　은근송객출파호.
黃金甲鎖雷霆印,　　　　황금갑쇄뢰정인,
紅錦韜纏日月符.　　　　홍금도전일월부.
天上曉行騎隻鶴,　　　　천상효행기척학,
人間夜宿解雙鳧.　　　　인간야숙해쌍부.
匆匆歸到神仙府,　　　　총총귀도신선부,
爲問蟠桃熟也無?　　　　위문반도숙야무?

【天師】 도사의 이름. 寧獻王 朱權이 南昌으로 봉지를 옮긴 뒤 江西 信州 龍虎山 道人 張道陵의 후손 張天師가 찾아와 알현하자 그에게 이 시를 써서 증송한 것. 天師는 존경의 뜻이며 원래 장도릉이 도교를 수련하여 張天師라 불렸으며 그 후손이 대대로 천사라는 칭호로 불린 것임. 그의 이름은 구체적으로 알 수 없음.

【芝城】 지금의 江西 鄱陽縣. 그 곳에 芝山이 있음.

【殷勤】 간절함. 慇懃으로도 표기하며 疊韻連綿語.

【鄱湖】 鄱陽湖. 彭蠡湖라고도 하여 중국 5대 호수의 하나. 長江 남쪽에 있으며 江西 북부에 있음. 전체 모습은 葫蘆박과 같음.

【黃金甲鎖雷霆印】 張天師가 입고 있는 황색의 옷에 우레와 같은 위세의 도장이 감추어져 있음.

【曉行】 새벽에 출발함.

【隻鶴】 고대 선인들이 한 마리 학을 타고 다니듯 신출귀몰하게 전투를 수행할 것임을 말한 것.

【雙鳧】 한 쌍의 신발을 비유함. 고대 도사들이 신는 나막신이 오리 형상이어서 그렇게 부른 것.

【蟠桃】 신화 속에 나오는 신선들이 먹는 복숭아.

【無】 의문종결사에서 확인을 위하여 쓰는 말. '否, 嗎'와 같음.

原註(王相)

獻王, 明高帝子, 諱權, 封南昌. 天師, 世居廣信朝王而贈以詩也. 芝城鄱湖, 著在江右, 天師所經之地. 印, 比雷霆符, 如日月, 言道行之高, 騎鶴而來, 乘鳧而去, 言仙踪之近, 歸仙府而問蟠桃, 皆極贊其騎鶴之奇也.

참고 및 관련 자료

1. 寧獻王(甯獻王) 朱權이 南昌으로 봉지를 옮긴 뒤 그곳 江西 信州 龍虎山 張道陵(漢代 유명한 道教 수령)의 후손 張天師를 두고 읊은 것이다. 韻脚은 '湖·符·鳧·無'이다.

2. 영헌왕(寧獻王, 甯獻王. 1378~1448)

朱權. 明 太祖(朱元璋)의 17번째 아들로 태조 洪武 11년에 태어나 英宗 正統 13년에 죽었다. 향년 71세. 시호가 '獻'으로 寧獻王이라 불린다. 홍무 24년 (1391) 寧王으로 봉해졌으며 2년 뒤 大寧(지금의 河北 平泉縣과 遼寧 朝陽 까지)을 임지로 받았다가 永樂 원년(1403) 다시 南昌으로 봉지를 옮겼다. 어려서 기지가 있다고 칭송을 받았으며 만년에 호를 구선(臞仙), 涵虛子, 丹邱先生 이라 하였다. 봉지를 바꾸어줄 것을 청하였다가 견책을 받자 학문에 뜻을 두고 문사들과 교유하며 신선술에 심취하기도 하였다. 음률에 뛰어났으며 희곡에도 재능을 보였다. 《太和正音譜》를 지어 고대 악곡을 연구하였고 雜劇 12종도 있었으나 지금은 《大羅天》, 《私奔相如》만 남아 있다. 그 외 《家訓》 6편, 《寧國儀範》, 《文譜》, 《詩譜》 등이 있다. 《明史》에 전이 있다.

226

〈送毛伯溫〉 .... 明 世宗

모백온을 보내며

대장께서 남쪽 정벌 떠나심에 그 담기가 호방하니
허리에는 가을 물 같이 번쩍이는 안령도를 찼도다.
바람은 거북 가죽 북을 울려 산하가 진동하니,
번개 번쩍 깃발은 해달만큼 높도다.
하늘 위의 기린은 원래 그 종자가 있는 것이니,
저 굴속의 땅강아지 개미 같은 이들이 어디로 도망가리?
태평을 이루어 조정의 조칙을 받다 돌아오는 그 날엔,
짐은 장차 그대의 전투복을 내 손으로 벗겨주리.

大將南征膽氣豪,	대장남정담기호,
腰橫秋水雁翎刀.	요횡추수안령도.
風吹鼉鼓山河動,	풍취타고산하동,
電閃旌旗日月高.	전섬정기일월고.
天上麒麟原有種,	천상기린원유종,
穴中螻蟻豈能逃?	혈중루의기능도?
太平待詔歸來日,	태형대조귀래일,
朕與先生解戰袍.	짐여선생해전포.

【毛伯溫】인명. 자는 汝厲. 吉水 사람으로 明 武宗 正德 3년(1508) 진사에 올라 嘉靖 초 大理寺丞이 되었으며 뒤에 工部尙書가 되었음. 가정 연간에 다시 兵部尙書兼右都御史가 되어 총독으로서 軍務를 총괄하였음.《明史》에 전이 있음.

【南征】명 세종 가정 18년(1539) 윤7월 황제의 명을 받들고 安南 정벌에 나섰음. 이듬해 모온백이 군사를 이끌고 南寧에 진군하자 안남 사람들이 겁을 먹고 항복하기를 청하여 어떤 희생도 없이 안남을 평정하였음.《明史》 毛溫伯傳 참조.

【雁翎刀】칼 이름. 기러기 털과 같은 형상으로 만들었다 하여 이름이 붙여짐.

【鼉鼓】악어 껍질로 만든 북.

【麒麟】상상의 동물. 여기서는 걸출한 인재를 가리킴.

【螻蟻】땅강아지와 개미. 여기서는 반역한 안남 무리를 말함.

【待詔】조칙을 기다림. 명령을 기다림.

【朕】황제가 자신을 지칭하는 칭호.

【先生】모백온을 가리킴.

原註(王相)

世宗, 卽嘉靖帝也. 時安南謀反, 帝令南甯伯毛伯溫征之. 親作此詩以送之. 首聯言其人物英豪, 次言旗高壯麗, 麒麟有種. 言世卿之貴, 螻蟻難逃, 言南蠻必滅. 末言望其凱旋而奏捷也.

○按疊山選本, 皆唐宋詩, 末二首明詩, 不知何年贅入, 童蒙久誦, 姑並存之.

참고 및 관련 자료

1. 韻脚은 '豪·刀·高·逃·袍'이다. 王相의 주에 "첩산 선본에 모두 당송 시인데 마지막 이 2수는 明代 시로 어느 해에 끼어들었는지 알 수 없다. 다만 아동들이 오랫동안 외워온 터라 임시로 그대로 싣는다"(按疊山選本, 皆唐宋詩, 末二首明詩, 不知何年贅入, 童蒙久誦, 姑並存之)라 하였다. 원래 南宋 劉克莊이 최초로 선집한 《分門纂類唐宋時賢千家詩選》은 당연히 당송 시대 시들만이 선집되었다. 지금 통속본에는 끝에 2수의 명대 제왕의 시가 들어 있다. 그러나

지금도 전체를 외우고 있어 그대로 실었음을 밝힌 것이다.

한편 淸 翟灝의 《通俗編》(7)에는 《천가시》 마지막에 〈明祖送楊文廣征南〉이라는 시를 싣고 있으나 뒤에 이 시로 바꾸었다. 그 외 柴萼의 《梵天廬叢錄》(1)에는 明 太祖가 都督僉事 楊文慶을 남쪽 정벌에 보내면서 "大將南征騰氣豪, 腰懸秋水呂虔刀. 雷鳴甲胄乾坤淨, 風動旌旗日月高. 世上麒麟終有種, 穴中螻蟻竟何逃? 名標銅柱歸來日, 庭院春深聽伯勞"라 하여 본 책의 시와 거의 같으나 문자가 다른 시를 얻었다고 하였다.

2. 명(明) 세종(世宗. 1507~1566)

明 嘉靖帝. 이름은 朱厚熜. 憲宗의 손자이며 興獻王의 아들로서 15살에 제위에 등극, 연호를 嘉靖이라 하여 45년간 재위하였다. 명 武宗 正德 2년에 태어나 嘉靖 45년에 죽었다. 향년 60세.

가정 18년(1539) 가을 安南國이 오랫동안 조공을 해 오지 않자 毛伯溫에게 명하여 군대를 이끌고 정벌토록 한 것이며 그가 명을 받들고 안남에 들어서자 그대로 항복하였다고 한다. 그로부터 20여 년을 세종은 깊은 궁궐에 들어앉아 신하들을 만나지 않고 모든 대권을 太監을 통하여 전달하였다. 이에 張璁, 夏言, 嚴嵩 등이 재상이었는데 모두가 부패하여 탐관오리가 들끓게 되었고 왜구와 타타르(韃靼)족의 발호가 심하여 편한 날이 없었다. 만년에는 도술에 심취하여 養生藥을 구하려 하였고 결국 丹藥을 잘못 먹고 죽었다. 《明史》에 紀가 있다.

銅軺車(東漢) 甘肅 武威 雷臺 출토

임동석중국사상100

천가시
千家詩

부 록

謝枋得·劉克莊 輯, 王相 註 / 林東錫 譯註

〈野菊飛鳥七寶琺瑯瓶〉(淸) 부분

임동석(茁浦 林東錫)

慶北 榮州 上茁에서 출생. 忠北 丹陽 德尙골에서 성장. 丹陽初中 졸업. 京東高 서울
敎大 國際大 建國大 대학원 졸업. 雨田 辛鎬烈 선생에게 漢學 배움. 臺灣 國立臺灣師範
大學 國文硏究所(大學院) 博士班 졸업. 中華民國 國家文學博士(1983). 建國大學校
敎授. 文科大學長 역임. 成均館大 延世大 高麗大 外國語大 서울대 등 大學院 강의.
韓國中國言語學會 中國語文學硏究會 韓國中語中文學會 會長 역임. 저서에《朝鮮
譯學考》(中文)《中國學術槪論》《中韓對比語文論》. 편역서에《수레를 밀기 위해 내린
사람들》《栗谷先生詩文選》. 역서에《漢語音韻學講義》《廣開土王碑硏究》《東北
民族源流》《龍鳳文化源流》《論語心得》〈漢語雙聲疊韻硏究〉 등 학술 논문 50여 편.

임동석중국사상100

천가시 千家詩

謝枋得·劉克莊 輯, 王相 註 / 林東錫 譯註
1판 1쇄 발행/2010년 12월 12일
2쇄 발행/2014년 3월 1일
발행인 고정일
발행처 동서문화사
창업 1956. 12. 12. 등록 16-3799
서울강남구신사동도산대로163(신사동,1층) ☎546-0331~6 (FAX)545-0331
www.dongsuhbook.com
잘못 만들어진 책은 바꾸어 드립니다.

*

*

사업자등록번호 211-87-75330
ISBN 978-89-497-0641-2 04080
ISBN 978-89-497-0542-2 (세트)

繪圖
註釋

韻對千家詩

然 浩 孟

甫 杜

白 李

維　王

石　安　王

隱　商　李

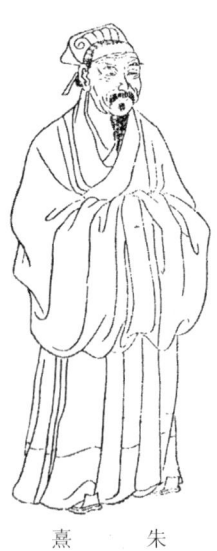

熹　朱

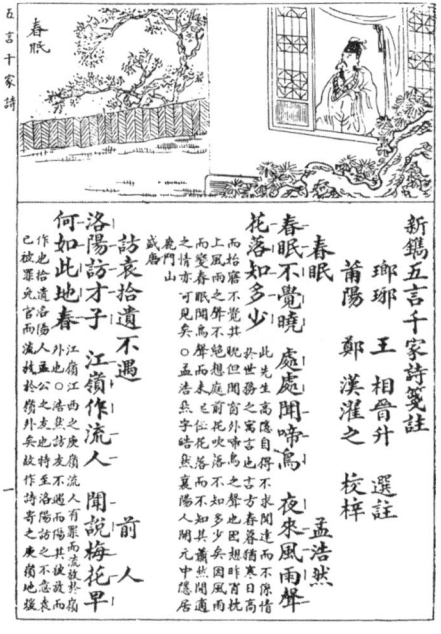

新鐫五言十家詩箋註

琅琊　王相晉升　選註
莆陽　鄭漢濯之　校梓

春眠　孟浩然
春眠不覺曉
處處聞啼鳥
夜來風雨聲
花落知多少

訪袁拾遺不遇　前人
洛陽訪才子
江嶺作流人
聞說梅花早
何如此地春

賀知章

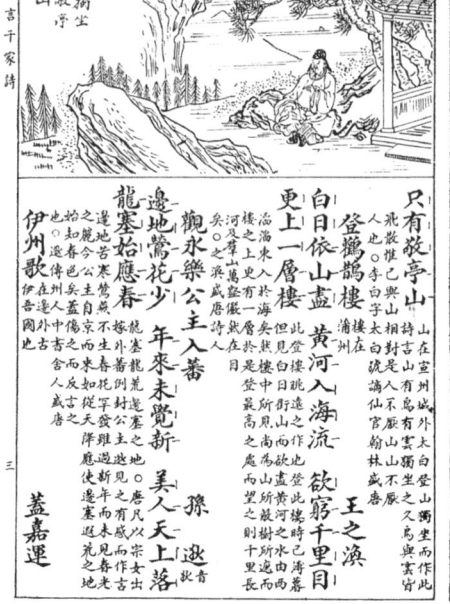

獨坐敬亭山　李白
眾鳥高飛盡
孤雲獨去閒
相看兩不厭
只有敬亭山

登鸛鵲樓　王之渙
白日依山盡
黃河入海流
欲窮千里目
更上一層樓

伊州歌　蓋嘉運
邊地鶯花少
龍塞始應春

觀永樂公主入蕃　孫逖
年來來覽新
美人天上落

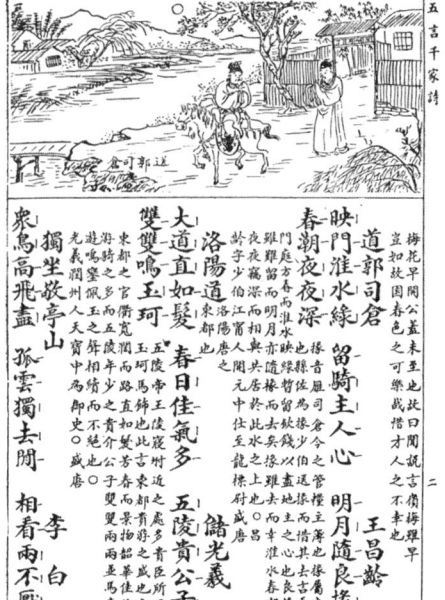

送郭司倉　王昌齡
映門淮水綠
留騎主人心
明月隨良掾
春潮夜夜深

洛陽道　儲光羲
大道直如髮
春日佳氣多
五陵貴公子
雙雙鳴玉珂

獨坐敬亭山　李白
孤雲獨去閒
孤雲獨去閒
相看兩不厭

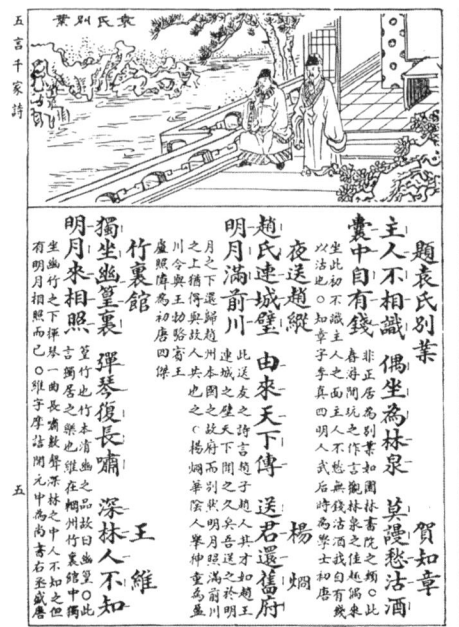

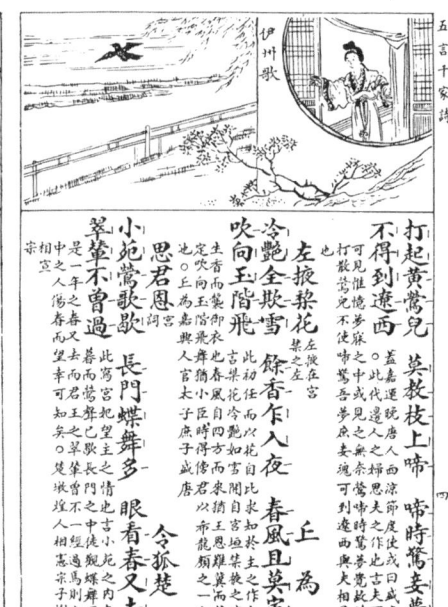

打起黃鶯兒　莫教枝上啼
啼時驚妾夢　不得到遼西
　　　　　蓋嘉運

冷艷全欺雪　餘香乍入夜
春風且莫定　吹向玉階飛
　　　　　正為

小苑鶯歌歇　長門蝶舞多
眼看春又去　翠輦不曾過
　　　　　令狐楚

四

主人不相識　偶坐為林泉
莫謾愁沽酒　囊中自有錢
　　　　賀知章　贈袁氏別業

趙氏連城璧　由來天下傳
送君還舊府　明月滿前川
　　　　楊炯　夜送趙縱

獨坐幽篁裏　彈琴復長嘯
深林人不知　明月來相照
　　　　王維　竹裏館

五

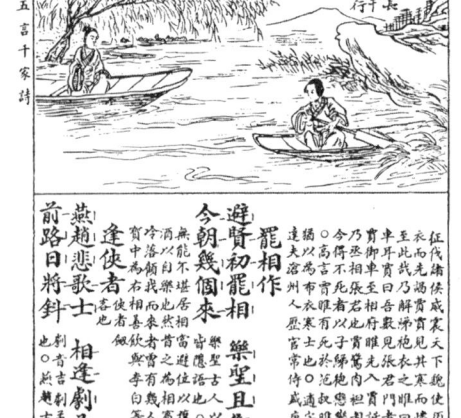

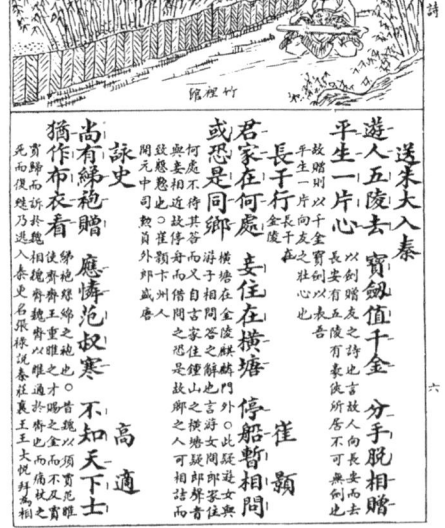

遊人五陵去　寶劍值千金
分手脫相贈　平生一片心
　　　　崔顥　送朱大入秦

君家在何處　妾住在橫塘
停船暫相問　或恐是同鄉
　　　　崔顥　長干行

尚有綈袍贈　應憐范叔寒
不知天下士　猶作布衣看
　　　　高適　詠史

六

避賢初罷相　樂聖且銜杯
為問門前客　今朝幾個來
　　　　李適之　罷相作

燕趙悲歌士　相逢劇孟家
寸心言不盡　前路日將斜
　　　　錢起　逢俠者

七

迓省侍

答李澣　韋應物

林中觀易罷
溪上對鷗閒
楚俗饒詞客
何人最佳還

江行望匡廬　前人

處處愁風雨
匡廬不可登
祇疑雲霧窟
猶有六朝僧

八

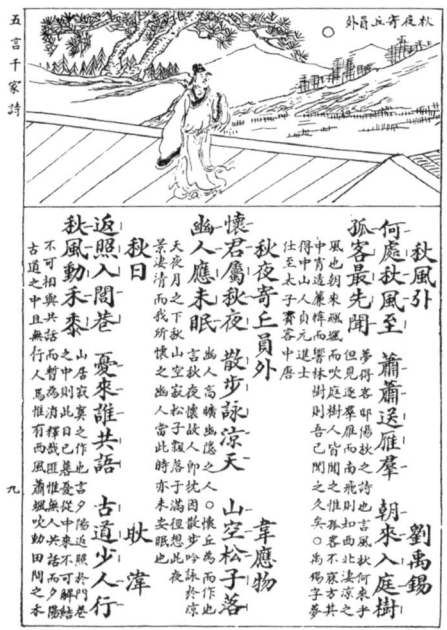

秋夜寄丘員外

秋風引　劉禹錫

何處秋風至
蕭蕭送雁羣
朝來入庭樹
孤客最先聞

秋夜寄丘員外　韋應物

懷君屬秋夜
散步詠涼天
山空松子落
幽人應未眠

秋日　耿湋

返照入閭巷
憂來誰共語
古道少人行

九

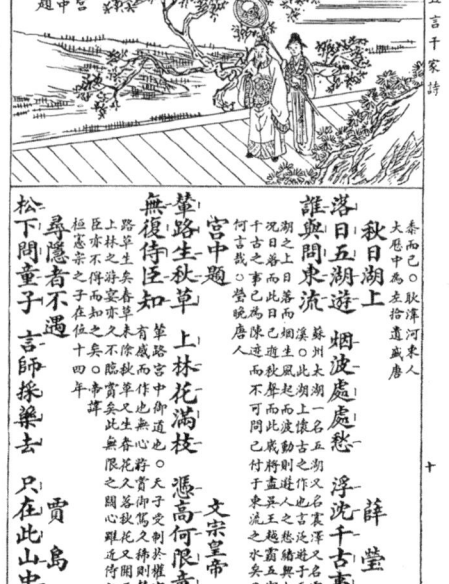

宮中題

秋日湖上　薛瑩

落日五湖遊
烟波處處愁
浮沈千古事
誰與問東流

宮中題　文宗皇帝

輦路生秋草
上林花滿枝
憑高何限意
無復侍臣知

尋隱者不遇　賈島

松下問童子
言師採藥去
只在此山中

十

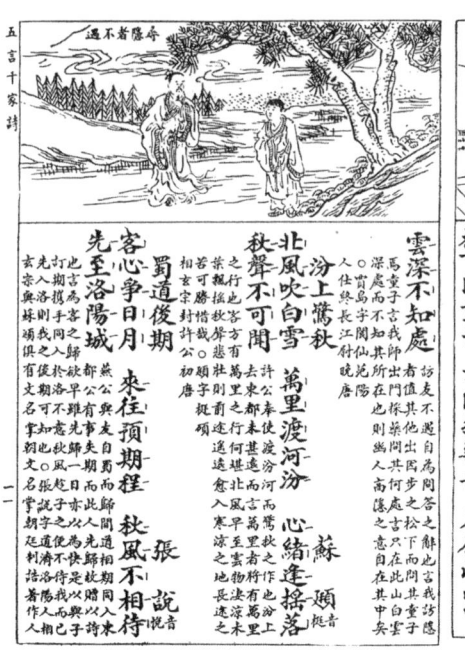

尋隱者不遇

雲深不知處

汾上驚秋　蘇頲

北風吹白雪
萬里渡河汾
心緒逢搖落
秋聲不可聞

蜀道後期　張說

客心爭日月
來往預期程
秋風不相待
先至洛陽城

一一

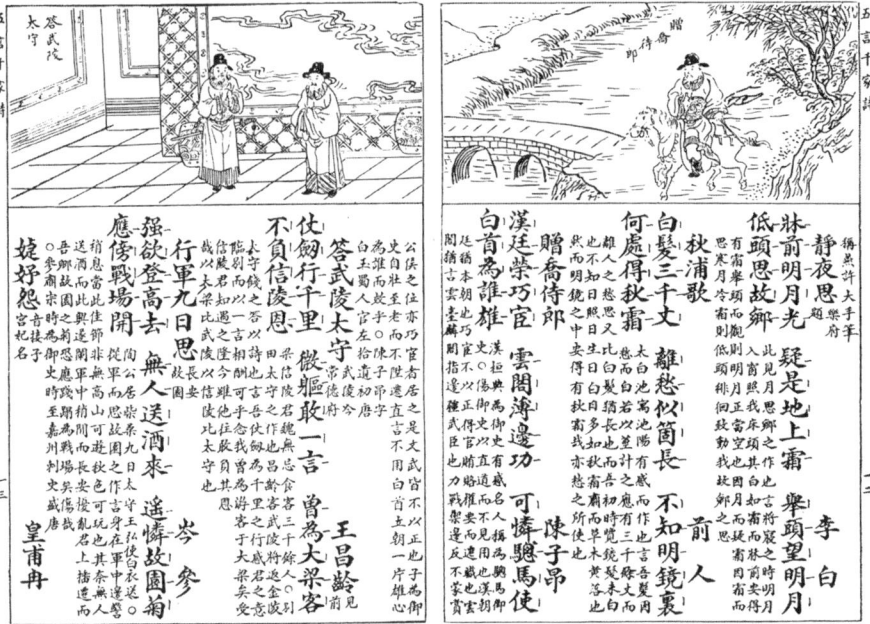

【右上・一二】

静夜思　　李白
床前明月光，疑是地上霜，
舉頭望明月，低頭思故鄉。

秋浦歌
白髮三千丈，離愁似箇長，
不知明鏡裏，何處得秋霜。

贈喬侍郎　　陳子昂
漢廷榮巧宦，雲閣薄邊功，
可憐驄馬使，白首為誰雄。

【左上・一三】

答武陵太守　　王昌齡
仗劍行千里，微軀敢一言，
曾為大梁客，不負信陵恩。

行軍九日思長安故園　　岑參
強欲登高去，無人送酒來，
遙憐故園菊，應傍戰場開。

婕妤怨　　皇甫冉

【右下・一四】

花枝出建章，鳳管發昭陽，
借問承恩者，双蛾幾許長。

題竹林寺　　朱放
歲月人間促，煙霞此地多，
殷勤竹林寺，更得幾回過。

三閭廟　　戴叔倫
沅湘流不盡，屈子怨何深，
日暮秋風起，蕭蕭楓樹林。

【左下・一五】

易水送別　　駱賓王
此地別燕丹，壯士髮衝冠，
昔時人已沒，今日水猶寒。

別盧秦卿　　司空曙
知有前期在，難分此夜中，
無將故人酒，不及石尤風。

答人　　太上隱者

偏來松樹下　高枕石頭眠　山中無歷日　寒盡不知年

新鐫五言千家詩箋註

幸蜀回至劍門

劍閣橫雲峻　鑾輿出狩回　丹幝五丁開　灌水縈旗轉　翠屏千仞合　仙雲拂馬來　乘時方在德　嗟爾勒名才　玄宗皇帝

和晉陵陸丞相早春遊望

獨有宦遊人　偏驚物候新　雲霞出海曙　梅柳渡江春　淑氣催黃鳥　晴光轉綠蘋　忽聞歌古調　歸思欲沾巾　杜審言

蓬萊三殿侍宴奉敕詠終南山

北斗掛城邊　南山倚殿前　雲標金闕迥　樹杪玉堂懸　半嶺通佳氣　中峰繞瑞煙　小臣持壽獻　長此戴堯天　前人

春夜別友人

銀燭吐清煙　金尊對綺筵　離堂思琴瑟　別路繞山川　明月隱高樹　長河沒曉天　悠悠洛陽去　此會在何年　陳子昂

春夜別友人

別葉臨青瑣　樹接南山近　煙含北渚遙　仙管鳳凰調　承恩咸已醉　戀賞未還鑣　長筵鵷鷺集　長宵公主東莊宴　李嶠

恩賜麗正殿書院賜宴應得林字

東壁圖書府　西園翰墨林　誦詩聞國政　講易見天心　位竊和羹重　恩叨醉酒深　載歌春興曲　情竭為知音　張說

送友人　李白

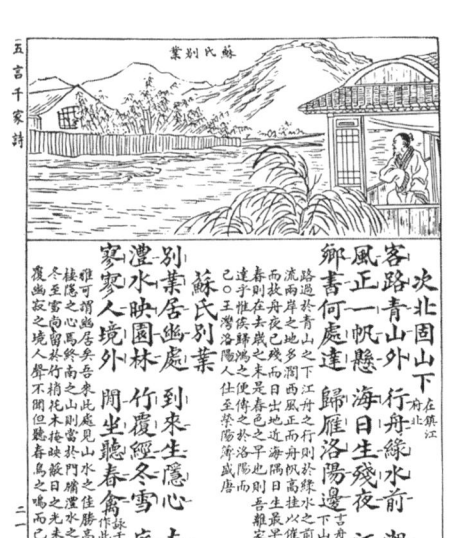

蘇氏別業

鄉書何處達　歸雁洛陽邊
客路青山外　行舟綠水前
潮平兩岸闊　風正一帆懸
海日生殘夜　江春入舊年
次北固山下　在府北集江
　　　　　　　　王灣

別業居幽處　到來生隱心
南山當戶牖　澧水映園林
竹覆經冬雪　庭昏未夕陰
寥寥人境外　閒坐聽春禽
蘇氏別業
　　　　　　　　祖詠

送友人入蜀

青山橫北郭　白水遶東城
此地一為別　孤蓬萬里征
浮雲遊子意　落日故人情
揮手自茲去　蕭蕭班馬鳴

送友人

見說蠶叢路　崎嶇不易行
山從人面起　雲傍馬頭生
芳樹籠秦棧　春流遠蜀城
升沈應已定　不必問君平
送友人入蜀
　　　　　　　　前人

二一　　二○

登總持閣

太乙近天都　連山到海隅
白雲迴望合　青靄入看無
分野中峰變　陰晴眾壑殊
欲投人處宿　隔水問樵夫
終南山
　　　　　　　　王維

聯步趨丹陛　分曹限紫微
曉隨天仗入
寄左省杜拾遺
　　　　　　　　岑參

終南山

花隱掖垣暮　啾啾棲鳥過
星臨萬戶動　月傍九霄多
不寢聽金鑰　因風想玉珂
明朝有封事　數問夜如何
春宿左省
　　　　　　　　杜甫

何年顧虎頭　滿壁畫滄洲
赤日石林氣　青天江海流
錫飛常近鶴　杯度不驚鷗
似得廬山路　真隨惠遠遊
題玄武禪師屋壁
　　　　　　　　前人

二三　　二二

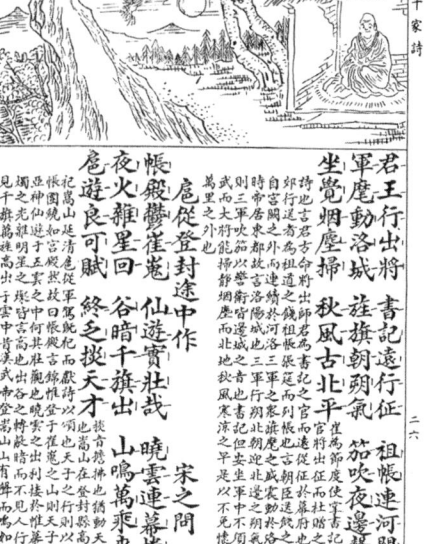

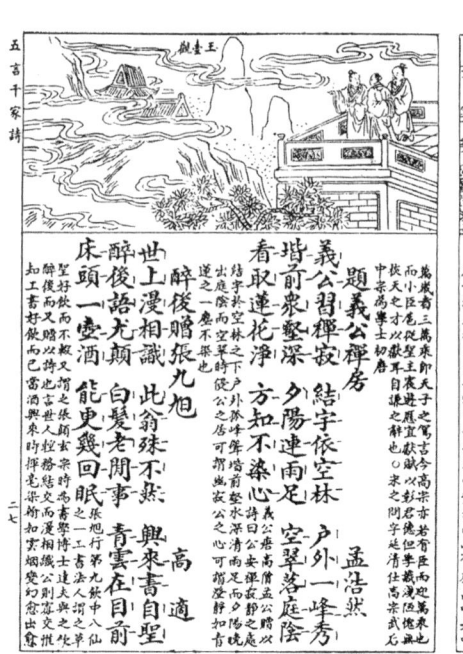

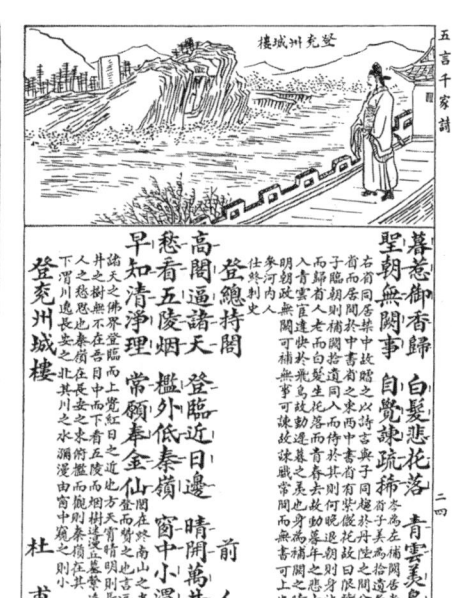

（右上）五言千家詩　二四

登兗州城樓附近註

暮惹御香歸
白髮悲花落　青雲羨鳥飛
聖朝無闕事
自覺諫書稀

前人

登總持閣
高閣逼諸天
愁看五陵煙
檻外低秦嶺
窗中小渭川
登臨近日邊
晴開萬井樹
早知清淨理
常願奉金仙

杜甫

（右下・二五）五言千家詩

送崔融

城闕輔三秦
平野入青徐
同是宦遊人
無為在歧路
從來多古意

杜少府之任蜀州
南樓縱目初
風煙望五津
海內存知己
兒女共沾巾
臨眺獨躊躇

王維

浮雲連海岱
荒城魯殿餘
與君離別意
天涯若比鄰

杜審言

（左下・二六）五言千家詩

君王行出將
書記遠從征
軍麾動洛城
旌旗朝朔氣
坐覺煙塵掃
秋風古北平

祖帳連河闕
笳吹夜邊聲

宋之問

扈從登途中作
帳殿鬱崔嵬
夜火雜星回
扈遊良可賦

仙遊實壯哉
曉雲連幕捲
谷暗千旗出
山鳴萬乘來
終乏挐天才

（左上・二七）五言千家詩

題義公禪房

義公習禪寂
戶外一峰秀
夕陽連雨足
看取蓮花淨
方知不染心

結宇依空林
階前眾壑深
空翠落庭陰

孟浩然

醉後贈張九旭

世上漫相識
此翁殊不然
醉後語尤顛
白髮老閒事
床頭一壺酒
能更幾回眠

興來書自聖
青雲在目前

高適

부록 12(693)

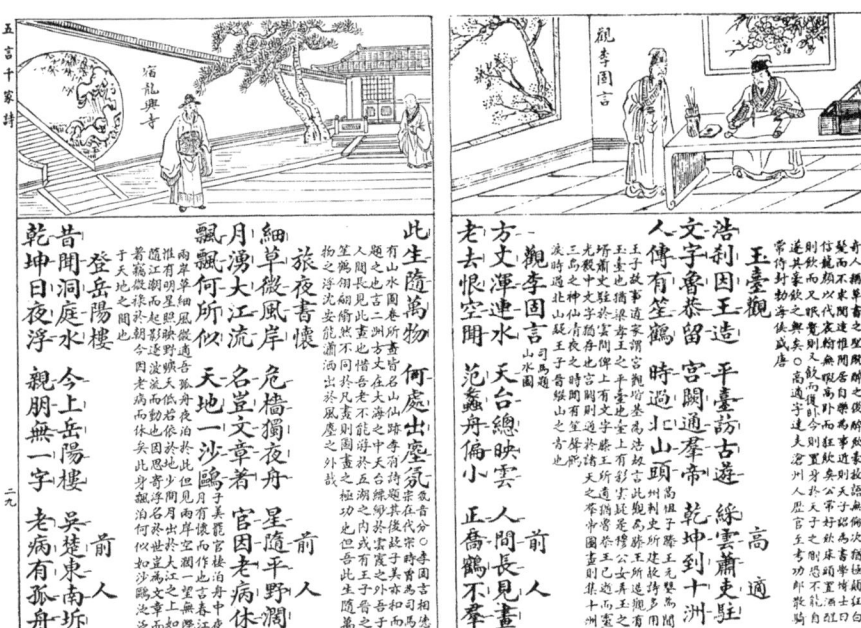

二八

玉臺觀　高適
浩劫因王造
平臺訪古遊
綵雲蕭史駐
文字魯恭留
宮闕通羣帝
乾坤到十洲
人傳有笙鶴
時過北山頭

觀李固請司馬弟山水圖
方丈渾連水
天台總映雲
人間長見畫
老去恨空聞
范蠡舟偏小
正喬鶴不羣

二九

此生隨萬物
何處出塵氛

旅夜書懷　前人
細草微風岸
危檣獨夜舟
星垂平野闊
月湧大江流
名豈文章著
官因老病休
飄飄何所似
天地一沙鷗

登岳陽樓　前人
昔聞洞庭水
今上岳陽樓
吳楚東南坼
乾坤日夜浮
親朋無一字
老病有孤舟

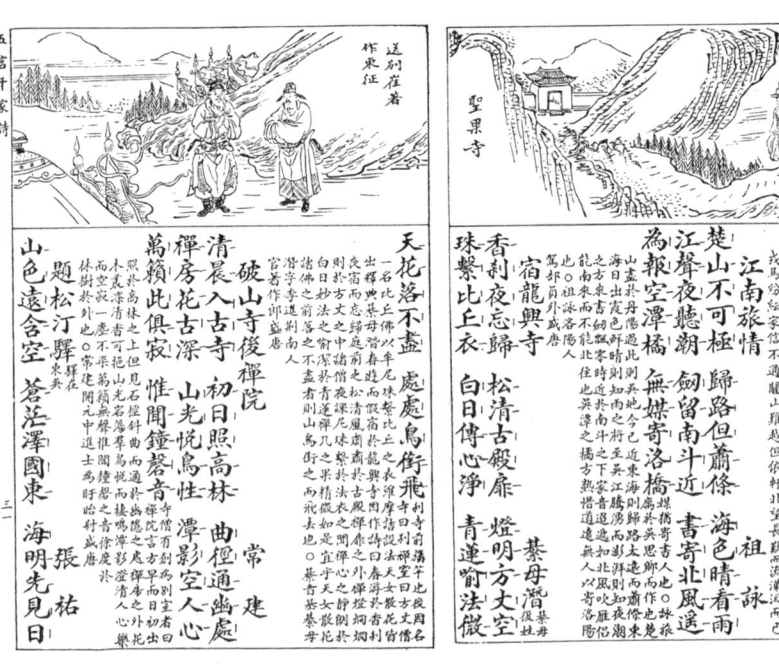

三〇

戎馬關山北
憑軒涕四流

江南旅情　祖詠
楚山不可極
歸路但蕭條
海色晴看雨
江聲夜聽潮
劍留南斗近
書寄北風遙
為報空潭橘
無媒寄洛橋

宿龍興寺
香剎夜忘歸
松清古殿扉
燈明方丈室
珠繫比丘衣
白日傳心淨
青蓮喻法微

三一

天花落不盡
處處鳥銜飛

破山寺後禪院　常建
清晨入古寺
初日照高林
曲徑通幽處
禪房花木深
山光悅鳥性
潭影空人心
萬籟此俱寂
惟聞鐘磬音

題松汀驛　張祜
山色遠含空
蒼茫澤國東
海明先見日

晚涼呼妓際

野望

東皋薄暮望
徙倚欲何依
樹樹皆秋色
山山惟落暉
牧人驅犢返
獵馬帶禽歸
相顧無相識
長歌懷采薇

王績

路自中峰上
盤回出薜蘿
到江吳地盡
隔岸越山多
古木叢青靄
遙天浸白波
下方城郭近
鐘磬雜笙歌

聖果寺　釋處默

江白迥聞風
鳥道高原去
人煙小逕通
那知舊遺逸
不在五湖中

送別崔著作東征

金天方肅殺
白露始專征
王師非樂戰
之子慎佳兵
海氣侵南部
邊風掃北平
莫賣盧龍塞
歸邀麒閣名

陳子昂

三二

三三

臨洞庭

謝朓北樓

宿雲門寺閣

香閣東山下
煙花象外幽
懸燈千嶂夕
卷慢五湖秋
畫壁餘鴻雁
紗窗宿斗牛
更疑天路近
夢與白雲遊

孫逖

秋登宣城謝朓北樓

江城如畫裏
山曉望晴空
兩水夾明鏡
雙橋落彩虹
人煙寒橘柚
秋色老梧桐
誰念北樓上
臨風懷謝公

李白

攜妓納涼晚際遇雨

落日放船好
輕風生浪遲
竹深留客處
荷淨納涼時
公子調冰水
佳人雪藕絲
片雲頭上黑
應是雨催詩

杜甫

其二

雨來沾席上
風急打船頭
越女紅裙濕
燕姬翠黛愁
纜侵堤柳繫
幔卷浪花浮
歸路翻蕭颯
陂塘五月秋

前人

三四

三五

五言千家詩

過香積寺

五言千家詩

禹廟

三六

臨洞庭　　孟浩然〔前見〕

八月湖水平
涵虛混太清
氣蒸雲夢澤
波撼岳陽城
欲濟無舟楫
端居恥聖明
坐觀垂釣者
徒有羨魚情

過香積寺　　王維〔前見〕

不知香積寺
數里入雲峰
古木無人徑
深山何處鐘
泉聲咽危石
日色冷青松
薄暮空潭曲
安禪制毒龍

三七

送鄭侍御謫閩中　　高適

謫去君無恨
閩中我舊過
大都秋雁少
只是夜猿多
東路雲山合
南天瘴癘和
自當逢雨露
行矣順風波

秦州雜詩　　杜甫

鳳林戈未息
魚海路常難
候火雲峰峻
懸軍幕井乾
風連西極動
月過北庭寒
故老思飛將
何時議築壇

三八

五言千家詩

望秦川

望秦川　　李頎

秦川朝望迥
日出正東峰
遠近山河淨
逶迤城闕重
秋聲萬戶竹
寒色五陵松
有客歸歟歎
淒其霜露濃

禹廟　　前人

禹廟空山裏
秋風落日斜
荒庭垂橘柚
古屋畫龍蛇
雲氣生虛壁
江深走白沙
早知乘四載
疏鑿控三巴

三九

五言千家詩

洞庭有懷

同王徵君洞庭有懷　　張謂

八月洞庭秋
瀟湘水北流
還家萬里夢
為客五更愁
不用開書快
偏宜上酒樓
故人京洛滿
何日復同遊

渡揚子江　　丁仙芝

桂楫中流望
空波兩岸明
林開揚子驛

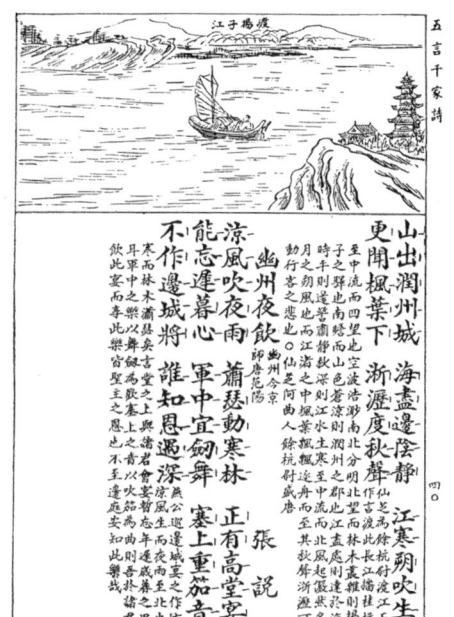

涼州詞　張說

山出潤州城
海盡邊陰靜
江寒羽吹生
更聞楓葉下
漸瀝度秋聲

幽州夜飲

涼風吹夜雨
蕭瑟動寒林
不作邊城將
誰知恩遇深
能忘遷客心
軍中宜劍舞
正有高堂宴
塞上重笳音

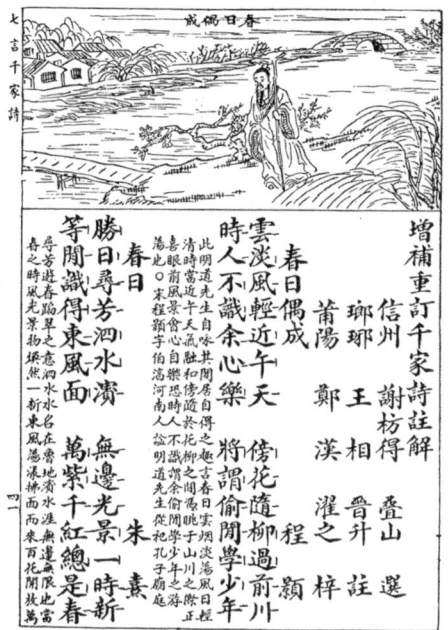

增補重訂千家詩註解

信州　謝枋得　疊山　選
瑯琊　王相　晉升　註
莆陽　鄭漢　濯之　程　梓　題

春日偶成

雲淡風輕近午天
傍花隨柳過前川
時人不識余心樂
將謂偷閒學少年

春日　朱熹

勝日尋芳泗水濱
無邊光景一時新
等閒識得東風面
萬紫千紅總是春

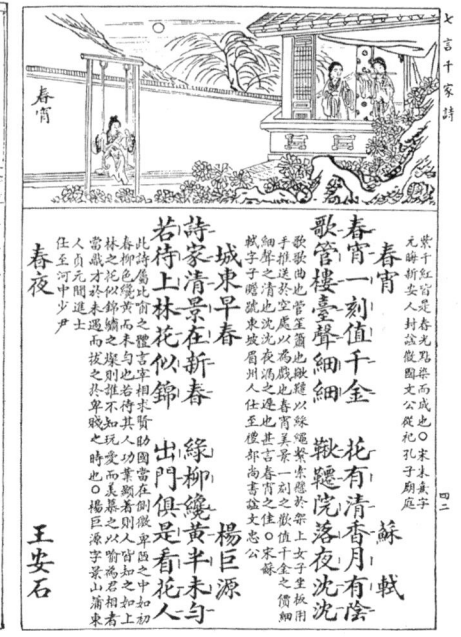

春夜　蘇軾

春宵一刻值千金
花有清香月有陰
歌管樓臺聲細細
鞦韆院落夜沈沈

春宵

城東早春　楊巨源

詩家清景在新春
綠柳才黃半未勻
若待上林花似錦
出門俱是看花人

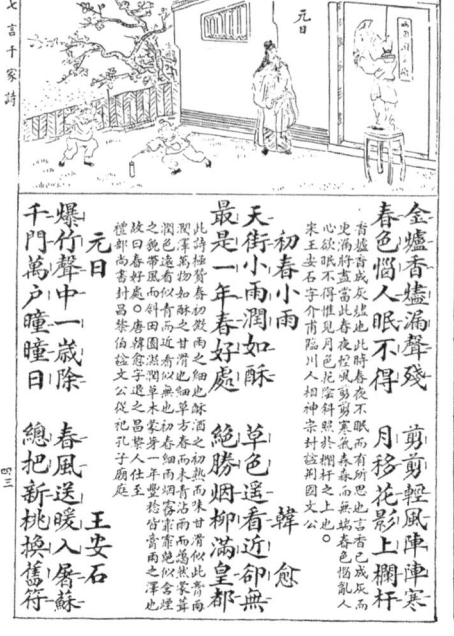

春色惱人眠不得

金爐香盡漏聲殘
剪剪輕風陣陣寒
春色惱人眠不得
月移花影上欄杆
韓愈

初春小雨

天街小雨潤如酥
草色遙看近卻無
最是一年春好處
絕勝煙柳滿皇都
韓愈

元日

爆竹聲中一歲除
春風送暖入屠蘇
千門萬戶曈曈日
總把新桃換舊符
王安石

宮詞

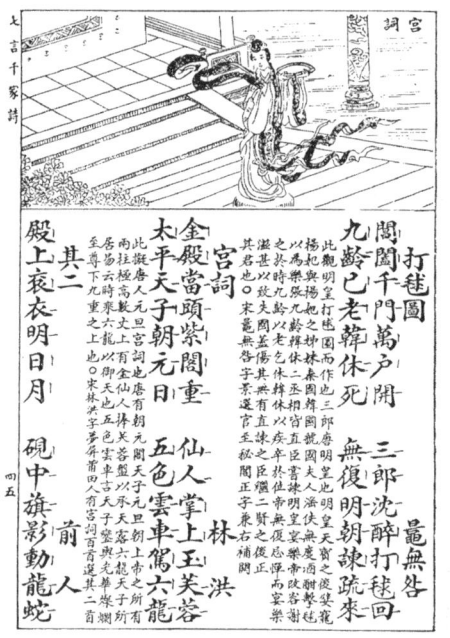

打毬圖

閶闔千門萬戶開
三郎沈醉打毬回
九齡已老韓休死
無復明朝諫疏來
　　　　林洪

其二

金殿當頭紫閣重
仙人掌上玉芙蓉
太平天子朝元日
五色雲車駕六龍

殿上衣明日月
硯中旗影動龍蛇
　　　　前人

四五

上元侍宴

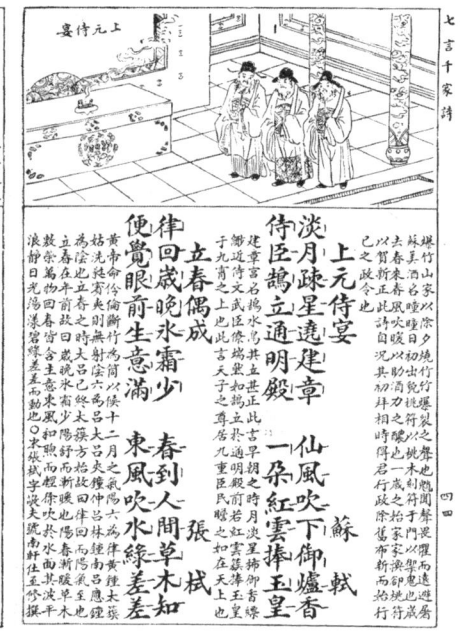

淡月疎星遶建章
侍臣鵷立通明殿
仙風吹下御爐香
一朶紅雲捧玉皇
　　　　蘇軾

立春偶成

律回歲晚氷霜少
便覺眼前生意滿
春到人間草木知
東風吹水綠差差
　　　　張栻

四四

海棠

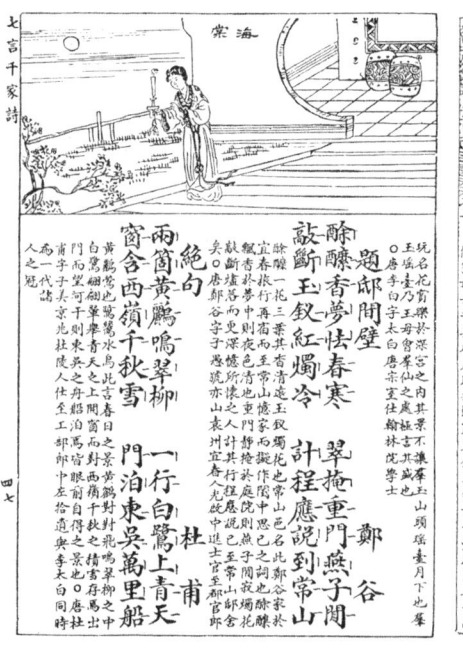

題邸間壁

絕句

釀醖香夢怯春寒
敲斷玉釵紅燭冷
兩箇黃鸝鳴翠柳
一行白鷺上青天
窗含西嶺千秋雪
門泊東吳萬里船
翠掩重門燕子間
計程應說到常山
　　　　杜甫
　　　　鄭谷

四七

詠華清宮

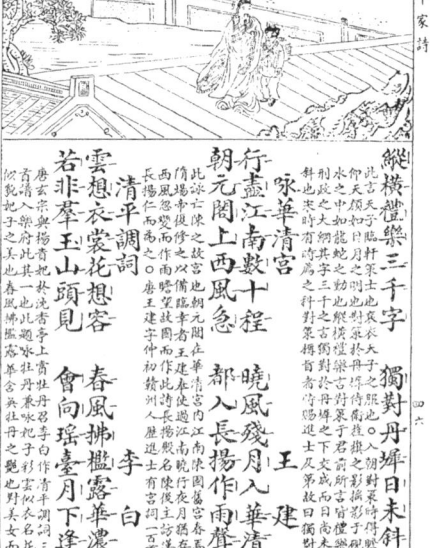

縱横體裂三千字
擘對丹墀日未軒

咏華清宮

朝元閣上西風急
行盡江南數十程
都入長揚作雨聲
曉風殘月入華清
若非羣玉山頭見
雲想衣裳花想容
清平調詞
春風拂檻露華濃
會向瑤臺月下逢
　　　　李白
　　　　王建

四六

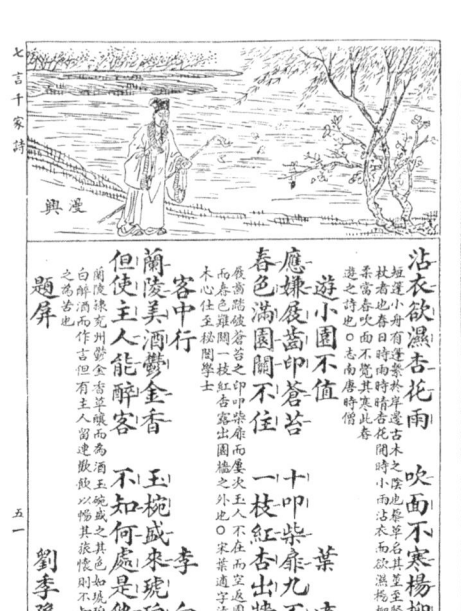

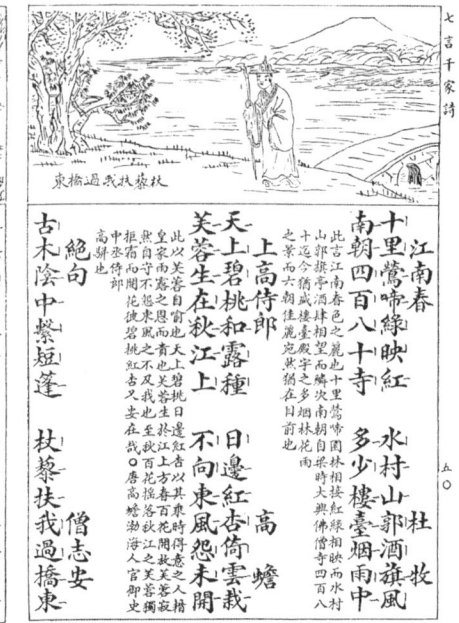

清明

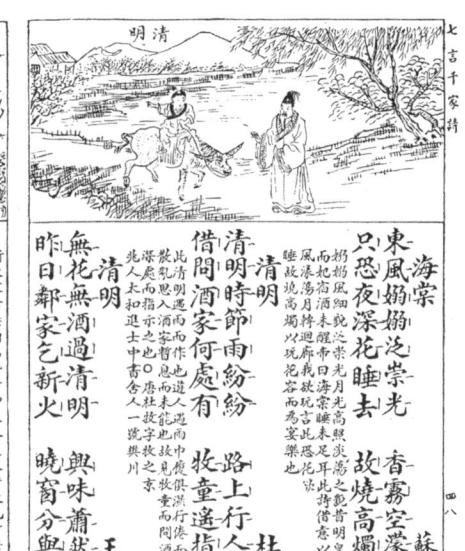

海棠　蘇軾

東風嫋嫋泛崇光
香霧空濛月轉廊
只恐夜深花睡去
故燒高燭照紅粧

清明　杜牧

清明時節雨紛紛
路上行人欲斷魂
借問酒家何處有
牧童遙指杏花村

江南春

寒食　韓翃

春城無處不飛花
寒食東風御柳斜
日暮漢宮傳蠟燭
輕煙散入五侯家

社日　張演

鵝湖山下稻粱肥
豚柵雞栖對掩扉
桑柘影斜春社散
家家扶得醉人歸

絕句

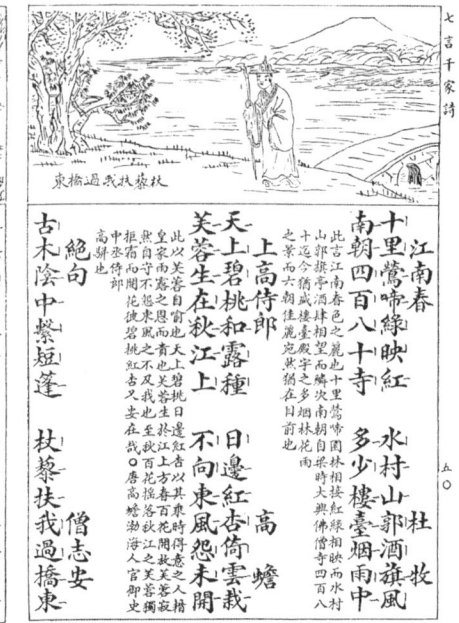

江南春　杜牧

千里鶯啼綠映紅
水村山郭酒旗風
南朝四百八十寺
多少樓臺煙雨中

絕句　高蟾

天上碧桃和露種
日邊紅杏倚雲栽
芙蓉生在秋江上
不向東風怨未開

絕句　僧志安

古木陰中繫短篷
杖藜扶我過橋東

愛春

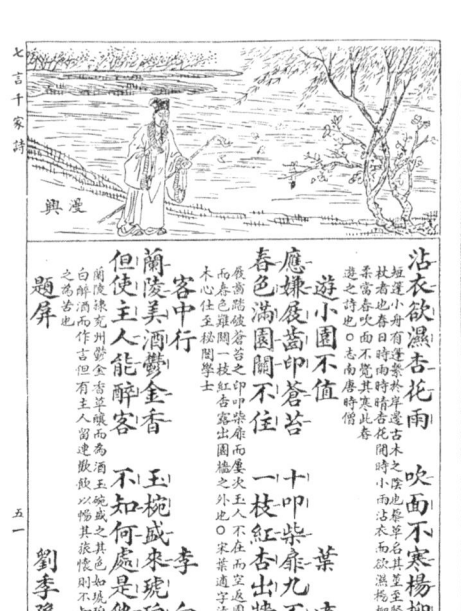

題屏

沾衣欲濕杏花雨
吹面不寒楊柳風

遊小園不值　葉適

應嫌屐齒印蒼苔
十叩柴扉九不開
春色滿園關不住
一枝紅杏出牆來

客中行　李白

蘭陵美酒鬱金香
玉椀盛來琥珀光
但使主人能醉客
不知何處是他鄉

劉季孫

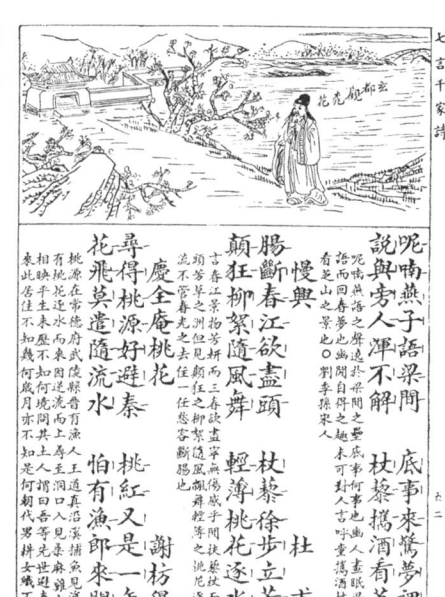

花光觀桃花

呢喃燕子語梁間
底事來驚夢裡閒
說與傍人渾不解
杖藜搔首立芝山

杜甫

慢興

腸斷春江欲盡頭
杖藜徐步立芳洲
顛狂柳絮隨風舞
輕薄桃花逐水流

慶全庵桃花

尋得桃源好避秦
花飛莫遣隨流水
怕有漁郎來問津

謝枋得

玄都觀桃花

紫陌紅塵拂面來
無人不道看花回
玄都觀裏桃千樹
盡是劉郎去後栽

劉禹錫

再遊玄都觀

百畝庭中半是苔
桃花淨盡菜花開
種桃道士歸何處
前度劉郎今又來

劉禹錫

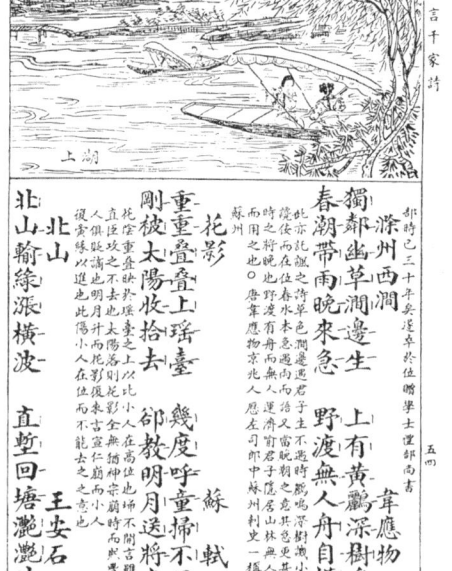

滁州西澗

獨憐幽草澗邊生
上有黃鸝深樹鳴
春潮帶雨晚來急
野渡無人舟自橫

韋應物

花影

重重疊疊上瑤臺
幾度呼童掃不開
剛被太陽收拾去
卻教明月送將來

蘇軾

北山

北山輸綠漲橫波
直塹回塘灩灩時

王安石

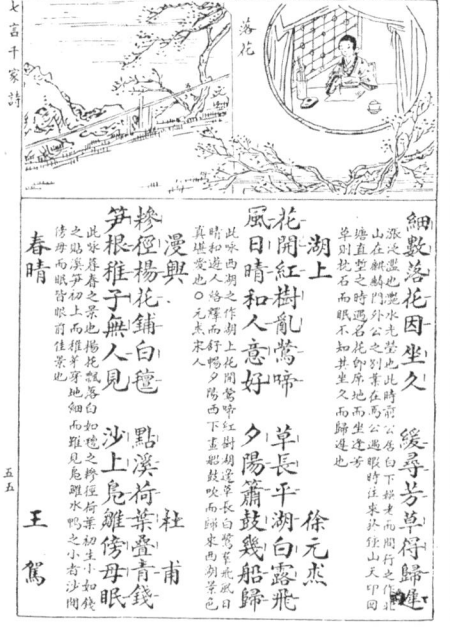

湖上

花開紅樹亂鶯啼
草長平湖白鷺飛
風日晴和人意好
夕陽簫鼓幾船歸

徐元杰

細數落花因坐久
緩尋芳草得歸遲

徐元杰

漫興

糝徑楊花鋪白氈
點溪荷葉疊青錢
笋根稚子無人見
沙上鳧雛傍母眠

杜甫

春晴

王駕

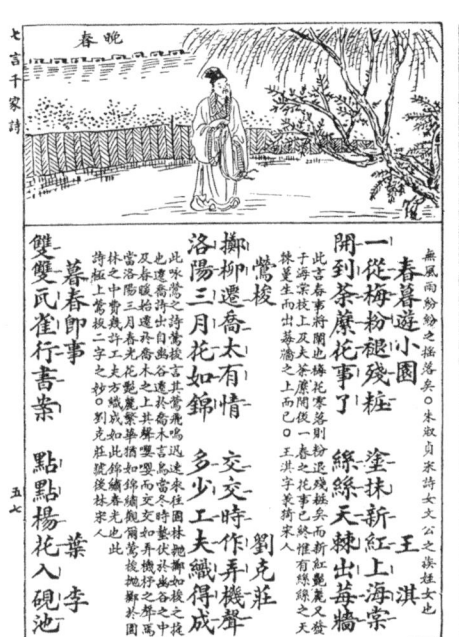

晚春

春暮遊小園　王淇
一從梅粉褪殘粧
塗抹新紅上海棠
開到荼蘼花事了
絲絲天棘出莓牆

鶯梭　劉克莊
擲柳遷喬太有情
交交時作弄機聲
洛陽三月花如錦
多少工夫織得成

暮春即事　葉采
雙雙瓦雀行書案
點點楊花入硯池

五七

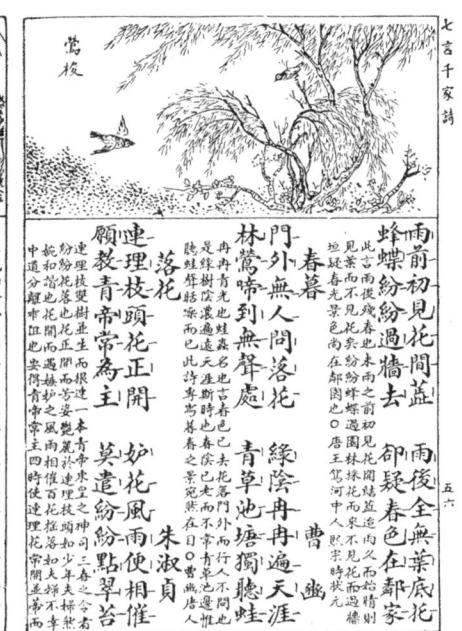

鶯梭

春晴
雨前初見花間蕊
雨後全無葉底花
蜂蝶紛紛過牆去
卻疑春色在鄰家

落花　朱淑貞
連理枝頭花正開
妒花風雨便相催
願教青帝常為主
莫遣紛紛點翠苔

春暮　朱淑真
門外無人問落花
綠陰冉冉遍天涯
林鶯啼到無聲處
青草池塘獨聽蛙

五六

初夏睡起

晚春　韓愈
草木知春不久歸
百般紅紫鬥芳菲
楊花榆莢無才思
惟解漫天作雪飛

傷春　楊簡
準擬今春樂事濃
依然枉卻一東風
年年不帶看花眼
不是愁中即病中

送春　王逢原
三月殘花落更開
小簷日日燕飛來
子規夜半猶啼血
不信東風喚不回

五九

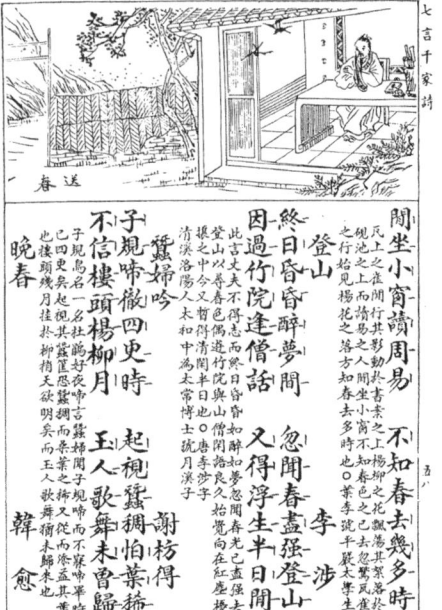

春送

閒坐小窗讀周易　李涉
不知春去幾多時

登山　李涉
終日昏昏醉夢間
忽聞春盡強登山
因過竹院逢僧話
又得浮生半日閒

蠶婦吟　謝枋得
子規啼徹四更時
起視蠶稠怕葉稀
不信樓頭楊柳月
玉人歌舞未曾歸

五八

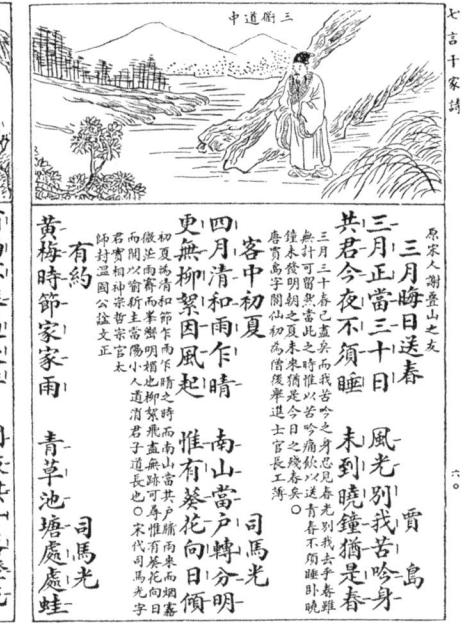

原宋人謝疊山之友
三月晦日送春
賈島
三月正當三十日
風光別我苦吟身
共君今夜不須睡
未到曉鐘猶是春

客中初夏
司馬光
四月清和雨乍晴
南山當戶轉分明
更無柳絮因風起
惟有葵花向日傾

黃梅時節家家雨
青草池塘處處蛙
有約不來過夜半
閒敲棋子落燈花

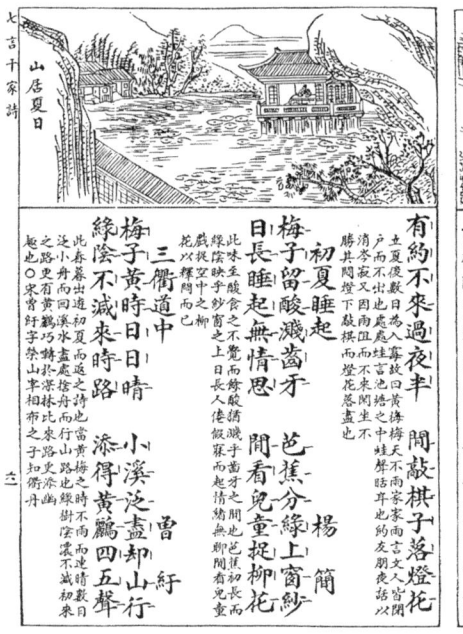

初夏睡起
梅子留酸濺齒牙
芭蕉分綠上窗紗
日長睡起無情思
閒看兒童捉柳花
楊簡

三衢道中
梅子黃時日日晴
小溪泛盡卻山行
綠陰不減來時路
添得黃鸝四五聲
曹紆

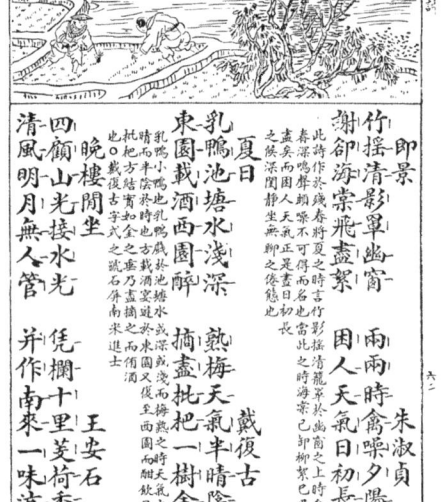

即景
竹搖清影罩幽窗
兩兩時禽噪夕陽
謝卻海棠飛盡絮
困人天氣日初長
朱淑貞

夏日
乳鴨池塘水淺深
熟梅天氣半晴陰
東園載酒西園醉
摘盡枇杷一樹金
戴復古

晚樓閒坐
四顧山光接水光
憑欄十里芰荷香
清風明月無人管
并作南來一味涼
王安石

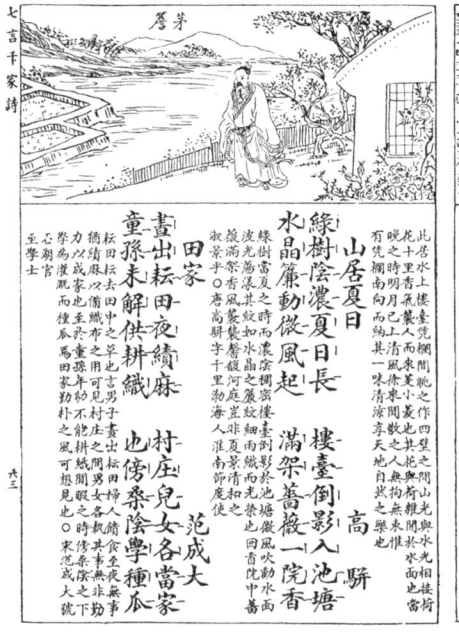

山居夏日
綠樹陰濃夏日長
樓臺倒影入池塘
水晶簾動微風起
滿架薔薇一院香
高駢

田家
晝出耘田夜績麻
村莊兒女各當家
童孫未解供耕織
也傍桑陰學種瓜
范成大

秋月

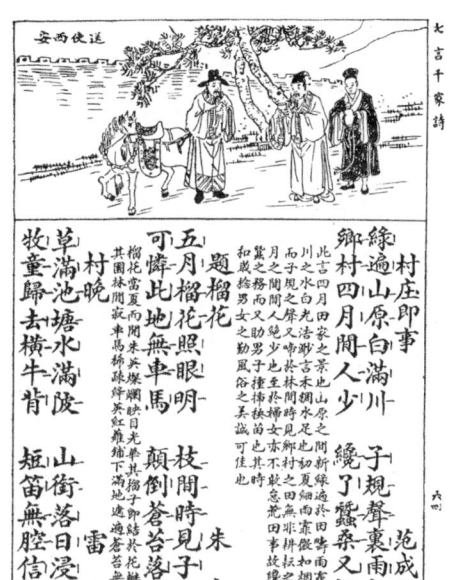

送安西使

烏衣巷　劉禹錫
朱雀橋邊野草花
烏衣巷口夕陽斜
舊時王謝堂前燕
飛入尋常百姓家

茅簷　王安石
茅簷常掃淨無苔
花木成蹊手自栽
一水護田將綠遶
兩山排闥送青來

六五

村庄即事　范成大
綠遍山原白滿川
子規聲裏雨如煙
鄉村四月閒人少
纔了蠶桑又插田

題榴花　朱熹
五月榴花照眼明
枝間時見子初成
可憐此地無車馬
顛倒蒼苔落絳英

村晚　雷震
草滿池塘水滿陂
山銜落日浸寒漪
牧童歸去橫牛背
短笛無腔信口吹

六四

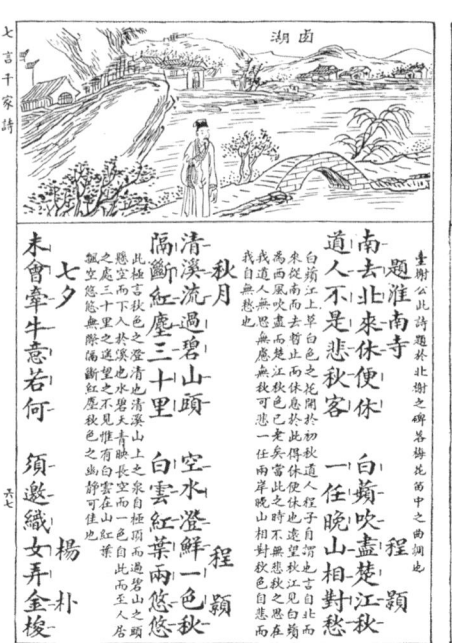

函湖

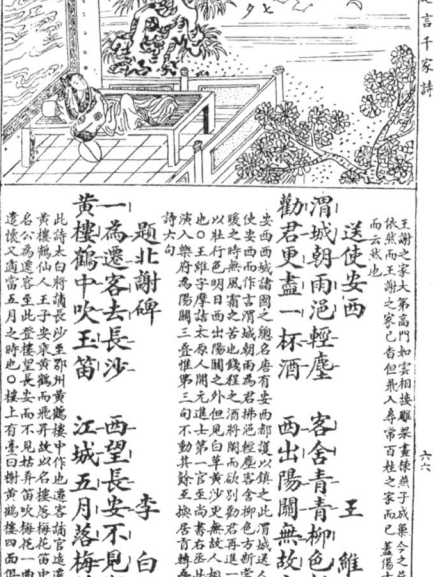

夕

題淮南寺　程顥
南去北來休便休
白蘋吹盡楚江秋
道人不是悲秋客
一住晚山相對愁

秋月　程顥
清溪流過碧山頭
空水澄鮮一色秋
隔斷紅塵三十里
白雲紅葉兩悠悠

七夕　楊朴
未會牽牛意若何
須邀織女弄金梭

六七

送元二使安西　王維
渭城朝雨浥輕塵
客舍青青柳色新
勸君更盡一杯酒
西出陽關無故人

題北謝碑　李白
一為遷客去長沙
西望長安不見家
黃鶴樓中吹玉笛
江城五月落梅花

六六

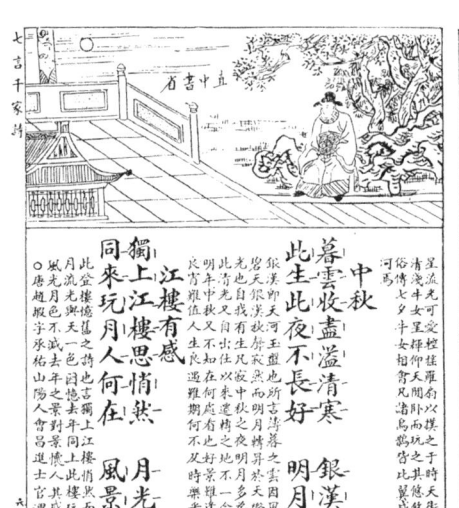

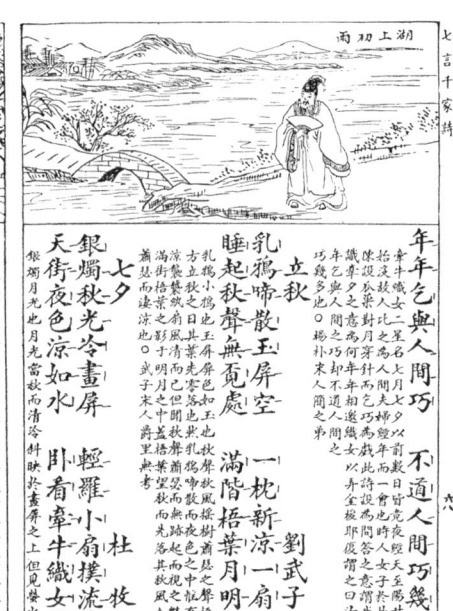

七言十家詩

湖上初雨

年年乞與人間巧 不道人間巧幾多

立秋
乳鴉啼散玉屏空
睡起秋聲無覓處
滿階梧葉月明中
劉武子

七夕
銀燭秋光冷畫屏
輕羅小扇撲流螢
天街夜色涼如水
臥看牽牛織女星
杜牧

六八

中秋
暮雲收盡溢清寒
此生此夜不長好
銀漢無聲轉玉盤
明月明年何處看
趙嘏

江樓有感
獨上江樓思渺然
同來玩月人何在
月光如水水如天
風景依稀似去年

六九

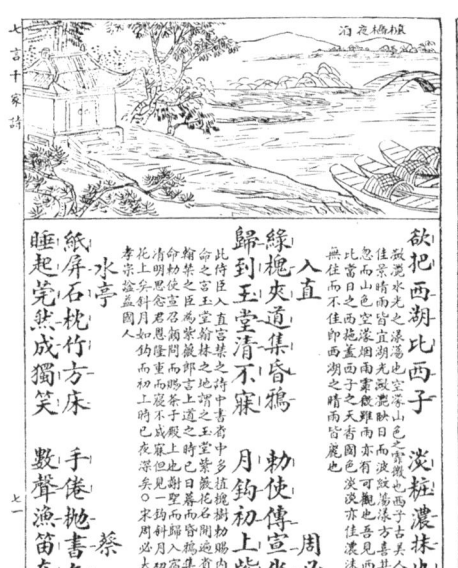

七言十家詩

泊舟楓橋

冷泉亭

水亭
紙屏石枕竹方床
睡起莞然成獨笑
手捲抛書午夢長
數聲漁笛在滄浪
蔡確

入直
綠槐夾道集昏鴉
歸到玉堂清不寐
月鉤初上紫薇花
勅使傳宣坐賜茶
周必大

七一

西湖
畢竟西湖六月中
風光不與四時同
接天蓮葉無窮碧
映日荷花別樣紅
蘇軾

欲把西湖比西子
淡粧濃抹也相宜
水光瀲灧晴偏好
山色空濛雨亦奇
蘇軾

西湖
山外青山樓外樓
暖風薰得遊人醉
西湖歌舞幾時休
直把杭州作汴州
林洪

七○

23(682) 천가시

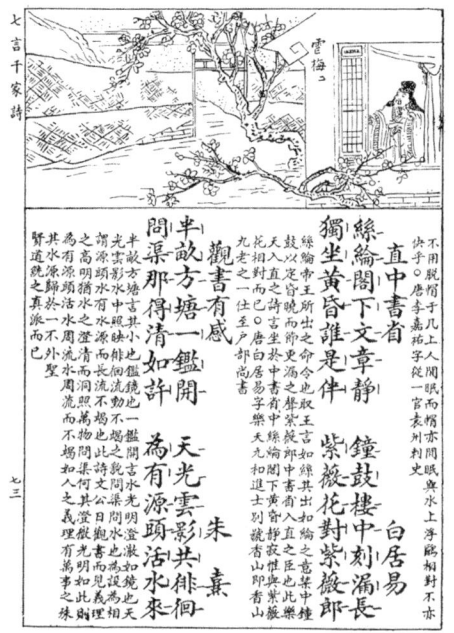

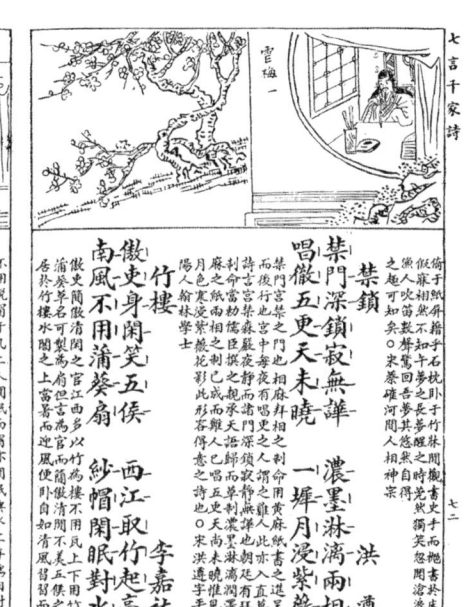

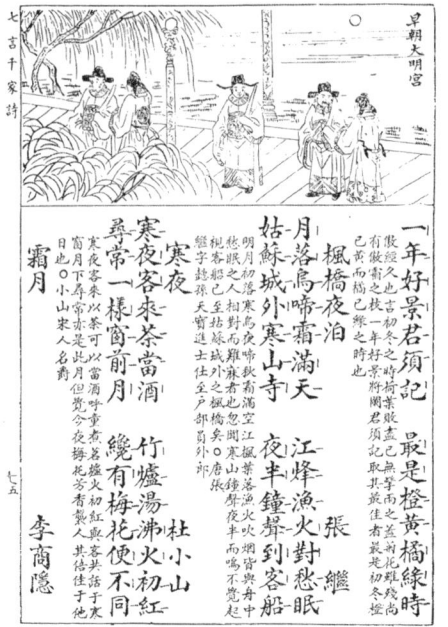

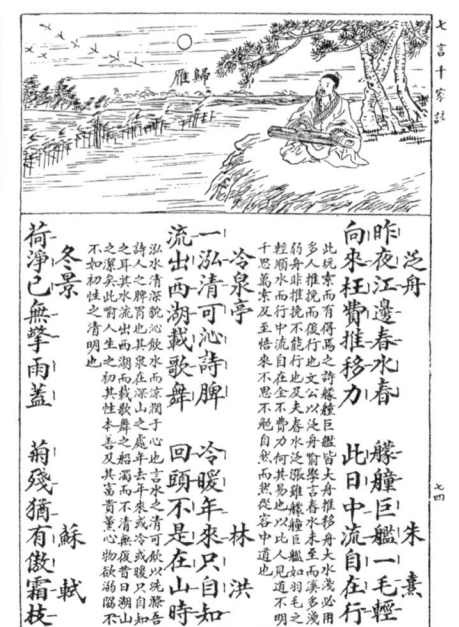

禁鎖　洪遵
禁門深鎖寂無譁
濃墨淋漓兩相麻
唱徹五更天未曉
一墀月漫紫薇花

竹樓　李嘉祐
傲吏身閑笑五侯
西江取竹起高樓
南風不用蒲葵扇
紗帽閒眠對水鷗

直中書省　白居易
絲綸閣下文章靜
鐘鼓樓中刻漏長
獨坐黃昏誰是伴
紫薇花對紫薇郎

觀書有感　朱熹
半畝方塘一鑑開
天光雲影共徘徊
問渠那得清如許
為有源頭活水來

泛舟　朱熹
昨夜江邊春水生
蒙衝巨艦一毛輕
向來枉費推移力
此日中流自在行

冷泉亭　林洪
一泓清可沁詩脾
冷暖年來只自知
流出西湖載歌舞
回頭不是在山時

冬景　蘇軾
荷盡已無擎雨蓋
菊殘猶有傲霜枝
一年好景君須記
最是橙黃橘綠時

寒夜　杜小山
寒夜客來茶當酒
竹爐湯沸火初紅
尋常一樣窗前月
纔有梅花便不同

楓橋夜泊　張繼
月落烏啼霜滿天
江楓漁火對愁眠
姑蘇城外寒山寺
夜半鐘聲到客船

霜月　李商隱

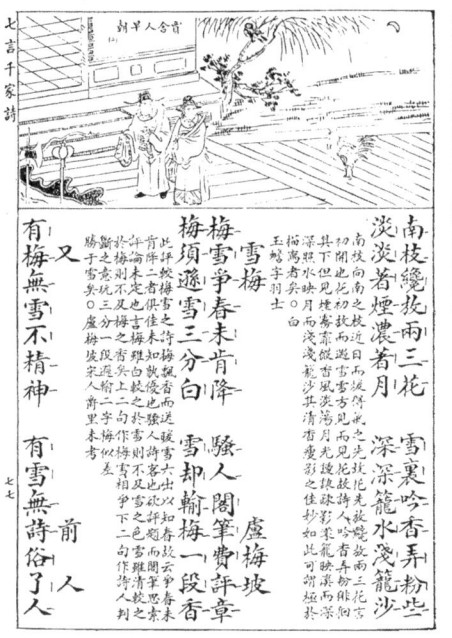

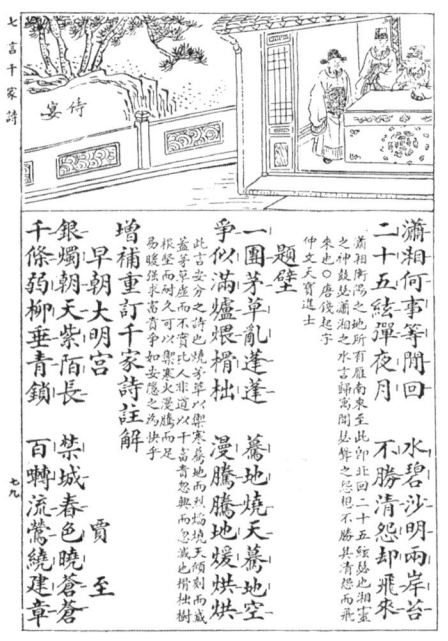

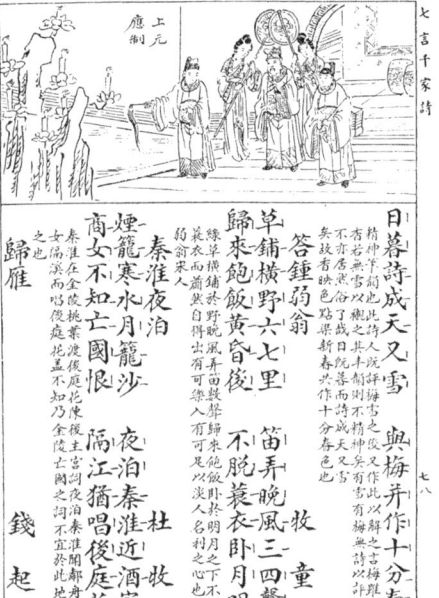

七言千家詩 (七六)

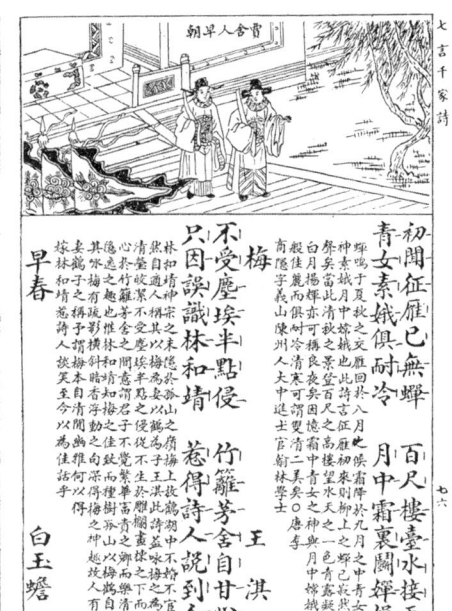

朝早人含窅

初聞征雁已無蟬　百尺樓臺水接天
青女素娥俱耐冷　月中霜裏鬥嬋娟
　王洪

早春　白玉蟾

梅
不受塵埃半點侵　竹籬茅舍自甘心
只因誤識林和靖　惹得詩人說到今
　王淇

七言千家詩 (七七)

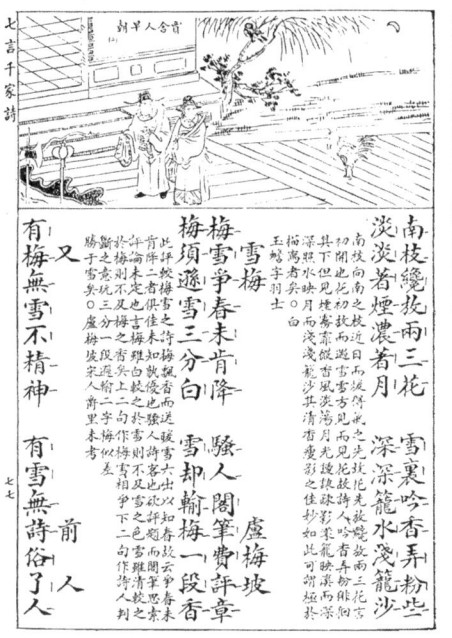

朝早人含窅

南枝纔放兩三花　雪裏吟香弄粉些
淡淡著煙濃著月　深深籠水淺籠沙

雪梅
梅雪爭春未肯降　騷人閣筆費評章
梅須遜雪三分白　雪却輸梅一段香
　盧梅坡

又
有梅無雪不精神　有雪無詩俗了人
　前人

七言千家詩 (七八)

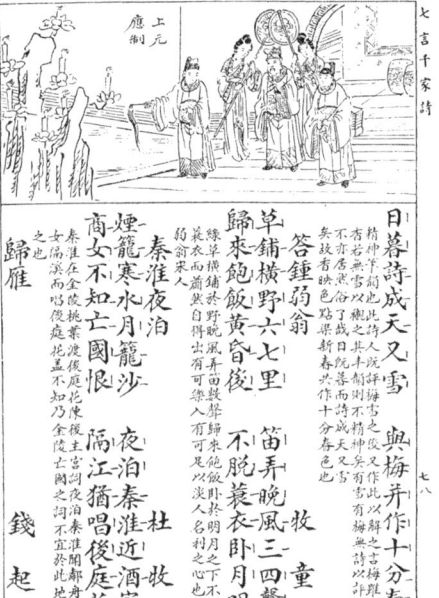

上元應制

日暮詩成天又雪　與梅幷作十分春

牧童
草鋪橫野六七里　笛弄晚風三四聲
歸來飽飯黃昏後　不脫蓑衣臥月明
答鍾弱翁　牧童

歸雁
煙籠寒水月籠沙　夜泊秦淮近酒家
商女不知亡國恨　隔江猶唱後庭花
　杜牧

七言千家詩 (七九)

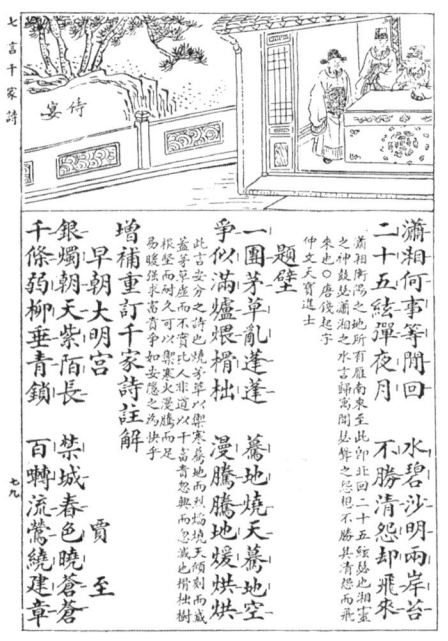

宴行

瀟湘何事等閒回　水碧沙明兩岸苔
二十五絃彈夜月　不勝清怨却飛來

題壁
一團茅草亂蓬蓬　爭似滿爐煨榾柮
蠢地燒天煖烘烘　漫騰騰地煖烘烘

增補重訂千家詩註解

銀燭朝天紫陌長　禁城春色曉蒼蒼
千條弱柳垂青瑣　百囀流鶯繞建章
早朝大明宮　賈至

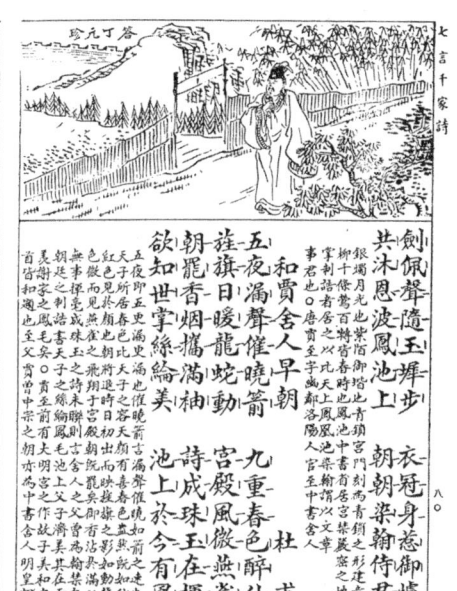

和賈舍人早朝　杜甫

五夜漏聲催曉箭
九重春色醉仙桃
旌旗日暖龍蛇動
宮殿風微燕雀高
朝罷香煙攜滿袖
詩成珠玉在揮毫
欲知世掌絲綸美
池上於今有鳳毛

劍佩聲隨玉墀步
衣冠身惹御爐香
共沐恩波鳳池上
朝朝染翰侍君王

八○

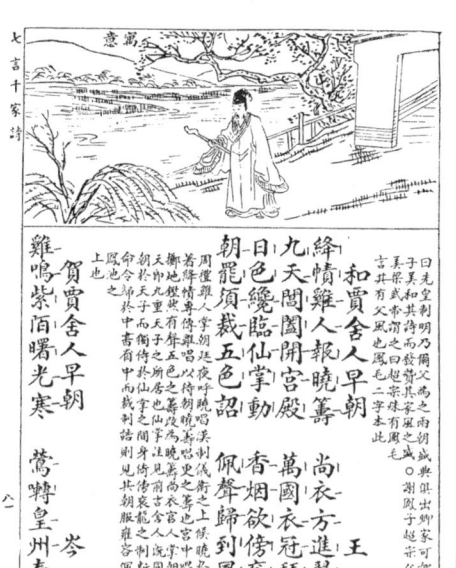

和賈舍人早朝　王維

絳幘雞人報曉籌
尚衣方進翠雲裘
九天閶闔開宮殿
萬國衣冠拜冕旒
日色纔臨仙掌動
香煙欲傍袞龍浮
朝罷須裁五色詔
佩聲歸到鳳池頭

賈舍人早朝　岑參

雞鳴紫陌曙光寒
鶯囀皇州春色闌

八一

上元應制　蔡襄

高列千峰寶炬森
端門方喜翠華臨
天上清光留此夕
人間和氣靄春陰
要知盡慶華封祝
四十餘年惠愛深

金門曉鐘開萬戶
玉階仙仗擁千官
花迎劍佩星初落
柳拂旌旗露未乾
獨有鳳凰池上客
陽春一曲和皆難

八二

上元應制　王淇

雪消華月滿仙臺
萬燭當樓寶扇開
雙鳳雲中扶輦下
六鰲海上駕山來
鎬京春酒霑周宴
汾水秋風陋漢才
一曲昇平人盡樂
君王又進紫霞杯

八三

酒對江曲

插花吟　邵雍

頭上花枝照酒卮
酒卮中有好花枝
身經兩世太平日
眼見四朝全盛時
況復筋骸粗康健
那堪時節正芳菲
酒涵花影紅光溜
爭忍花前不醉歸

寓意

油壁香車不再逢
峽雲無跡任西東
　　　　晏殊

鞦韆

侍宴　沈佺期

皇家貴主好神仙
別業初開雲漢邊
山出盡知鳴鳳嶺
池成不讓飲龍川
粧樓翠幌教春住
舞閣金鋪借日懸
侍從乘輿來此地
稱觴獻壽樂鈞天

答丁元珍　歐陽修

春風疑不到天涯
二月山城未見花
殘雪壓枝猶有橘
凍雷驚筍欲抽芽
夜聞啼雁生鄉思
病入新年感物華
曾是洛陽花下客
野芳雖晚不須嗟

清江

清明　黃庭堅

佳節清明桃李笑
野田荒塚只生愁
雷驚天地龍蛇蟄
雨足郊原草木柔
人乞祭餘驕妾婦
士甘焚死不封侯
賢愚千載知誰是
滿眼蓬蒿共一坵

清明　高菊磵

黃鶴樓

寒食　趙元鎮

寂寂柴門村落裏
也教插柳記年華
禁煙不到粵人國
上塚亦攜龐老家
漢寢唐陵無麥飯
山谿野徑有梨花
一樽竟藉青苔臥
莫管城頭奏暮笳

梨花院落溶溶月
柳絮池塘淡淡風
一番蕭索禁煙中
魚書欲寄何由達
水遠山長處處同

新竹

夏日

（右上・夏日）

南北山頭多墓田
清明祭掃各紛然
紙灰飛作白蝴蝶
淚血染成紅杜鵑
日落狐狸眠塚上
夜歸兒女笑燈前
人生有酒須當醉
一滴何曾到九泉

杜鵑

芳原綠野恣行時
春入遙山碧四圍
興逐亂紅穿柳巷
困臨流水坐苔磯
莫辭盞酒十分醉
況是清明好天氣
祇恐風花一片飛
不妨遊衍莫忘歸

郊行即事　程顥

八八

（左上・新竹）

曲江對酒

一片花飛減卻春
且看欲盡花經眼
莫厭傷多酒入唇
江上小堂巢翡翠
苑邊高塚臥麒麟
風飄萬點正愁人

杜甫

畫架雙裁翠絡偏
飄揚血色裙拖地
花板潤膏紅杏雨
綠繩斜挂綠楊煙
鞦韆
下來閒處從容立
疑是蟾宮謫降仙
佳人春戲小樓前

洪覺範

八六

秋興

偶成

（左下・秋興）

晴川歷歷漢陽樹
日暮鄉關何處是
煙波江上使人愁
芳草萋萋鸚鵡洲
故園青草動經年絕
自是不歸歸便得
蝴蝶夢中家萬里
水流花謝兩無情
旅懷

送盡東風過楚城
杜鵑枝上月三更
華髮春催兩鬢生
五湖煙景有誰爭

崔顥

去年花裏逢君別
今日花開又一年
答李儋　韋應物

八九

（右下・偶成）

細推物理須行樂
何用浮名絆此身

其二
朝回日日典春衣
每日江頭盡醉歸
酒債尋常行處有
人生七十古來稀
穿花蛺蝶深深見
點水蜻蜓款款飛
傳語風光共流轉
暫時相賞莫相違

昔人已乘黃鶴去
此地空餘黃鶴樓
黃鶴一去不復返
白雲千載空悠悠

崔顥

九○

秋興(二)

（右幀題「月夜舟中」）

杜甫

去年花裏逢君別　今日花開又一年
世事茫茫難自料　春愁黯黯獨成眠
身多疾病思田里　邑有流亡愧俸錢
聞道欲來相問訊　西樓望月幾回圓

夏日・清江

張丰

清江一曲抱村流　長夏江村事事幽
自去自來梁上燕　相親相近水中鷗
老妻畫紙為棋局　稚子敲針作釣鉤
多病所須惟藥物　微軀此外更何求

秋興(三)

輞川積雨

王維

積雨空林煙火遲　蒸藜炊黍餉東菑
漠漠水田飛白鷺　陰陰夏木囀黃鸝
山中習靜觀朝槿　松下清齋折露葵
野老與人爭席罷　海鷗何事更相疑

長夏江村風日清　簷牙燕雀已生成
蝶衣曬粉花枝午　蜘網添絲屋角晴
落落疎簾邀月飲　嘈嘈虛枕納溪聲
久班兩鬢如霜雪　直欲推漁過此生

月夜舟中

新竹

黃庭堅

插棘編籬謹護持　養成寒碧映漣漪
清風掠地秋先到　赤日行天午不知
解籜時聞聲簌簌　放梢初見葉離離
歸閒我欲頻來此　枕簟仍教到處隨

夜（合花）

竇叔向

夜合花開香滿庭　夜深微雨醉初醒
遠書珍重何由達　舊事淒涼不可聽
去日兒童皆長大　昔年親友半凋零
明朝又是孤舟別　愁見河橋酒慢青

表兄話舊

長安秋望

程顥

閒來無事不從容　睡覺東窗日已紅
萬物靜觀皆自得　四時佳興與人同
道通天地有形外　思入風雲變態中
富貴不淫貧賤樂　男兒到此是豪雄

程顥

月坡堤上四徘徊　北有中天百尺臺
萬物已隨秋氣改　一樽聊為晚涼開
水心雲影閒相照　林下泉聲靜自來
世事無端何足計　但逢佳節約重陪

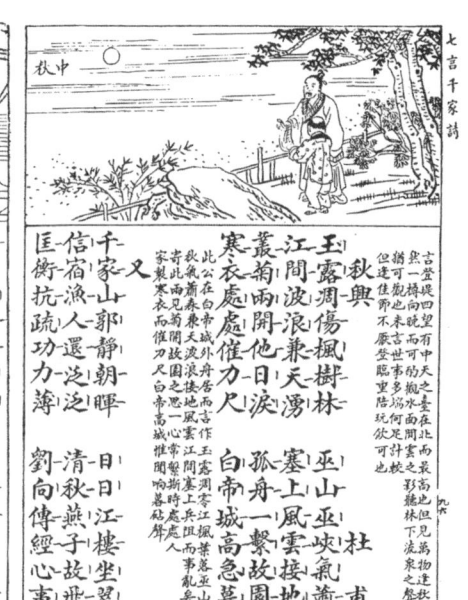

秋中

杜甫

秋興

玉露凋傷楓樹林，巫山巫峽氣蕭森。
江間波浪兼天湧，塞上風雲接地陰。
叢菊兩開他日淚，孤舟一繫故園心。
寒衣處處催刀尺，白帝城高急暮砧。

又

千家山郭靜朝暉，日日江樓坐翠微。
信宿漁人還泛泛，清秋燕子故飛飛。
匡衡抗疏功名薄，劉向傳經心事違。
同學少年多不賤，五陵裘馬自輕肥。

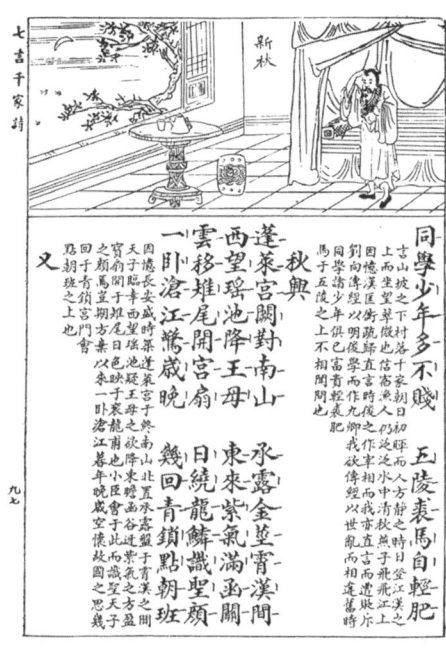

新秋

秋興

蓬萊宮闕對南山，承露金莖霄漢間。
西望瑤池降王母，東來紫氣滿函關。
雲移雉尾開宮扇，日繞龍鱗識聖顏。
一臥滄江驚歲晚，幾回青瑣點朝班。

又

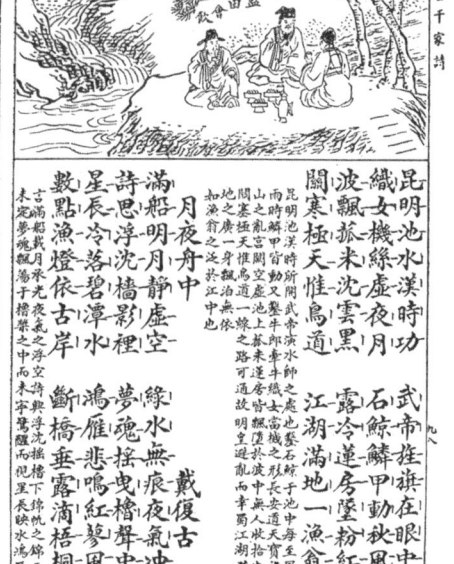

藍田會飲

戴復古

昆明池水漢時功，武帝旌旗在眼中。
織女機絲虛夜月，石鯨鱗甲動秋風。
波飄菰米沈雲黑，露冷蓮房墜粉紅。
關塞極天惟鳥道，江湖滿地一漁翁。

月夜舟中 戴復古

滿船明月浸虛空，綠水無痕夜氣沖。
詩思浮沈檣影裏，夢魂搖曳櫓聲中。
星辰冷落碧潭水，鴻雁悲鳴紅蓼風。
數點漁燈依古岸，斷橋垂露滴梧桐。

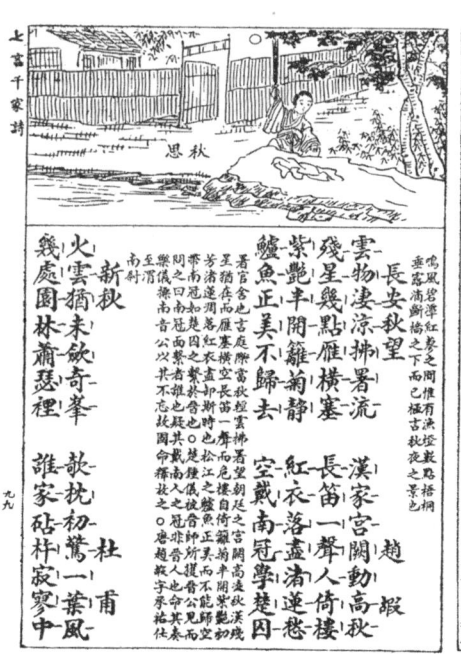

思秋

趙嘏

長安秋望

雲物淒涼拂曙流，漢家宮闕動高秋。
殘星幾點雁橫塞，長笛一聲人倚樓。
紫艷半開籬菊靜，紅衣落盡渚蓮愁。
鱸魚正美不歸去，空戴南冠學楚囚。

新秋 杜甫

火雲猶未斂奇峰，幾處園林蕭瑟裡。
誰家砧杵寂寥中，一葉風。

冬景

入山采興

秋思　陸游

利欲驅人萬火牛，江湖浪跡一沙鷗。
日長似歲閒方覺，事大如天醉亦休。
砧杵敲殘深巷月，梧桐搖落故園秋。
欲舒老眼無高處，安得元龍百尺樓。

九日藍田會飲　杜甫

老去悲秋強自寬，興來今日盡君歡。
羞將短髮還吹帽，笑倩傍人為正冠。
藍水遠從千澗落，玉山高並兩峯寒。
明年此會知誰健，醉把茱萸仔細看。

中秋　杜甫

皓魄當空寶鏡升，雲間仙籟寂無聲。
平分秋色一輪滿，長伴雲衢千里明。
狡兔空從弦外落，妖蟆休向眼前生。
靈槎擬約同攜手，更待銀河徹底清。

輝舞斷鏡悲殘月，賦就金門期再獻。
賞餞高低照暮空，夜深搖首歡飛蓬。

一〇〇　一〇一

咏目　　　　梅花

冬景　劉克莊

晴窗早覺愛朝曦，竹外秋聲漸作威。
命僕安排新暖閣，呼童熨貼舊寒衣。
葉浮嫩綠酒初熟，橙切香黃蟹正肥。
蓉菊滿園皆可羨，賞心從此莫相違。

冬至　杜甫

天時人事日相催，冬至陽生春又來。
刺繡五紋添弱線，吹葭六管動飛灰。

聞笛　趙嘏

誰家吹笛畫樓中，斷續聲隨斷續風。
響遏行雲橫碧落，清和冷月到簾櫳。
興來三弄有桓子，賦就一篇懷馬融。
曲罷不知人在否，餘音嘹喨尚飄空。

杜甫

錦里先生烏角巾，園收芋栗未全貧。
慣看賓客兒童喜，得食階除鳥雀馴。
秋水纔深四五尺，野航恰受兩三人。
白沙翠竹江村暮，相送柴門月色新。

一〇二　一〇三

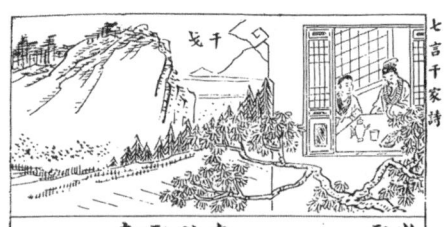

梅花

眾芳搖落獨暄妍，占盡風情向小園。
疏影橫斜水清淺，暗香浮動月黃昏。
霜禽欲下先偷眼，粉蝶如知合斷魂。
幸有微吟可相狎，不須檀板共金樽。

　　林逋

岸容待臘將舒柳，山意衝寒欲放梅。
雲物不殊鄉國異，教兒且覆掌中杯。

　　〇七

歸隱

一封朝奏九重天，夕貶朝陽路八千。
本為聖朝除弊政，敢將衰朽惜殘年。
雲橫秦嶺家何在，雪擁藍關馬不前。
知汝遠來應有意，好收吾骨瘴江邊。

　　韓愈

干戈未定欲何之，一事無成兩鬢絲。
蹤跡大綱王粲傳，情懷小樣杜陵詩。
鶺鴒音斷人千里，烏鵲巢寒月一枝。
安得中山千日酒，酩然直到太平時。

　　王中

　　〇五

時世行

十年蹤跡走紅塵，回首青山入夢頻。
紫綬縱榮爭及睡，朱門雖富不如貧。
愁聞劍戟扶危主，悶聽笙歌聒醉人。
攜取舊書歸舊隱，野花啼鳥一般春。

　　陳搏

夫因兵亂守蓬茅，麻苧裙衫鬢髮焦。

　　〇六

送天師

霜落芝城柳影疏，殷勤送客出鄞湖。
黃金甲鎖雷霆印，紅錦韜纏日月符。
天上曉行騎隻鶴，人間夜宿解雙鳧。
勿勿歸到神仙府，為問蟠桃熟也無。

　　送毛伯溫

桑柘廢來猶納稅，田園荒盡尚徵苗。
時挑野菜和根煮，旋斫生柴帶葉燒。
任是深山更深處，也應無計避征徭。

　　明世宗

　　〇七

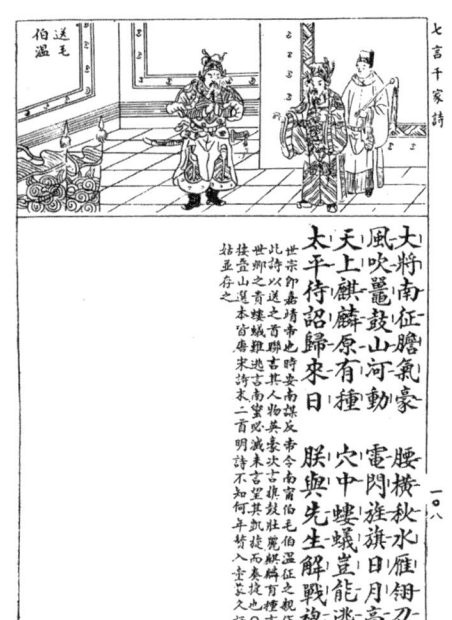

送毛伯溫

大將南征膽氣豪
腰橫秋水雁翎刀
風吹鼉鼓山河動
電閃旌旗日月高
天上麒麟原有種
穴中螻蟻豈能逃
太平待詔歸來日
朕與先生解戰袍

笠翁對韻

一東
　其一
　其二
　其三
東韻註

清暑殿
冬韻註
蒼穹
蠟屐
夢蝶
牛女
梅雨
多病
兆熊

仙李
成龍
嬌楊
下飴
高春
花萼樓
綠綺
青鋒
化蝶

二冬

君子竹
神女廟
大夫松
三條

二江
　其一
　其二
　其三
　其四
支韻註
五色筆
十香詞

三江

江韻
跨鳳
丹楓
竹淚
斬蛇
四收
香塵
三簪

馬武
龍逢

四支

韓幹
奮錦
貫山賫
青袍
橘柚
王樓記
金屋賦
茅簷
流涕策
鑄請劍

沽酒價
斷腸詩
博浪椎
雲中
紫蓋
陳平
夷薇
老狗

五微
　其一
　其二
　其三
微韻註
黃蓋
靖綱
雜窗
雁塔
嶺荔

巖灘
邵圃
鳥衣巷
燕子磯
金母

卧龍

六魚

其二

其三

其四

撞玉斗　換銀匙

魚韻註

孤山　搏虎　子虛

謝蝴蝶　尊羡

鄭鷓鴣　羅崎

寒驢

瘦鹿　驂鷹　常熊

二二

庭山

壁聯珠

其一

其二

鶴聲　鸞影

提甕　日近

雲孤　還珠

雲夢澤　當壚　洞

菖藤山呼

青柏

機雲

散向紫荊

八陣

馬角

入齊

其二

少主

齊韻註　長生益智

伯州犂

桐生　降縣麦

測淵

二三

黛眉

修月斧

九佳

其二

其三

其四

高柴

五柳　馬融

三靴

羊侃

佳韻註　鬪雞

存魔　臨淄

投亞　速樓

揮麈

東閣　細柳

射虎　荷鋤

二一

鬼　揚塵

十二文

如神　南阮

王喬　郭泰

東施

蓬舟

金花報

望仙閣

思子臺

十一眞

其二

其三

真韻註　金埒

馬肝　劉郎

壺夌枝

玉人致　玉橋

美人來

雞肋

作硯　似

二四

其二 其三 文韻註

香芸 燕許 白接 帶草

六國 兩京 書裙 劉蕡 柳韓 右軍 青鳥

羵 黑鴉 麴客 桐君

十三元 其二 元韻註

揚子渡 謝公墩 桃葉

杏花村 碑墮淚

渡 賦招魂 埋金 種玉

十四寒

其二 其三 寒韻註

三三 九九 杜撰 包

彈 青鎖闥 誅佞劍 陝右

進賢冠 白玉筋

河南 豹變 鶯鶯燕燕

小小端端

十五刪 其二 刪韻註

叔寶 三蘇 二陸

埋筆 欄柯 赤壁

藍關

笠翁對韻上卷終

笠翁對韻下卷

一先 其二 其三 其四 先韻註

洗耳 青錢 郊寒島瘦

折腰 玉樹 金蓮 清宵

白晝 董杏 周蓮 春九

十歲三千 山中相

武陵 隋苑 孫子 祖生

芰荷 鳥雁 精衛 杜鵑

二蕭

其二 其三 蕭韻註

臣五代 錢王 六詔 蟋蟀

樊素小蠻

芭蕉 鹿藏蕉

湘靈 兔毫 鴻爪

三肴 其二 其三 肴韻註

雉方乳

鵲始巢 神獒 管鮑 藺廉

獺髓 鸞膠 祭遵 張祿

馬鳥 亥豕

杜公茅 竹林 王子柰 梅嶺

鮫綃
歐錦
斷蛇

渡蟻

四豪
其二
其三

五歌
其二
其三
其四

織女

韻註　龍足　捉刀　懸榻　鳳毛　夢刀　薏苡

備者葡萄　李靖　長楊　追風　蕭何　挽日　翠妻

一二○

白鶴　吳郎　青女　素娥　朱泚

寫鵝

六麻
其二
其三
其四

升鼎　聽經　北海

魚聲

歌韻註

孟笛　蔡琰　寄梅

麻韻註　志和宅　玉潤　謝鯤

八義　義鶻　慈鴉　煮石

沈腰　納履　懷橘　博望槎　班姬　黃麻　擒虎　到　陶生

蒸沙　自瑩

一二一

金蓮　王旦　旦評　漢帝

九青
其二
其三

廣韻註　卿　高帝　春秋筆　君山

乘龍　唐將　趙括　玉杵　趙公　月

青韻註　雙花鈴

汎梗　騎牛　牧象

一二二

青蘋　秋娘　棠

七陽
其二
其三
其四

雲升使　雪衣娘　落帽　未羊

陽韻註　謝女

照膽　徙倚　流觴　綠橘　穿楊　來鳳　返魂　黃粱　班馬

青山社　晝錦堂　君箚　海

八庚

一二三

十蒸

蒸韻註

其二

十一尤

工部　仁傑

右丞　賈島　紅綾

其二

其三

右丞

王陵　白紵　逐鹿

一二四

十二侵

其二

侵韻註

十三覃

知　雕龍

其二

覃韻註

十四鹽

花庭

章韻註　蕭王　馮犢　止水

雙相　盧相　貪泉

蟻郡　咸門

一二五

其二

其三

十五歲

咸韻註　藏書　江州

其二

其三

香盒

微笑　花蕊　張公　三語　題梅

狂生　空盂

蕭堂　百錢　仲淹　史名

避詔　利刃　軒臣

下卷終

一二六

詩品詳註

唐司空圖詩品詳註

雄渾第一

中淡第二

沈著第三

綠杉野屋

一二七

高古第四

畸人乘真。手把芙蓉。泛彼浩劫。窅然空蹤。月出東斗。好風相從。太華夜碧。人聞清鐘。虛佇神素。脫然畦封。黃唐在獨。落落玄宗。

纖穠第五

采采流水。蓬蓬遠春。窈窕深谷。時見美人。碧桃滿樹。風日水濱。柳陰路曲。流鶯比鄰。乘之愈往。識之愈真。如將不盡。與古為新。

典雅第六

玉壺買春。賞雨茅屋。坐中佳士。左右修竹。白雲初晴。幽鳥相逐。眠琴綠陰。上有飛瀑。落花無言。人淡如菊。書之歲華。其曰可讀。

洗鍊第七

如鑛出金。如鉛出銀。超心鍊冶。絕愛緇磷。空潭瀉春。古鏡照神。體素儲潔。乘月返真。載瞻星辰。載歌幽人。流水今日。明月前身。

勁健第八

行神如空。行氣如虹。巫峽千尋。走雲連風。飲真茹強。蓄素守中。喻彼行健。是謂存雄。天地與立。神化攸同。期之以實。御之以終。

綺麗第九

神存富貴。始輕黃金。濃盡必枯。淡者屢深。霧餘水畔。紅杏在林。月明華屋。畫橋碧陰。金尊酒滿。伴客彈琴。取之自足。良殫美襟。

自然第十

俯拾即是。不取諸鄰。俱道適往。著手成春。如逢花開。如瞻歲新。真與不奪。強得易貧。幽人空山。過雨采蘋。薄言情悟。悠悠天鈞。

含蓄第十一

不著一字。盡得風流。語不涉己。若不堪憂。是有真宰。與之沈浮。如淥滿酒。花時返秋。悠悠空塵。忽忽海漚。淺深聚散。萬取一收。

豪放第十二

觀花匪禁。吞吐大荒。由道反氣。處得以狂。天風浪浪。海山蒼蒼。真力彌滿。萬象在旁。前招三辰。後引鳳凰。曉策六鰲。濯足扶桑。

精神第十三

欲返不盡。相期與來。明漪絕底。奇花初胎。青春鸚鵡。楊柳樓臺。碧山人來。清酒滿杯。生氣遠出。不著死灰。妙造自然。伊誰與裁。

縝密第十四

是有真跡。如不可知。意象欲出。造化已奇。水流花開。清露未晞。要路愈遠。幽行為遲。語不欲犯。思不欲癡。猶春於綠。明月雪時。

疎野第十五

惟性所宅。真取弗羈。控物自富。與率為期。築室松下。脫帽看詩。但知旦暮。不辨何時。倘然適意。豈必有為。若其天放。如是得之。

清奇第十六

娟娟群松。下有漪流。晴雪滿竹。隔溪漁舟。可人如玉。步屧尋幽。載瞻載止。空碧悠悠。神出古異。淡不可收。如月之曙。如氣之秋。

委曲第十七

登彼太行。翠繞羊腸。杳靄流玉。悠悠花香。力之於時。聲之於羌。似往已迴。如幽匪藏。水理漩洑。鵬風翱翔。道不自器。與之圓方。

……鵬風翱翔，道不自器，與之圓方。

實境第十八

取語甚直，計思匪深。忽逢幽人，如見道心。清澗之曲，碧松之陰。一客荷樵，一客聽琴。情性所至，妙不自尋。遇之自天，泠然希音。

悲慨第十九

大風捲水，林木為摧。適苦欲死，招憩不來。百歲如流，富貴冷灰。大道日往，若為雄才。壯士拂劍，浩然彌哀。蕭蕭落葉，漏雨蒼苔。

形容第二十

絕佇靈素，少迴清真。如覓水影，如寫陽春。風雲變態，花草精神。海之波瀾，山之嶙峋。俱似大道，妙契同塵。離形得似，庶幾斯人。

超詣第二十一

匪神之靈，匪幾之微。如將白雲，清風與歸。遠引若至，臨之已非。少有道契，終與俗違。亂山喬木，碧苔芳暉。誦之思之，其聲愈希。

飄逸第二十二

落落欲往，矯矯不群。緱山之鶴，華頂之雲。高人畫中，令色氤氳。御風蓬葉，泛彼無垠。如不可執，如將有聞。識者已領，期之愈分。

曠達第二十三

生者百歲，相去幾何。歡樂苦短，憂愁實多。何如尊酒，日往煙蘿。花覆茅檐，疏雨相過。倒酒既盡，杖藜行歌。孰不有古，南山峨峨。

流動第二十四

若納水輨，如轉丸珠。夫豈可道，假體遺愚。荒荒坤軸，悠悠天樞。載要其端，載同其符。超超神明，返返冥無。來往千載，是之謂乎。

唐司空圖詩品詳註終